初發心自警文
초 발 심 자 경 문

초발심자경문의 대의(大義)는 초발보리심(初發菩提心)
근수계정혜(勤修戒定慧)이다.
즉, 비로소 보리심을 발함과 부지런히 계정혜를 닦음에
대한 말씀으로 되어있다.
계초심학인문, 발심수행장, 자경문의 세 글을 합하여
초발심자경문이라고 부른다.

학습 초발심자경문이란 어떤 책인가.

「학습 초발심자경문」은 '초발심자경문'의 공부를 바르게 안내하고 돕기 위한 책입니다.

주지하다시피 '초발심자경문'은 불교공부를 위한 첫 입문서이며 수행서적입니다. 출가자들이 가장 먼저 접하게 되는 책이 바로 이 '초발심자경문'입니다.

요즘은 재가자로 살면서 수행과 마음공부에 뜻을 둔 신도님들도 이 책을 많이 찾습니다. 그런데 책의 내용이 본래 한문으로 되어 있어서 일반사람들이 접근하기가 그리 쉽지 않은 것이 사실입니다.

더러 시중에는 '초발심자경문'의 해설서가 있기는 합니다만 그 의미전달이 분명치 않고 책의 편집이 복잡하여 공부하는 데 큰 도움이 되지 못한다고 듣습니다.

이번에 납승이 선보이는 「학습 초발심자경문」은 말 그대로 학습을 위한 초발심자경문이므로 참다운 공부에 마음을 낸 사람에게는 많은 힘이 될 것으로 확신합니다.

이 책의 중요한 특징은

첫째, 완벽한 직역입니다.
둘째, 각 문장의 번역 순서를 명기하였습니다.
셋째, 낱말을 현대어에 맞게 풀이하였습니다.
넷째, 영역을 시도하였습니다.
다섯째, 한자 낱자의 음과 뜻은 물론 부수와 획수를 달았습니다.
여섯째, 각 단락마다 필자의 소견을 밝혀두었습니다.

아무쪼록 이 「학습 초발심자경문」을 통하여 많은 성취와 행복있으시기를 바랍니다.

한국불교대학 大관음사 회주   無 一   우학 합장

학습 초발심자경문을 내면서

이 책을　제불보살님전에 올립니다.
　　　　일체중생에게 올립니다
　　　　부모님께 올립니다.

막 출가하여 월하대종사가 계시던 통도사 선방에서 행자생활을 시작할 때였습니다. 밥 짓는 일, 반찬하고 상차리기, 설거지하고 청소하기 등 공양간 내외의 소임을 감당하면서 젊은 시절 나에게 힘이 되던 공부는 '초발심자경문'이었습니다.

당시 부모님께서는 '니가 보고싶다'시며 여러 차례 통도사를 오가셨는데, 한번은 선방 모퉁이 수곽에서 솔직한 말씀을 드렸습니다.

"저는 집보다는 절이 더 편안하고 좋은 것 같습니다."

그때 어머님은 다소 섭섭한 눈빛을 거두시며

"절이 니한테 맞는갑따. 좋으면 됐다."고 하셨습니다.

그것은 출가의 정식 허락이었습니다.

그날 밤 나는 '초발심자경문'을 펴들고 해제철 아무도 없는 선방 구석에서 무릎꿇고 앉아 몇 시간이나 시간을 보냈습니다. 아직 가시지 않은 잔설을 여기저기 이고 앉은 영축산 골짜기의 싸한 바람이 스무여평의 선방에도 들락거렸습니다. 누가 대중보시를 해서 지급된 행자용 털외투가 고마울 따름이었습니다.

부모님은 출가한 큰아들때문이었는지 차차 부처님을 무지 좋아하시는 독실한 불자(佛子)가 되셨습니다.

　그런데 세월은 20~30년을 거침없이 내달렸고 부모님들은 아예 절에 사시게
되었습니다. 납승이 기거하는 관음사의 한켠 극락당(납골당)에 와 계십니다.
　아버지 거사님은 4~5년 전에 오셨고 어머니 보살님은 며칠 전에 오셨습니다.

　마침 세계 불국토를 발원하면서 개원한 '대총림 금강승가대학'의 초발심자경
문의 책거리가 있을 즈음입니다. 그런데 이 '학습 초발심자경문'은 진작부터 그
발간을 준비하고 있었는데, 승가대학 개원과 그 시간을 맞춘 것입니다.

　참 기이한 일입니다. 하필이면 이런 시점에 어머니 보살님께서 우리절에 들어
오시고 49재를 지내게 되었으니 말입니다.
　이렇듯, '학습 초발심자경문'은 세상의 불국토 건설과 소납의 부모님의 왕생극
락을 발원하며 내는 책입니다.

　영험스러운 일입니다.
　참으로 불가사의한 일입니다.
　이 책을 인연하시는 모든 분들이 꼭 이고득락하시길 축원드립니다.
　나무관세음보살

佛紀 2548年 한여름
無 一 우학 합장

目 次

初發心自警文

초 발 심 자 경 문

誡初心學人文

[海東沙門 牧牛子 述]

夫初心之人은 須遠離惡友하고 親近賢善하며 受五戒十戒等하야 善知持犯開遮하라 但依金口聖言이언정 莫順庸流妄說이어다 旣已出家하야 參陪淸衆인댄 常念柔和善順이언정 不得我慢貢高니라 大者는 爲兄하고 小者는 爲弟니 儻有諍者어던 兩說을 和合하야 但以慈心相向이언정 不得惡語傷人이어다 若也欺凌同件하야 論說是非ㄴ댄 如此出家는 全無利益이니라 財色之禍는 甚於毒蛇하니 省己知非하야 常須遠離어다 無緣事則不得入他房院하며 當屛處하야 不得强知他事하며 非六日이어든 不得洗浣內衣하며 臨盥漱하야 不得高聲涕唾하며 行益次에 不得搪揬越序하며 經行次에 不得開襟掉臂하며 言談次에 不得高聲戲笑하며 非要事어던 不得出於門外하며 有病人이어든 須慈心守護하며 見賓客이어든 須

15

欣然迎接하며 逢尊長이어든 須肅恭廻避하며 辦道具하되
須儉約知足하며 齋食時에 飮啜을 不得作聲하며 執放에
要須安詳하며 不得擧顔顧視하며 不得欣厭精麤하고
須默無言說하며 須防護雜念하며 須知受食이 但療形
枯하야 爲成道業하며 須念般若心經하되 觀三輪淸淨하
야 不違道用이어다 赴焚修하되 須早暮勤行하야 自責懈
怠하며 知衆行次에 不得雜亂하며 讚唄祝願하되 須誦文
觀義언정 不得但隨音聲하며 不得韻曲不調하며 瞻敬
尊顔하되 不得攀緣異境이어다 須知自身罪障이 猶如
山海하야 須知理懺事懺으로 可以消除하며 深觀能禮
所禮ㅣ 皆從眞性緣起하며 深信感應이 不虛하야 影響
相從이니라 居衆寮하되 須相讓不爭하며 須互相扶護하며
愼諍論勝負하며 愼聚頭閒話하며 愼誤着他鞋하며 愼
坐臥越次하며 對客言談에 不得揚於家醜하고 但讚院
門佛事하며 不得詣庫房하야 見聞雜事하고 自生疑惑이
어다 非要事어던 不得遊州獵縣하야 與俗交通하야 令他
憎嫉하고 失自道情이어다 儻有要事出行이어든 告住持

人과 及管衆者하야 令知去處하며 若入俗家어던 切須堅
持正念하되 愼勿見色聞聲하고 流蕩邪心이온 又況披
襟戲笑하야 亂說雜事하며 非時酒食으로 妄作無碍之
行하야 深乖佛戒야따녀 又處賢善人의 嫌疑之間이면 豈
爲有智慧人也리요 住社堂하되 愼沙彌同行하며 愼人
事往還하며 愼見他好惡하며 愼貪求文字하며 愼睡眠
過度하며 愼散亂攀緣이어다 若遇宗師陞座說法이어든
切不得於法에 作懸崖想하야 生退屈心하며 或作慣聞
想하야 生容易心하고 當須虛懷聞之하면 必有機發之
時하리라 不得隨學語者하야 但取口辦이어다 所謂蛇飮
水하면 成毒하고 牛飮水하면 成乳ㄴ달하야 智學은 成菩提
하고 愚學은 成生死라함이 是也니라 又不得於主法人에
生輕薄想하라 因之於道에 有障하면 不能進修하리니 切
須愼之어다 論에 云하되 如人이 夜行에 罪人이 執炬當路
어던 若以人惡故로 不受光明하면 墮坑落塹去矣라하시니
聞法之次에 如履薄氷하야 必須側耳目而聽玄音하며 肅
情塵而賞幽致라가 下堂後에 默坐觀之하되 如有所疑어

던 博問先覺하며 夕惕朝詢하야 不濫絲髮이어다 如是라야 乃可能生正信하야 以道爲懷者歟ㄴ저 無始習熟한 愛欲恚癡ㅣ 纏綿意地하야 暫伏還起호미 如隔日瘧하나니 一切時中에 直須用加行方便智慧之力하야 痛自遮護언정 豈可閒謾으로 遊談無根하야 虛喪天日하고 欲冀心宗而求出路哉리요 但堅志節하야 責躬匪懈하며 知非遷善하야 改悔調柔어다 勤修而觀力이 轉深하고 鍊磨而行門이 益淨하리라 長起難遭之想하면 道業이 恒新하고 常懷慶幸之心하면 終不退轉하리니 如是久久하면 自然定慧圓明하야 見自心性하며 用如幻悲智하야 還度衆生하면 作人天大福田하리니 切須勉之어다

發心修行章

[海東沙門 元曉 述]

夫諸佛諸佛이 莊嚴寂滅宮은 於多劫海에 捨欲苦行이요 衆生衆生이 輪廻火宅門은 於無量世에 貪慾不捨니라 無防天堂에 少往至者는 三毒煩惱로 爲自家財요 無誘惡道에 多往入者는 四蛇五欲으로 爲妄心寶니라 人誰不欲歸山修道리요마는 而爲不進은 愛欲所纏이니라 然而不歸山藪修心이나 隨自身力하야 不捨善行이어다 自樂을 能捨하면 信敬如聖이오 難行을 能行하면 尊重如佛이니라 慳貪於物은 是魔眷屬이요 慈悲布施는 是法王子니라 高嶽峨巖은 智人所居요 碧松深谷은 行者所棲니라 飢湌木果하야 慰其飢腸하고 渴飮流水하야 息其渴情이니라 喫甘愛養하야도 此身은 定壞요 着柔守護하야도 命必有終이니라 助響巖穴로 爲念佛堂하고 哀鳴鴨鳥로 爲歡心友니라 拜膝이 如氷이라도 無戀火心하며 餓腸이

如切이라도 無求食念이니라 忽至百年이어늘 云何不學하
며 一生이 幾何관대 不修放逸고 離心中愛를 是名沙門
이요 不戀世俗을 是名出家니라 行者羅網은 狗被象皮요
道人戀懷는 蝟入鼠宮이니라 雖有才智나 居邑家者는
諸佛이 是人에 生悲憂心하시고 設無道行이나 住山室者
는 衆聖이 是人에 生歡喜心하나리라 雖有才學이나 無戒
行者는 如寶所導而不起行이요 雖有勤行이나 無智慧
者는 欲往東方而向西行이니라 有智人의 所行은 蒸米
作飯이요 無智人의 所行은 蒸沙作飯이니라 共知喫食而
慰飢腸하되 不知學法而改癡心이니라 行智具備는 如
車二輪이요 自利利他는 如鳥兩翼이니라 得粥祝願하되
不解其意하면 亦不檀越에 應羞恥乎며 得食唱唄하되
不達其趣하면 亦不賢聖에 應慚愧乎아 人惡尾蟲이 不
辨淨穢ㄴ달하야 聖憎沙門이 不辨淨穢니라 棄世間喧하고
乘空天上은 戒爲善梯니 是故로 破戒하고 爲他福田은
如折翼鳥ㅣ 負龜翔空이라 自罪를 未脫하면 他罪를 不
贖이니라 然하니 豈無戒行하고 受他供給이리요 無行空身

은 養無利益이요 無常浮命은 愛惜不保니라 望龍象德하야 能忍長苦하고 期獅子座하야 永背欲樂이니라 行者心淨하면 諸天이 共讚하고 道人이 戀色하면 善神이 捨離하나니라 四大ㅣ 忽散이라 不保久住니 今日夕矣라 頗行朝哉ㄴ저 世樂이 後苦어늘 何貪着哉며 一忍이 長樂이어늘 何不修哉리요 道人貪은 是行者羞恥요 出家富는 是君子所笑니라 遮言이 不盡이어늘 貪着不已하며 第二無盡이어늘 不斷愛着하며 此事無限이어늘 世事不捨하며 彼謀無際어늘 絶心不起로다 今日不盡이어늘 造惡日多하며 明日無盡이어늘 作善日少하며 今年不盡이어늘 無限煩惱하며 來年無盡이어늘 不進菩提로다 時時移移하야 速經日夜하며 日日移移하야 速經月晦하며 月月移移하야 忽來年至하며 年年移移하야 暫到死門하나니 破車不行이요 老人不修라 臥生懈怠하고 坐起亂識이니라 幾生不修어늘 虛過日夜하며 幾活空身이어늘 一生不修오 身必有終하리니 後身은 何乎아 莫速急乎며 莫速急乎ㄴ저

自 警 文

[野雲比丘 述]

主人公아 聽我言하라 幾人이 得道空門裏어늘 汝何長輪苦趣中고 汝自無始已來로 至于今生이 背覺合塵고 墮落愚癡하야 恒造衆惡而入三途之苦輪하며 不修諸善而沈四生之業海로다 身隨六賊故로 或墮惡趣則極辛極苦하고 心背一乘故로 或生人道則佛前佛後로다 今亦幸得人身이나 正是佛後末世니 嗚呼痛哉라 是誰過歟아 雖然이나 汝能反省하야 割愛出家하며 受持應器하고 着大法服하야 履出塵之逕路하고 學無漏之妙法하면 如龍得水요 似虎靠山이라 其殊妙之理는 不可勝言이니라 人有古今이언정 法無遐邇하며 人有愚智언정 道無盛衰하나니 雖在佛時나 不順佛敎則何益이며 縱値末世나 奉行佛敎則何傷이리요 故로 世尊이 云하사대 我如良醫하야 知病設藥하노니 服與不服은 非醫咎也며

又如善導하야 導人善道하되 聞而不行은 非導過也라
自利利人이 法皆具足하니 若我久住라도 更無所益이라
自今而後로 我諸弟子ㅣ 展轉行之則如來法身이 常
住而不滅也라하시니 若知如是理則但恨自不修道언정
何患乎末世也리요 伏望하노니 汝須興決烈之志하며 開
特達之懷하고 盡捨諸緣하고 除去顚倒하며 眞實爲生
死大事하야 於祖師公案上에 宜善參究하야 以大悟로
爲則하고 切莫自輕而退屈이어다 惟斯末運에 去聲時
遙하야 魔强法弱하고 人多邪侈하야 成人者少하고 敗人
者多하며 智慧者寡하고 愚癡者衆하야 自不修道하고 亦
惱他人하나니 凡有障道之緣은 言之不盡이라 恐汝錯
路故로 我以管見으로 撰成十門하야 令汝警策하노니 汝
須信持하야 無一可違를 至禱至禱하노라 頌曰

愚心不學增憍慢이요　　癡意無修長我人이로다
空腹高心如餓虎요　　無知放逸似顚猿이로다
邪言魔語肯受聽하고　　聖敎賢章故不聞이로다
善道無因誰汝度리요　　長淪惡趣苦纏身이니라

其一은 軟衣美食을 切莫受用이어다 自從耕種으로 至于
口身이 非徒人牛의 功力多重이라 亦乃傍生의 損害無
窮이어늘 勞彼功而利我라도 尙不然也온 況殺他命而
活己를 奚可忍乎아 農夫도 每有飢寒之苦하고 織女도
連無遮身之衣인데 況我長遊手어니 飢寒을 何厭心이리
요 軟衣美食은 當恩重而損道요 破衲蔬食는 必施輕
而積陰이라 今生에 未明心하면 滴水도 也難消니라 頌曰

荣根木果慰飢腸하고   松落草衣遮色身이어다
野鶴靑雲爲伴侶하고   高岑幽谷度殘年이어다

其二는 自財를 不悋하고 他物을 莫求어다 三途苦上에 貪
業이 在初요 六度門中에 行檀이 居首니라 慳貪은 能防
善道요 慈施는 必禦惡徑이니라 如有貧人이 來求乞이어
든 雖在窮乏이라도 無悋惜하라 來無一物來요 去亦空手
去라 自財도 無戀志어든 他物에 有何心이리요 萬般將不
去요 唯有業隨身이라 三日修心은 千載寶요 百年貪物
은 一朝塵이니라 頌曰

三途苦本因何起오 　　　　只是多生貪愛情이로다
我佛衣盂生理足커늘 　　　如何蓄積長無明고

其三은 口無多言하고 身不輕動이어다 身不輕動則息
亂成定이요 口無多言則轉愚成慧니라 實相은 離言이요
眞理는 非動이라 口是禍門이니 必加嚴守하고 身乃災本
이니 不應輕動이니라 數飛之鳥는 忽有羅網之殃이요 輕
步之獸는 非無傷箭之禍니라 故로 世尊이 住雪山하시되
六年을 坐不動하시고 達磨ㅣ 居少林하사 九歲를 默無言
하시니 後來參禪者는 何不依古蹤이리요 頌曰

身心把定元無動하고 　　　默坐茅庵絶往來어다
寂寂寥寥無一事하고 　　　但看心佛自歸依어다

其四는 但親善友하고 莫結邪朋하라 鳥之將息에 必擇
其林이요 人之求學에 乃選師友니 擇林木則其止也安
하고 選師友則其學也高니라 故로 承事善友를 如父母하고
遠離惡友를 似寃家니라 鶴無烏朋之計어니 鵬豈鷦友之
謀리오 松裏之葛은 直聳千尋이요 茅中之木은 未免三尺이

니 無良小輩는 頻頻脫하고 得意高流는 數數親이어다 頌曰

住止經行須善友하야　　　　身心決擇去荊塵이어다

荊塵掃盡通前路하면　　　　寸步不離透祖關하리라

其五는 除三更外에 不許睡眠이어다 曠劫障道는 睡魔
莫大니 二六時中에 惺惺起疑而不昧하며 四威儀內에
密密廻光而自看하라 一生을 空過하면 萬劫에 追恨이니
無常은 刹那라 乃日日而驚怖요 人命은 須臾라 實時時
而不保니라 若未透祖關인댄 如何安睡眠이리요 頌曰

睡蛇雲籠心月暗하니　　　　行人到此盡迷程이로다

箇中拈起吹毛利하면　　　　雲自無形月自明하리라

其六은 切莫妄自尊大하고 輕慢他人이어다 修仁得仁은
謙讓이 爲本이요 親友和友는 敬信이 爲宗이니라 四相山
이 漸高하면 三途海ㅣ 盆深하나니 外現威儀는 如尊貴나
內無所得은 似朽舟니라 官盆大者는 心盆小하고 道盆高
者는 意盆卑니라 人我山崩處에 無爲道自成하나니 凡有

下心者는 萬福이 自歸依니라 頌曰

憍慢塵中藏般若요　　　我人山上長無明이로다
輕他不學蹉跎老하면　　病臥辛吟限不窮이니라

其七은 見財色이어든 必須正念對之어다 害身之機는 無
過女色이요 喪道之本은 莫及貨財니라 是故로 佛垂戒
律하사 嚴禁財色하사대 眼覩女色이어든 如見虎蛇하고 身
臨金玉이어든 等視木石하라 雖居暗室이나 如對大賓하고
隱現同時하며 內外莫異어다 心淨則善神이 必護하고 戀
色則諸天이 不容하나니 神必護則雖難處而無難이요
天不容則乃安方而不安이니라 頌曰

利慾閻王引獄鎖요　　　淨行陀佛接蓮臺니라
鎖拘入獄苦千種이요　　船上生蓮樂萬般이니라

其八은 莫交世俗하야 令他憎嫉이어다 離心中愛曰沙
門이요 不戀世俗曰出家니라 旣能割愛揮人世어니 復
何白衣로 結黨遊리요 愛戀世俗은 爲饕餮이니 饕餮은

由來로 非道心이니라 人情이 濃厚하면 道心疎니 冷却人
情永不顧니라 若欲不負出家志ㄴ댄 須向名山窮妙旨
하되 一衣一鉢로 絶人情하면 飢飽에 無心하면 道自高니라
頌曰

爲他爲己雖微善이나　　　　皆是輪廻生死因이니라
願入松風蘿月下하야　　　　長觀無漏祖師禪이어다

其九는 勿說他人過失하라 雖聞善惡이나 心無動念이니
無德而被讚은 實吾慚愧요 有咎而蒙毀는 誠我欣然이
니라 欣然則知過必改요 慚愧則進道無怠니라 勿說他
人過하라 終歸必損身이니라 若聞害人言이어든 如毀父
母聲하라 今朝에 雖說他人過나 異日에 回頭論我咎니라
雖然이나 凡所有相이 皆是虛妄이니 譏毀讚譽에 何憂
何喜리요 頌曰

終朝亂說人長短하다가　　　　竟夜昏沈樂睡眠이로다
如此出家徒受施라　　　　　　必於三界出頭難하리라

其十은 居衆中하야 心常平等이어다 割愛辭親은 法界平
等이니 若有親疎면 心不平等이라 雖復出家나 何德之
有리요 心中에 若無憎愛之取捨하면 身上에 那有苦樂
之盛衰리요 平等性中에 無彼此하고 大圓鏡上에 絶親
疎니라 三途出沒은 憎愛所纏이요 六道昇降은 親疎業
縛이니라 契心平等하면 本無取捨니 若無取捨면 生死何
有리요 頌曰

欲成無上菩提道인댄　　　　也要常懷平等心이어다
若有親疎憎愛計하면　　　　道加遠兮業加深하리라

主人公아 汝値人道호미 當如盲龜遇木이어늘 一生이 幾
何관대 不修懈怠오 人生難得이요 佛法難逢이라 此生에
失却하면 萬劫에 難遇니 須持十門之戒法하야 日新勤
修而不退하고 速成正覺하야 還度衆生하라 我之本願은
非謂汝獨出生死大海라 亦乃普爲衆生也니 何以故
오 汝自無始以來로 至于今生히 恒値四生하야 數數往
還호미 皆依父母而出沒也일새 故로 曠劫父母ㅣ 無量

無邊하니 由是觀之컨대 六道衆生이 無非是汝의 多生
父母라 如是等類ㅣ 咸沒惡趣하야 日夜에 受大苦惱하나
니 若不拯濟면 何時出離리요 嗚呼哀哉라 痛纏心腑로다
千萬望汝하노니 早早發明大智하야 具足神通之力하며
自在方便之權하야 速爲洪濤之智楫하야 廣度欲岸之
迷倫이어다 君不見가 從上諸佛諸祖ㅣ 盡是昔日에 同
我凡夫ㄹ러니라 彼旣丈夫라 汝亦爾니 但不爲也연정 非
不能也니라 古曰道不遠人이라 人自遠矣라하며 又云我
欲仁이면 斯仁이 至矣라하시니 誠哉라 是言也여 若能信
心不退則誰不見性成佛이리요 我今에 證明三寶하옵고
一一戒汝하노니 知非故犯則生陷地獄하리니 可不愼歟
며 可不愼歟아 頌曰

玉兔昇沈催老像이요　　　　金烏出沒促年光이로다
求名求利如朝露요　　　　或苦或榮似夕烟이로다
勸汝慇懃修善道하노니　　速成佛果濟迷倫이로다
今生若不從斯語하면　　　後世當然恨萬端하리라

誡初心學人文

고려 보조국사 지눌스님께서 1205년에 지었음.
처음 불교를 접한 사람 즉, 초심자의 공부를 돕기 위한 말
씀을 담고 있음. (총 908字로 구성.)

훈계	처음	마음	배울	사람	글월	대저	처음	마음	어조사	사람	모름지기	멀	여읠	나쁠	벗
3	1		2		4	1	2		3	5	1	3	4		2

◈ 직 역

초심의 학인을 훈계하는 글／
대저 처음 마음의 사람은／
모름지기 악우를 멀리 여의고

◈ 낱말해설

초심 : 처음의 마음. 보리심을 낸 첫마음.
　　　처음으로 보리심을 일으킴.
학인 : 배우는 이. 공부하는 사람.
　　　경전공부 하는 이. 정진하는 이.
원리 : 멀리 여읨. 멀리하여 친하게 지내지 않음.
악우 : 나쁜 벗. 삼보의 가르침을 어기는 사람.

◈ 영 역

Admonitions to Beginners
Beginners should keep far away from bad
friends,

◈ 한자풀이

誠(言 14획) 훈계 계, 경계할 계
初(刀 7획) 처음 초, 비로소 초, 이전 초
學(子 16획) 배울 학, 학문 학, 가르칠 학
文(文 4획) 글월 문, 문채 문, 아름다울 문
夫(大 4획) 대저 부, 지아비 부, 어조사 부
之(丿 4획) 어조사 지, 갈 지, 이를 지
須(頁 12획) 모름지기 수, 반드시 수
遠(辶 14획) 멀 원, 넓을 원, 깊을 원
離(隹 19획) 여읠 리, 떨어질 리, 교룡 치
惡(心 12획) 나쁠 악, 모질 악, 미워할 오
友(又 4획) 벗 우, 짝 우, 따를 우

「초심 불자는 다음과 같이 공부하라.」
공부의 첫걸음은 친구 사귐에 있다.
스스로 좋은 벗이 되려고 노력하면서
좋은 벗과 잘 사귀어라.

친할	가까울	어질	착한	받을	다섯	계	열	계	따위	잘	알	가질	범할	열	막을
3	4	1	2	4	1		2		3	2	3				1

◈ 직 역

어질고 착한 이를 친히 가까이 하며／ 오계
와 십계 등을 받아／지범개차를 잘 알아라

◈ 낱말해설

5계 : 살생, 도둑질, 음행, 거짓말, 음주하지 않음
　　　의 다섯가지 덕목.
10계 : 기본 5계에 사치, 풍류즐김, 화려한 방꾸
　　　밈, 보물지님, 아무 때나 먹음 따위를 하지
　　　않음의 10가지 덕목, 사미십계라고 함.
지범개차 : 가지고 범하고 열고 막는 것.

◈ 영 역

and draw near to the virtuous and good.
You should take the five or ten precepts
and know well when to keep them and
when to dispense with them.

◈ 한자풀이

近(辶 8획) 가까울 근, 근처 근, 근친 근
賢(貝 15획) 어질 현, 나을 현, 많을 현
受(又 8획) 받을 수, 얻을 수, 어조사 수
戒(戈 7획) 계 계, 경계할 계, 이를 계, 규범 계
等(竹 12획) 따위(들) 등, 등급 등, 무리 등
持(扌 9획) 가질 지, 버틸 지, 도울 지
犯(犭 5획) 범할 범, 어긋날 범, 속일 범
遮(辶 15획) 막을 차, 덮을 차, 이것 차

불자로서 꼭 수계하고
그 계의 내용을 지혜롭게 운용하라.
나와 너 모두가 행복하면 좋은 일이지만 나
는 행복하되 상대가 불행하면 나쁜 일이다.
좋은 일은 계를 지킴이요,
나쁜 일은 계를 파함이다.

但依金口聖言 / 莫順庸流妄說 / 旣已出家
단 의 금 구 성 언　막 순 용 류 망 설　기 이 출 가

다만	의지할	쇠	입	성인	말씀		말	따를	용렬할	무리	망령될	말씀		이미	이미	날	집
1	3			2			6	5	1	2	3	4		1		2	

◈ 직　역
다만, 금구성언에 의지할지언정 /
용렬한 무리의 망령된 말을
따르지 말지어다 / 이미 출가하여

◈ 낱말해설
금구성언 : 부처님의 말씀. 금구란 부처님 입을 말함.
용류 : 용렬한 무리. 어리석은 무리.
망설 : 쓸데없는 말. 진실치 못한 말.
　　　거짓되고 허황한 말.
출가 : 세속을 떠남. 스님이 되는 것.

◈ 영　역
You are to follow only the sacred words
of the golden-mouthed Buddha;
do not heed the lies of ordinary men.
Since you have already left home

◈ 한자풀이
但(亻 7획)　다만 단, 무릇 단, 그러나 단
依(亻 8획)　의지할 의, 좇을 의, 도울 의
聖(耳 13획)　성인 성, 성스러울 성, 천자 성
言(言 7획)　말씀 언, 소송할 언, 삼갈 은
莫(艹 11획)　말 막, 없을 막, 아득할 막
庸(广 11획)　용렬할 용, 어리석을 용, 쓸 용.
流(氵 10획)　무리 류, 흐를 류, 구할 류
妄(女 6획)　망령될 망, 허망할 망, 거짓 망
說(言 14획)　말씀 설, 기쁠 열, 달랠 세, 벗을 탈
旣(无 11획)　이미 기, 원래 기, 다할 기, 끝날 기
已(己 3획)　이미 이, 그칠 이, 버릴 이
家(宀 10획)　집 가, 지아비 가, 아내 가, 가정 가

언제나 부처님 말씀을 따라야지
못된 인간들의 쓸데없는 소리에
귀 기울여서는 안 된다.

參陪淸衆 / 常念柔和善順 / 不得我慢貢高
참 배 청 중　상 념 유 화 선 순　부 득 아 만 공 고

참여할	모실	맑을	대중		항상	생각	부드러울	온화할	착할	순할		아닐	시러금	나	거만할	바칠	높을
3	1	2			1	3		2				5	1		2	3	4

◈ 직　역
청정한 대중에 참배함인댄 /
항상 유화선순을 생각할지언정 /
시러금 아만으로 공바쳐 높이지 말지니라.

◈ 낱말해설
참배 : 참여하여 모심. 모시어 참여함.
유화선순 : 부드럽고 온화하고 착하고 순함.
득(得) : 시러금. 마땅히. 꼭. 권유 및 당위의 뜻.
공고 : 스스로 잘난 체하며 자신을 치켜세움.

◈ 영　역
to join the pure assembly,
remember always to be gentle and flexible
and to harmonize well with the others;
do not be proud or haughty.

◈ 한자풀이
參(厶 11획)　참여할 참, 뵐 참, 빽빽할 삼
陪(阝 11획)　모실 배, 더할 배
淸(氵 11획)　맑을 청, 시원할 청, 깨끗할 청
衆(血 12획)　대중 중, 많을 중, 군신 중
常(巾 11획)　항상 상, 범상 상, 일찍 상
念(心 8획)　생각 념, 욀 념, 잠깐 념
柔(木 9획)　부드러울 유, 약할 유
和(口 8획)　온화할 화, 화목할 화, 고를 화
順(頁 12획)　순할 순, 화할 순, 바를 순
貢(貝 10획)　바칠 공, 고할 공, 알릴 공

부처님의 자식으로 승가에 들어온 이상
잘난 체하여 대중의 심기를
불편하게 하지 말라.

大者爲兄／小者爲弟／儻有諍者／兩說和合
대 자 위 형 소 자 위 제 당 유 쟁 자 양 설 화 합

큰	사람	할	맏	작을	사람	할	아우	혹시	있을	다툴	사람	두	말씀	화합할	합할
1	3	2		1	3	2		1	4	2	3	1		2	

◈ 직 역

대자는 형이 되고／소자는 아우가 되니／
혹 다투는 이가 있거든／양설을 화합하여

◈ 낱말해설

대자 : 불문에 먼저 출가한 사람. 계를 먼저 받은 이.
소자 : 불문에 늦게 출가한 사람. 계를 늦게 받은 이.
양설 : 두 쪽 모두의 말

◈ 영 역

Those older than you are your older
brothers:
those younger than you are your
younger brothers.
If there should be a quarrel, try to
reconcile the views of the two parties

◈ 한자풀이

大(大 3획) 큰 대, 클 태, 클 다
者(耂 9획) 사람 자, 곳 자, 어조사 자
爲(爫 12획) 할 위, 위할 위, 다스릴 위
兄(儿 5획) 맏 형, 형 형
弟(弓 7획) 아우 제, 순할 제, 다만 제
儻(亻 22획) 혹시 당, 멋대로 당, 갑자기 당
有(有 6획) 있을 유, 또 유, 어조사 유
諍(言 15획) 다툴 쟁, 간할 쟁, 종사할 쟁
兩(入 8획) 두 량, 짝 량, 기량 량
說(言 14획) 말씀 설, 달랠 세, 벗을 탈

먼저 수계한 순서대로 위계질서를
지키며 혹시 싸우는 사람들을 보거든
말리고 잘 타일러라.

但以慈心相向／不得惡語傷人
단 이 자 심 상 향 부 득 악 어 상 인

다만	써	사랑	마음	상대	대할	아닐	시러금	나쁠	말씀	상할	사람
1	3	2		4	5	6	1	2	3	5	4

◈ 직 역

다만 자심으로써 상대를 대할지언정／
시러금 나쁜 말로 사람을 상하게
하지 말지어다

◈ 낱말해설

자심 : 따뜻이 사랑하는 마음.
상향 : '서로를 향한다'로 번역하는 사람이 있으나
　　　글의 흐름으로 보아서
　　　'상대, 당사자를 대한다'가 맞음.
악어 : 나쁜 말. 모진 말. 인격적으로 모독하는 말

◈ 영 역

and bring them together by being
sympathetic to both.
Do not harm others with harsh speech.

◈ 한자풀이

但(亻 7획) 다만 단, 무릇 단
以(人 5획) 써 이, 부터 이, 미칠 이
慈(心 14획) 사랑 자, 어머니 자, 성 자
相(目 9획) 상대 상, 서로 상, 도울 상, 형상 상
向(口 6획) 대할 향, 향할 향, 구할 향, 창 향
得(彳 11획) 시러금 득, 얻을 득, 만족할 득
惡(心 12획) 나쁠 악, 모질 악, 흉년들 악
語(言 14획) 말씀 어, 알릴 어, 가르칠 어
傷(亻 13획) 상할 상, 상처 상, 앓을 상

싸운 사람들을 사랑으로
가르칠 일이지 비인격적 언행으로
막 대해서는 안 된다.
경책과 나무람이, 교육의 목적이 되어
야지 감정의 수단이 되어서는 안 된다.

若也欺凌同伴 / 論說是非 / 如此出家
약 야 기 릉 동 반 논 설 시 비 여 차 출 가

만약	어조사	속일	업신여길	같을	짝	논할	말씀	이	아닐	같을	이	날	집
1	2	4	5	3		2		1		2	1		3

◈ 직 역

만약에 도반을 속이고 업신여겨/
시비를 논설함인댄/
이와같은 출가는

◈ 낱말해설

기릉 : 남을 속이고 업신여김.
동반 : 함께 공부하는 친구. 도반.
논설 : 논하여 설함. 말로 왈가왈부 함.
시비 : 옳고 그름.

◈ 영 역

To slander your fellows and bicker over
right and wrong,
leaving the house-holder's life in this way,

◈ 한자풀이

若(卄 9획) 만약 약, 같을 약, 건초 야, 반야 야
也(乙 3획) 어조사 야, 또 야, 잇달을 이
欺(欠 12획) 속일 기, 거짓 기
凌(冫 10획) 업신여길 릉, 얼음 릉, 범할 능
伴(亻 7획) 짝 반, 모실 반, 따를 반
論(言 15획) 논할 론, 말할 론, 헤아릴 론
說(言 14획) 말씀 설, 말할 설, 문체이름 설
是(日 9획) 이 시, 옳을 시, 바로잡을 시

벗을 속이거나 무시해서는 안 되며 쓸
데없는 일로 또한 피곤하게 해서도 안
된다. 벗은 그 이름만으로도 푸근해야
한다. 이익이나 다른 목적을 염두에 두
고 벗을 사귀어서는 안 된다.
벗은 순수한 벗이어야 한다.

全無利益 / 財色之禍 / 甚於毒蛇 / 省己知非
전 무 이 익 재 색 지 화 심 어 독 사 성 기 지 비

전혀	없을	이로울	더할	재물	이성	어조사	재앙	심할	어조사	독	뱀	살필	자기	알	아닐
1	3	2		1	2	3		3	2	1		2	1	4	3

◈ 직 역

전혀 이익이 없느니라/
재색의 화는/독사보다 심하니/
자기를 살펴 그릇됨을 알아

◈ 낱말해설

재색 : 재물과 이성.
독사 : 독사의 독이 사람에게 아주 치명적이므로
        비유를 들었음.
지비 : 잘못을 앎.

◈ 영 역

is utterly without benefit.
The calamities of wealth and sex worse
than poisonous snakes.
Examine yourself and be aware of your
faults:

◈ 한자풀이

利(刂 7획) 이로울 리, 날카로울 리, 편리 리
益(皿 10획) 더할 익, 이로울 익, 더욱 익
色(色 6획) 이성 색, 빛 색, 모양 색, 꾸밀 색
禍(示 14획) 재앙 화, 재화 화, 죄 화
甚(甘 9획) 심할 심, 무엇 심, 두터울 심
於(方 8획) 어조사 어, 이에 어, 탄식할 오
毒(母 8획) 독 독, 독할 독, 해칠 독
蛇(虫 11획) 뱀 사, 구불구불갈 이
省(目 9획) 살필 성, 분명할 성, 깨달을 성
己(己 3획) 몸 기, 자기 기, 자신 기

절 집안에 사는 데는
재물과 이성 두 가지를 조심하라.
재물을 탐해서도 안 되고
이성때문에 공부를 망쳐서도 안 된다.

36

常須遠離/無緣事則不得入他房院

상 수 원 리 무 연 사 즉 부 득 입 타 방 원

항상	모름지기	멀	여읠	없을	인연	일	곧	아닐	시러금	들	남	방	집
1	2	3	4	2	1	3	9	4	8	5	6	7	

◈ 직 역

항상 모름지기 멀리 여읠지어다/
볼 일이 없는 즉 시러금 남의 방이나 집에
들지말며

◈ 낱말해설

상수 : 항상 모름지기. 언제나 꼭 해야한다의 뜻.
연사 : 볼 일.
방원 : 공부하거나 거처하는 방 또는 집.
부득 : 시러금 하지말라. 해서는 안된다는 뜻.

◈ 영 역

you must leave them far behind.
Unless you have good reason, do no
enter anyone else's room or compound.

◈ 한자풀이

常(巾 11획) 항상 상, 범상 상, 일찍 상
遠(辶 14획) 멀 원, 멀어질 원, 멀리할 원
離(隹 19획) 여읠 리, 떠날 리, 늘어놓을 리
緣(糸 15획) 인연 연, 가장자리 연, 꾸밀 연
則(刂 9획) 곧 즉, 곧 측, 법칙 측, 법칙 칙
得(彳 11획) 시러금 득, 얻을 득, 만날 득
他(亻 5획) 남 타, 다를 타, 저 타
房(戶 8획) 방 방, 집 방, 뚝 방
院(阝 10획) 집 원, 담 원, 단단할 원

쓸데없이 다른 사람 처소를 들락거리지
말라. 남의 프라이버시를 침해하는 일이
생길 수도 있다.
상대방의 정진시간을 뺏기도 한다.
친할수록 조심해야 한다.

當屏處/不得强知他事/非六日

당 병 처 부 득 강 지 타 사 비 육 일

마땅할	병풍	곳	아닐	시러금	강할	알	남	일	아닐	여섯	날
3	1	2	6	1	4	5	2	3	2	1	

◈ 직 역

병풍친 곳을 당하여/시러금 남의 일을 억
지로 알려고 하지말며/육일이 아니면

◈ 낱말해설

병처 : 남에게 공개하지 않는 자리. 칸막이를 한 공간.
강지 : 억지로 알아냄.
육일 : 6일, 16일, 26일을 말함. 날짜를 정해서 빨래
        한 것은 대중의 질서를 생각한 점이 있음.
        당시 보조 국사 스님이 주석하시던 수선사의
        규율인데 요즘은 각 절마다 다소 다름.
        6일은 4천왕이 지상을 살피어 미물들을 환생
        시킨다는 설도 있음.

◈ 영 역

Do no pry surreptitiously into the affairs
of others. If it is not a sixth day,

◈ 한자풀이

當(田 13획) 마땅 당, 당할 당, 값을 당
屏(尸 11획) 병풍 병, 물리칠 병, 감출 병
處(虍 11획) 곳 처, 살 처, 둘 처, 평상 처
强(弓 12획) 강할 강, 힘쓸 강, 굳을 강
知(矢 8획) 알 지, 알릴 지, 앎 지
他(亻 5획) 남 타, 다를 타, 딴일 타
非(非 8획) 아닐 비, 어긋날 비, 헐뜯을 비
日(日 4획) 날 일, 해 일, 날수 일, 낮 일

억지로 남의 비밀을 들추어 내지 말라.
설령 우연한 기회에 좋지 않은 남의 이
야기를 들었거나 못 볼 것을 보았다면
오히려 자기 귀, 자기 눈이 잘못 되었
을 수도 있다고 생각하라.

不得洗浣內衣／臨盥漱／不得高聲涕唾
부 득 세 완 내 의 임 관 수 부 득 고 성 체 타

아닐	시러금	씻을	빨	안	옷	임할	씻을	양치할	아닐	시러금	높을	소리	울	침
4	1	3	2	3	1	2	6	1	2	3	4	5

◈ 직 역
시러금 내의를 세완하지 말며／
씻고 양치함에 임하야／
시러금 큰 소리로 코 풀고 침 뱉지말며

◈ 낱말해설
세완 : 씻고 빨음.
임관수 : 세수하고 양치질 함.
체타 : 코풀고 침뱉음.

◈ 영 역
do not wash your underwear.
When you wash your face or rinse your
mouth, do not blow your nose loudly or
spit.

◈ 한자풀이
洗(氵 9획) 씻을 세, 깨끗할 선
浣(氵 10획) 빨 완, 씻을 완
內(入 4획) 안 내, 들일 납
衣(衣 6획) 옷 의, 입을 의, 입힐 의
臨(臣 17획) 임할 림, 곡할 림
盥(皿 16획) 씻을 관, 대야 관
聲(耳 17획) 소리 성, 말 성, 음악 성
涕(氵 10획) 울 체, 눈물 체
唾(口 11획) 침 타, 침뱉을 타

시도때도 없이 샤워, 빨래하지 말고
세수하거나 양치질할 때는
조용조용할 일이며 주위 사람들에게
불쾌감을 주어서는 안 된다.

行益次／不得搪揆越序／經行次
행 익 차 부 득 당 돌 월 서 경 행 차

갈	이익	때	아닐	시러금	뻗을	부딪힐	넘을	차례	갈	다닐	때
2	1	3	5	1	2	4	3	1	2

◈ 직 역
이익을 나눌 때에／
시러금 당돌하게 차례를 넘지말며／
경행차에

◈ 낱말해설
행익 : 이익을 나눔.
당돌 : 나만 생각하여 멋대로 행함.
월서 : 차례, 순서를 어김.
경행 : 몸을 풀기위해 가벼이 걸음.

◈ 영 역
When serving the formal meal, do not
forget the proper sequence.
When walking around,

◈ 한자풀이
行(行 6획) 갈 행, 걸을 행, 길 행, 순서 행
益(皿 10획) 이익 익, 더할 익, 이로울 익
次(欠 6획) 때 차, 버금 차, 차례 차, 자리 차
搪(扌 12획) 뻗을 당, 막을 당 찌를 당
揆(扌 12획) 부딪칠 돌, 갑자기 돌, 뚫을 돌
越(走 12획) 넘을 월, 멀 월, 구멍 활
序(广 7획) 차례 서, 담 서, 실마리 서
經(糸 13획) 갈 경, 날 경, 세로 경, 지날 경

먹을 것, 입을 것의 대중공양이
들어오거든 늘 윗사람부터 생각하라.
위아래도 모르고 천방지축 놀다보면 대중
으로부터 따돌림을 당하게 되고 자신의
은사스님, 출가본사까지 욕먹이게 된다.

不得開襟掉臂／言談次／不得高聲戲笑
부 득 개 금 도 비 언 담 차 부 득 고 성 희 소

아닐	시러금	열	깃	흔들	팔		말씀	이야기	때		아닐	시러금	높을	소리	희롱할	웃을
6	1	3	2	5	4		1		2		6	1	2	3	4	5

◈ 직 역

시러금 옷깃을 열고 팔을 흔들지 말며／
이야기할 때／
시러금 큰 소리로 희롱하여 웃지말며

◈ 낱말해설

개금 : 옷깃을 풀어헤침.
도비 : 팔을 흔들며 걸음.
언담 : 상대방과 얘기 함.
희소 : 체통을 지키지 않고 껄껄대며 웃어재낌.

◈ 영 역

do not open your collar or fling your
arms about.
When speaking, do not laugh or joke in
a loud voice.

◈ 한자풀이

襟(衤 18획) 깃 금, 가슴 금, 재빠를 금
掉(扌 11획) 흔들 도, 흔들릴 도, 바로잡을 도
臂(月 17획) 팔 비, 팔뚝 비, 쇠뇌자루 비
言(言 7획) 말씀 언, 삼갈 은, 발어사 언
談(言 15획) 이야기 담, 농할 담, 성 담
聲(耳 17획) 소리 성, 소리낼 성, 소리칠 성,
　　　　　　 울릴 성
戲(戈 16획) 희롱할 희, 놀 희, 기 휘, 아하 호
笑(竹 10획) 웃을 소, 비웃을 소

걸을 때는 몸가짐을 점잖게 할 것이며
웃을 때는 품위있게 웃어라.
코끼리처럼 무게있게 행동하고 꽃처럼
향기롭게 웃을 때 수행자는 멋있다.

非要事／不得出於門外／有病人
비 요 사 부 득 출 어 문 외 유 병 인

아닐	중요할	일	아닐	시러금	날	어조사	문	바깥	있을	병	사람
3	1	2	6	1	5	4	2	3	3	1	2

◈ 직 역

중요한 일이 아니거든／
시러금 문 밖을 나가지 말며／
병든 이가 있거든

◈ 낱말해설

비요사 : 긴요하고 중요한 일이 아님.
문(門) : 일주문. 산문을 말함.
병인 : 병든 사람. 환자.

◈ 영 역

Unless it is to attend to an important
matter, do not go beyond the front gate.
If someone is sick,

◈ 한자풀이

非(非 8획) 아닐 비, 어긋날 비, 그를 비
要(襾 9획) 중요할 요, 구할 요, 사북 요
事(亅 8획) 일 사, 섬길 사, 부릴 사, 일삼을 사
得(彳 11획) 시러금 득, 얻을 득, 만날 득
於(方 8획) 어조사 어, 기댈 어, 있을 어
門(門 8획) 문 문, 집안 문, 가문 문
外(夕 5획) 바깥 외, 밖 외, 외댈 외
有(月 6획) 있을 유, 또 유, 어조사 유
病(疒 10획) 병 병, 근심 병, 시들 병

웬만하면 절 밖을 나가지 말고 환자가
생기면 자비한 마음으로 간호하라.
병든 사람을 잘 간호하는 일은
대승보살이라야 할 수 있다.

須慈心守護 / 見賓客 / 須欣然迎接 / 逢尊長
수 자 심 수 호　견 빈 객　수 흔 연 영 접　봉 존 장

모름지기	사랑	마음	지킬	보호할	볼	손	손	모름지기	기쁠	그럴	맞이할	사귈	만날	높을	어른
1	2	3	4	2	1			1	2		3		2	1	

◈ 직　역
모름지기 자심으로 지켜 보호하며 /
빈객을 보거든 / 모름지기 흔연히 영접하
며 / 존장을 만나면

◈ 낱말해설
견빈객 : 손님을 맞이함.
흔연 : 은근한 기쁨. 은근히 기뻐함. 반가움. 기꺼움.
영접 : 맞이함.
존장 : 높은 어른. 윗사람.

◈ 영　역
you must care for him with compassion.
When guest visit, you should welcome
warmly
When you come upon a senior monk,

◈ 한자풀이
守(宀 6획) 지킬 수, 절개 수, 구할 수
護(言 21획) 보호할 호, 거느릴 호, 통솔할 호
見(見 7획) 볼 견, 보일 견, 나타날 현
賓(貝 14획) 손 빈, 존경할 빈, 따를 빈
然(火 12획) 그럴 연, 즉 연, 또 연
迎(辶 8획) 맞이할 영, 헤아릴 영, 추산할 영
接(扌 11획) 사귈 접, 대접할 접, 이을 접
逢(辶 11획) 만날 봉, 맞을 봉, 마주칠 봉
尊(寸 12획) 높을 존, 높일 존, 우러러볼 존
長(長 8획) 어른 장, 길 장, 지나갈 장

절을 찾는 객스님이나 낯선 신도들을
기꺼이 맞이하며 복도나 계단, 좁은 길
에서 어른 스님을 뵙거든 합장 또는 차
수하고 옆으로 비켜서라.

須肅恭廻避 / 辦道具 / 須儉約知足 / 齋食時
수 숙 공 회 피　판 도 구　수 검 약 지 족　재 식 시

모름지기	공경할	공손할	돌	피할	사용할	길	그릇	모름지기	검소할	절약할	알	만족	식사	먹을	때
1	2		3		2	1		1	2		4	3		1	2

◈ 직　역
모름지기 숙공히 회피하며 /
도구를 사용하되 / 모름지기 검약하여 만족
할 줄을 알며 / 공양할 때에

◈ 낱말해설
숙공 : 공경하고 공손함.
회피 : 한쪽으로 비켜 섬.
검약 : 검소하고 절약함.
재식 : 공양함. 먹음.

◈ 영　역
you must respectfully make way for him.
When using utensils,
you should be frugal and content with
what you have.
During the meal,

◈ 한자풀이
肅(聿 13획) 공경할 숙, 엄숙할 숙, 정숙할 숙
恭(心 10획) 공손할 공, 삼갈 공, 받들 공
廻(廴 9획) 돌 회, 피할 회, 통할 회
避(辶 17획) 피할 피, 벗어날 피, 물러날 피
辦(辛 16획) 사용할 판, 힘쓸 판, 갖출 판
具(八 8획) 그릇 구, 갖출 구, 기량 구, 지닐 구
約(糸 9획) 절약할 약, 검약 약, 약속 약
足(足 7획) 만족 족, 족할 족, 발 족, 밟을 족
齋(齊 17획) 식사 재, 공경할 재, 상복 재
食(食 9획) 먹을 식, 밥 식, 밥 사, 사람이름 이
時(日 10획) 때 시, 엿볼 시, 이 시, 같을 시

절의 물건을 사용할 때는 내 물건처럼
다루어야 하며 물 한 방울, 전기 한 등
이라도 아껴야 한다.

飲啜 / 不得作聲 / 執放要須安詳
음 철　부 득 작 성　집 방 요 수 안 상

마실	먹을		아닐	시러금	지을	소리		잡을	놓을	요컨대	모름지기	편안할	자세할
1	2		4	1	3	2		1	2	3	4		5

◈ 직　역

마시고 씹음에 /
시러금 소리를 짓지 말며 /
잡고 놓음에 요컨대 모름지기 안상히 하며

◈ 낱말해설

음철 : 물이나 국을 마시고 음식을 씹음.
집방 : 그릇을 잡거나 놓음.
안상 : 차분히 조심함.

◈ 영　역

do not make any noise while drinking or
sipping.
In raising or putting down utensils,
do it calmly and carefully.

◈ 한자풀이

飲(食 13획) 마실 음, 음료 음, 따를 음
啜(口 11획) 먹을 철, 마실 철, 맛볼 철
作(亻 7획) 지을 작, 일어날 작, 비로소 작
聲(耳 17획) 소리 성, 음향 성, 음성 성
執(土 11획) 잡을 집, 지킬 집, 관리할 집
放(攵 8획) 놓을 방, 본뜰 방, 달아날 방
要(襾 9획) 요컨대 요, 반드시 요, 요구할 요
安(宀 6획) 편안할 안, 즐길 안, 편안하게할 안
詳(言 13획) 자세할 상, 다할 상, 모조리 상

무엇을 먹을 때는 예쁘게 먹을 일이며 가
능한 한 숟가락, 젓가락 소리를 내지말라.
이 반찬 저 반찬을 뒤적거려서는 안 된다.
오로지 발우공양의 법도에 따라 공양해야
한다.

不得擧顔顧視 / 不得欣厭精麤 / 須默無言說
부 득 거 안 고 시　부 득 흔 염 정 추　수 묵 무 언 설

아닐	시러금	들	얼굴	돌아볼	볼		아닐	시러금	기뻐할	싫어할	깨끗할	거칠		모름지기	잠잠할	없을	말씀	말씀
6	1	3	2	4	5		6	3	4	5	1	2		1	2	4		3

◈ 직　역

시러금 얼굴을 들어 돌아보지 말며 /
좋고 나쁜 음식을
시러금 기뻐하거나 싫어하지 말며 /
모름지기 묵묵히 말이 없이 하며

◈ 낱말해설

거안 : 얼굴을 듦.
흔염 : 좋아하거나 싫어하는 것.
정추 : 맛있는 음식과 거친 음식.

◈ 영　역

Do not raise your head and look around.
Do not relish fine food and despise the
coarse.
Remain quiet and say nothing;

◈ 한자풀이

擧(手 18획) 들 거, 오를 거, 받들 거
顔(頁 18획) 얼굴 안, 면목 안, 나타날 안
顧(頁 21획) 돌아볼 고, 생각할 고, 살필 고
視(見 12획) 볼 시, 대우할 시, 견줄 비
欣(欠 8획) 기뻐할 흔, 기쁨 흔
厭(厂 14획) 싫어할 염, 찰 염, 멎을 음
精(米 14획) 깨끗할 정, 쓿은쌀 정, 굳셀 정
麤(鹿 33획) 거칠 추, 소략할 추, 굵을베 추
默(黑 16획) 잠잠할 묵, 고요할 묵, 어두울 묵

식사 중에는 두리번 거리지 말며
음식투정을 부려서도 안 되며, 음식물
을 입에 넣고 말하여서도 안 된다.
공양할 때는 공양만 할 일이다.
공양 즉 수행이 되어야 한다.

須防護雜念／須知受食但療形枯爲成道業
수 방 호 잡 념   수 지 수 식 단 료 형 고 위 성 도 업

모름지기	막을	보호할	섞일	생각	모름지기	알	받을	먹을	다만	고칠	형상	마를	할	이룰	길	업
1	3	4	2		1	11	3	2	4	7	5	6	10	9		8

◈ 직 역

모름지기 잡념을 막아 보호하며／
모름지기 음식 받음이 단지 몸마름을 막아
도업을 이루기 위함인 줄 알며

◈ 낱말해설

잡념 : 쓸데없는 생각.
형고 : 몸이 마름.
도업 : 도 닦는 일. 위로는 깨달음을 구하고
　　　 아래로는 중생을 제도하는 일.

◈ 영 역

guard against distracting thoughts.
Remember that you only take food to
protect the body from withering away to
ensure that you can attain the path.

◈ 한자풀이

防(阝 7획) 막을 방, 둑 방, 대비할 방
護(言 21획) 보호할 호, 거느릴 호, 통솔할 호
雜(隹 18획) 섞일 잡, 모을 잡, 돌 잡, 거칠 잡
念(心 8획) 생각 념, 욀 념, 삼갈 념
但(亻 7획) 다만 단, 무릇 단, 부질없이 단
療(广 17획) 고칠 료, 앓다 료
形(彡 7획) 형상 형, 모양 형, 나타날 형
枯(木 9획) 마를 고, 죽을 고, 마른나무 고
成(戈 7획) 이룰 성, 익을 성, 끝날 성
業(木 13획) 업 업, 생계 업, 기초 업

공양할 때는
잡된 생각을 하지 말아야 하고
음식은 도를 이루기 위해 먹는 것임을
잊지 않아야 한다.

須念般若心經／觀三輪淸淨／不違道用
수 념 반 야 심 경   관 삼 륜 청 정   불 위 도 용

모름지기	생각	반야	반야	마음	날	볼	석	바퀴	맑을	깨끗할	아닐	어길	길	쓸
1	3		2			3	1		2		3	2	1	

◈ 직 역

모름지기 반야심경을 염하되／
삼륜이 청정함을 관 하여／
도용을 어기지 말지어다

◈ 낱말해설

반야심경 : 모든 경전의 핵심을 담고 있는 260자의
　　　　　 짧은 경.
삼륜 : 시주물, 시주자, 시주받는 자
청정 : 맑고 순수함.
도용 : 도의 쓰임. 도 닦음에 적합함.

◈ 영 역

Recite the Heart Sutra to yourself and
contemplate the fact that the three wheels
(donor, recipient, and object donated)
are pure.

◈ 한자풀이

般(舟 10획) 반야 반, 일반 반, 돌릴 반
若(艹 9획) 반야 야, 같을 약, 건초 야
經(糸 13획) 날 경, 새로 경, 길 경
觀(見 25획) 볼 관, 드러낼 관, 모양 관
輪(車 15획) 바퀴 륜, 수레 륜, 돌 륜
淸(氵 11획) 맑을 청, 선명할 청, 탐욕없을 청
淨(氵 11획) 깨끗할 정, 맑을 정, 사념없을 정
違(辶 13획) 어길 위, 다를 위, 잘못 위
道(辶 13획) 길 도, 이치 도, 근원 도, 방법 도
用(用 5획) 쓸 용, 베풀 용, 도구 용

늘 경전 말씀을 마음에 새기고
시주의 여러 인연들에 감사하면서
수행에 어긋남이 없도록 한다.

赴焚修 / 須早暮勤行 / 自責懈怠 / 知衆行次
부 분 수　　수 조 모 근 행　　자 책 해 태　　지 중 행 차

나아갈	사를	닦을	모름지기	새벽	저물	부지런할	행할	스스로	꾸짖을	게으를 게으를	알	무리	행할	차례
3	1	2	1	2	3	4	5	1	3	2	4	1	2	3

◈ 직　역
향 사르고 예불함에 나아가되 /
모름지기 아침저녁으로 부지런히 행하여 /
스스로 해태함을 꾸짖으며 /
대중의 행하는 차례를 알아

◈ 낱말해설
분수 : 향 사르고 예불함.
자책 : 자신의 잘못을 스스로 책망함.
해태 : 게으름.

◈ 영　역
You must be conscientious about
attending services in the morning and
evening, and chide your own laziness.
Know the proper order of procession

◈ 한자풀이
赴(走 9획) 나아갈 부, 다다를 부, 알릴 부
焚(火 12획) 사를 분, 태울 분, 넘어질 분
修(亻 10획) 닦을 수, 다스릴 수, 뛰어날 수
早(日 6획) 새벽 조, 이를 조, 서두를 조
暮(日 15획) 저물 모, 밤 모, 끝 모, 늦을 모
勤(力 13획) 부지런할 근, 직책 근, 도울 근
懈(忄 16획) 게으를 해, 느슨할 해
怠(心 9획) 게으를 태, 새이름 이, 위태 태
衆(血 12획) 무리 중, 많을 중, 군신 중
次(欠 6획) 차례 차, 버금 차, 머무를 차

조석예불을 게을리해서는 안 되며
움직일 때는 자기 차례를 잘 알아서
순서를 지켜야 한다.
무엇이든 좌차순으로 하면 된다.

不得雜亂 / 讚唄祝願 / 須誦文觀義
부 득 잡 란　　찬 패 축 원　　수 송 문 관 의

아닐	시러금	섞일	어지러울	기릴	염불소리	빌	바랄	모름지기	외울	글월	볼	옳을
3	1	2		1		2		1	3	2	5	4

◈ 직　역
시러금 잡란하지 않으며 /
염불하고 축원하되 /
모름지기 글을 외우고 뜻을 관 할지언정

◈ 낱말해설
잡란 : 뒤섞이어 어수선함.
찬패 : 부처님을 찬탄하여 염불소리 냄.
축원 : 부처님전에 발원하는 것. 원을 빎.
　　　법력이 높은 사람이 기도하여 줌.

◈ 영　역
so that you make no disturbance.
During chanting or invocations,
you should recite the text while
contemplating the meaning;

◈ 한자풀이
亂(乙 13획) 어지러울 란, 함부로 란, 반역 란
讚(言 26획) 기릴 찬, 밝을 찬, 적을 찬, 도울 찬
唄(口 10획) 염불소리 패, 찬불 패
祝(示 10획) 빌 축, 하례할 축, 끊을 축
願(頁 19획) 바랄 원, 빌 원, 소망 원
誦(言 14획) 외울 송, 읽을 송, 비방할 송
文(文 4획) 글월 문, 글자 문, 문체 문
觀(見 25획) 볼 관, 나타낼 관, 모양 관
義(羊 13획) 옳을 의, 의 의, 의로울 의

기도하거나 천도재를 지내면서
그 염불의 뜻을 몰라서는 안 된다.
뜻을 모르고 하면 송불은 될지언정
진정한 마음의 기도는 안 된다.

不得但隨音聲 / 不得韻曲不調 / 瞻敬尊顏

부 득 단 수 음 성　부 득 운 곡 부 조　첨 경 존 안

아닐	시러금	다만	따를	소리	소리	아닐	시러금	울릴	가락	아닐	고를	볼	공경	높을	얼굴
5	2	1	4	3		5	1	2	4	3		3	2	1	

◈ 직 역

단지 시러금 음성만을 따르지 말며 /
시러금 운곡을 고르잖게 하지말며 /
존안을 공경히 뵙되

◈ 낱말해설

음성 : 말소리.
운곡 : 가락. 리듬.
첨경 : 공경히 쳐다 봄. 우러러 뵈움.
존안 : 부처님 상호. 높은 분의 얼굴.

◈ 영 역

do not simply follow the melody,
and do not sing out of key.
When gazing reverently at a holy image,

◈ 한자풀이

但(亻 7획) 다만 단, 단지 단, 오로지 단
隨(阝 16획) 따를 수, 거느릴 수, 따라서 수
韻(音 19획) 울릴 운, 운 운, 소리 운
曲(曰 6획) 가락 곡, 굽을 곡, 땅 이름 구
調(言 15획) 고를 조, 뽑힐 조, 아침 주
瞻(目 18획) 볼 첨, 우러러 볼 첨, 굽어볼 첨
敬(攵 13획) 공경 경, 존경 경, 삼갈 경
尊(寸 12획) 높을 존, 높일 존, 무거울 존
顏(頁 18획) 얼굴 안, 이마 안, 편액 안

염불의 가락, 곡조를 기초부터 잘 배워서
다른 대중이나 스님들이 들었을 때
환희심이 나도록 해야지
아무렇게나 엉터리로 하여 듣는 이로하여
금 신심이 떨어지게 해서는 안 된다.

不得攀緣異境 / 須知自身罪障猶如山海

부 득 반 연 이 경　수 지 자 신 죄 장 유 여 산 해

아닐	시러금	당길	인연	다를	경계	모름지기	알	스스로	몸	허물	막을	마치	같을	메	바다
5	1	4	2	3	1	7		2		3	4	6	5		

◈ 직 역

시러금 다른 경계를 반연짓지 말지어다 /
모름지기 자신의 죄장이
마치 산해와 같은 줄을 알아서

◈ 낱말해설

반연 : 얽히고 설킴. 다른 인연을 끌고 옴.
이경 : 다른 경계.
죄장 : 죄의 업장. 지은 허물.
산해 : 산과 바다. 한량없음. 무지 많고 큼.

◈ 영 역

do not let your mind wander to other
things.
You must understand that the karmic
obstacles created by your own misdeeds
are like the mountains or the sea;

◈ 한자풀이

攀(手 19획) 당길 반, 더위잡을 반, 의지할 반
緣(糸 15획) 인연 연, 가선 연, 좇을 연
異(田 11획) 다를 이, 괴이할 이, 달리할 이
境(土 14획) 경계 경, 지경 경, 장소 경
障(阝 14획) 막을 장, 울타리 장, 한계 장
猶(犭 12획) 마치 유, 오히려 유

부처님 전에 섰을 때는 절대 다른 망상
을 피우지 않아야 한다.
자신의 업장이 두터움을 알고 절을 부
지런히 하라. 자신의 현주소를 정확히
파악하는 일은 아주 중요하다.
'나는 현재 왜 부처님 앞에 서 있는가'를
분명히 인식하라.

須知理懺事懺可以消除

수 지 이 참 사 참 가 이 소 제

모름지기 알 다스릴 뉘우칠 일 뉘우칠 가히 써 사라질 덜
1 6 2 3 4 5

◈ 직 역

모름지기 이참사참으로
가히 소제할 줄을 알며

◈ 낱말해설

이참 : 마음으로 자신의 업장을 참회함.
　　　이치적 참회. 조용히 자신을 반성함.
사참 : 행동으로 자신의 업장을 참회함.
　　　수행적 참회. 절, 사경, 독경 등으로 수행을
　　　하면서 참회함.
소제 : 깨끗이 함. 덜어 없앰.

◈ 영 역

you must know that
they can be dissolved through noumenal
and phenomenal repentance.

◈ 한자풀이

須(頁 12획) 모름지기 수, 수염 수, 바랄 수
理(玉 11획) 다스릴 리, 이치 리, 도리 리
懺(忄 20획) 뉘우칠 참
消(氵 10획) 사라질 소, 빠질 소, 쓸 소
除(阝 10획) 덜 제, 섬돌 제 사월 여

몸과 마음을 다해 진실로 참회하라.
자신의 잘못을 솔직히 인정하는 사람은
발전하는 삶을 산다. 허물이 있으면서
그 허물을 스스로 느끼지 못하는 사람
은, 발전은 커녕 퇴보를 면치 못한다.
사람이 위대하고 성스러운 것은 자신의
허물을 알고 참회하기 때문이다.
참회한 즉 모든 것이 편안해진다.

深觀能禮所禮皆從眞性緣起

심 관 능 례 소 례 개 종 진 성 연 기

깊을 볼 능할 예도 바 예도 다 좇을 참 성품 인연 일어날
7 8 1 2 3 5 4 6

◈ 직 역

능례소례가 다 진성을 좇아
연기한 줄을 깊이 관 하며

◈ 낱말해설

능례 : 부처님 전에 예배드리는 나 자신.
소례 : 예배의 대상이 되는 부처님.
진성 : 참다운 본래의 성품.
연기 : 인연생기(因緣生起)의 줄인 말.
　　　인연으로 결과가 일어남.

◈ 영 역

Deeply contemplate the fact that both
the worshiper and the worshiped are
conditionally arisen from the true nature.

◈ 한자풀이

深(氵 11획) 깊을 심, 너비 심
能(月 10획) 능할 능, 별 이름 태, 견딜 내
所(戶 8획) 바 소, 지위 소, 만일 소
禮(示 18획) 예도 례, 폐백 례, 경의 표할 례
從(彳 11획) 좇을 종, 시중들 종, 높고 클 종
緣(糸 15획) 인연 연, 가선 연, 좇을 연

모든 것은 다 한바탕에서 나왔다.
그 한바탕은 참다운 본래의 성품자리라
서 그 어떤 존재에게도 공통적으로 들
어있다. '부처님'이나 '나'자신이 다 한
고향 출신이나 '부처님'은 월등히 출세
하고 '나'는 아직 노숙자 신세를 면치 못
하고 있는 것이다. '부처님'과 '나'는 진
성에서 비롯되었음을 명심하라.

深信感應不虛影響相從

심 신 감 응 불 허 영 향 상 종

깊을	믿을	느낄	응할	아닐	허탈	그림자	울림	바탕	좇을
7	8	1		3	2	4		5	6

◈ 직 역

감응이 헛되지 않아 영향의 바탕좇음을 깊
이 믿을지니라

◈ 낱말해설

감응 : 느껴 응함.
영향 : 그림자와 소리.
상종 : 바탕을 좇음. 즉, 그림자와 소리의 본체인 본바
　　　탕 따름을 말함. '서로따름'이라고 번역하는 이
　　　가 대부분이나 글의 흐름으로 보아 맞지않음.

◈ 영 역

Have deep faith in the fact that the
response to your invocation is not
spurious;
it is like shadow and echo which follow
form and sound.

◈ 한자풀이

深(氵 11획) 깊을 심, 심할 심, 짙을 심
感(心 13획) 느낄 감, 닿을 감, 한할 감
應(心 17획) 응할 응, 당할 응, 허락할 응
虛(虍 12획) 허탈 허, 빌 허, 공허할 허, 드물 허
影(彡 15획) 그림자 영, 초상 영, 찍을 영
響(音 22획) 울림 향, 명성 향, 대답 향
從(彳 11획) 좇을 종, 거느릴 종, 버금 종

가피는 분명히 있어서 기도한 만큼 이루어
짐을 꼭 믿어라. 부처님 제자는 부처님을
그리워하는 기도를 잊지 않아야 한다.
감응은 반드시 정진한 만큼 있다. 정진력
에 비례하여 가피가 있으므로 감응에 신경
쓰지 말고 일심정성 참선하고 기도하라.

居衆寮 / 須相讓不爭 / 須互相扶護

거 중 료 　 수 상 양 부 쟁 　 수 호 상 부 호

살	무리	집	모름지기	서로	양보할	아닐	다툴	모름지기	서로	서로	도울	보호할
3	1	2	1	2	3	5	4	1	2	3	4	5

◈ 직 역

대중처소에 거하되 /
모름지기 서로 양보하여 다투지 말며 /
모름지기 서로서로 도와 보호하며

◈ 낱말해설

중료 : 대중처소. 대중들이 기거하는 집이나 방.
부쟁 : 다투지 않음.
호상 : 서로서로.
부호 : 도와 보호함.

◈ 영 역

When residing in the dormitories,
you should defer to one another and
pick no quarrels.
You must help and support one another.

◈ 한자풀이

居(尸 8획) 살 거, 있을 거, 어조사 기
衆(血 12획) 무리 중, 많을 중, 군신 중
寮(宀 15획) 집 료, 벼슬아치 료, 동료 료
須(頁 12획) 모름지기 수, 수염 수, 잠깐 수
讓(言 24획) 양보할 양, 겸손할 양, 꾸짖을 양
互(二 4획) 서로 호, 어긋날 호, 목책 호
扶(扌 7획) 도울 부, 의지할 부, 길 포
護(言 21) 보호할 호, 통솔할 호, 점거할 호

함께 살아가는 데는 서로서로 도와 양
보하면서 시기하고 다투어서는 안 된
다. 시기하고 다투려 하는 자는, 공부
는 서푼어치 해놓고 온갖 상을 부려 화
합을 깬다.

愼諍論勝負／愼聚頭閒話／愼誤着他鞋

신 쟁 론 승 부　신 취 두 한 화　신 오 착 타 혜

삼갈	다툴	논할	이길	질	삼갈	모을	머리	한가할	이야기	삼갈	잘못	신을	남	신발
4	2	3	1		5	2	1	3	4	5	3	4	1	2

◈ 직 역

승부를 다투어 논함을 삼가며／
머리를 모아 한가로이 이야기함을 삼가며／
남의 신발 그릇 신음을 삼가며

◈ 낱말해설

승부 : 이기고 짐.
취두 : 머리를 모음. 함께 모임.
한화 : 한가로이 이야기 함.
오착 : 그릇 신음.

◈ 영 역

Guard against trying to win arguments.
Refrain from gathering for idle talk.
Be careful not to put on someone else's
shoes by mistake.

◈ 한자풀이

愼(忄 13획) 삼갈 신, 진실로 신, 훈계할 신
諍(言 15획) 다툴 쟁, 간할 쟁, 송사할 쟁
勝(力 12획) 이길 승, 뛰어날 승, 견딜 승
負(貝 9획) 질 부, 떠맡을 부, 의지할 부
聚(耳 14획) 모을 취, 함께 취, 달 이름 추
閒(門 12획) 한가할 한, 막을 한, 보위할 한
誤(言 14획) 잘못 오, 그릇할 오
着(羊 12획) 신을 착, 입을 착, 붙을 착
鞋(革 15획) 신발 혜

말로써 상대 이기기를 좋아하지 말며
쓸데없는 이야기로
시간을 허비하지 말라.
급하다고 하여 남의 신발을 신지 말라.

愼坐臥越次／對客言談／不得揚於家醜

신 좌 와 월 차　대 객 언 담　부 득 양 어 가 추

삼갈	앉을	누울	넘을	차례	대할	손	이야기	말씀	아닐	시러금	드러낼	어조사	집	추할
5	1	2	4	3	2	1		3	6					3

◈ 직 역

앉고 누움에 차례 넘음을 삼가며／
객을 대하여 이야기 함에／
시러금 집안의 추함을 드러내지 말고

◈ 낱말해설

월차 : 순서를 어김. 차례를 넘음.
가추 : 집안의 나쁜 일. 집안의 흉되는 일.

◈ 영 역

Be careful to sit or lie down in the
proper place.
When speaking with guests,
do not spread tales about the faults of
your own house;

◈ 한자풀이

臥(臣 8획) 누울 와, 중지할 와, 넘어질 와
越(走 12획) 넘을 월, 멀 월, 오를 월, 구멍 활
對(寸 14획) 대할 대, 대답할 대, 만날 대
客(宀 9획) 손 객, 예우할 객, 침입할 객
談(言 15획) 말씀 담, 기릴 담, 언론 담
得(彳 11획) 시러금 득, 얻을 득, 깨달을 득
揚(扌 12획) 드러낼 양, 드날릴 양, 오를 양,
　　　　　　흉배 양
於(方 8획) 어조사 어, 이에 어, 갈 어, 있다 어
醜(酉 17획) 추할 추, 싫어할 추, 성낼 추

늘 위아래를 잘 살펴 행동하고
외부인과 이야기할 때는
집안의 잘못된 점을 드러내지 말라.

但讚院門佛事 / 不得詣庫房見聞雜事
단 찬 원 문 불 사 부 득 예 고 방 견 문 잡 사

다만	찬탄할	집	문	부처님	일	아닐	시러금	이를	곳집	방	볼	들을	섞일	일
1	4	2		3		11	1	3	2		6	7	4	5

◈ 직 역

다만 집안의 불사를 찬탄하며 /
시러금 고방에 이르러
잡다한 일을 보고 듣고

◈ 낱말해설

원문 : 절 문. 각 전각. 요사체의 문.
불사 : 절에서 이루어지는 모든 일.
고방 : 창고. 일하는 방. 물건 관리하는 방.

◈ 영 역

simply praise the Buddhist functions
carried on in the monastery.
You should not go to the storage room,
or look at or listen to anything

◈ 한자풀이

但(亻 7획)   다만 단, 무릇 단, 부질없이 단
讚(言 26획) 찬탄할 찬, 기릴 찬, 해석할 찬
院(阝 10획) 집 원, 담당 원, 관아 원, 절 원
佛(亻 7획)   부처님 불, 도울 필, 일 발
詣(言 13획) 이를 예, 갈 예, 참배할 예
庫(广 10획) 곳집 고, 성 사
房(戶 8획)   방 방, 집 방, 벌집 방
聞(耳 14획) 들을 문, 소문 문, 성 문
雜(隹 18획) 섞일 잡, 함께 잡, 돌다 잡

외부의 누구를 만나든지 자기 절의 잘
된 점만을 이야기하라.
그리고 창고 속이나 냉장고 안의 물건
을 보고 괜한 의심을 해서 스스로 마음
에 번뇌를 일으키지 말라.

自生疑惑 / 非要事 / 不得遊州獵縣與俗交通
자 생 의 혹 비 요 사 부 득 유 주 엽 현 여 속 교 통

스스로	날	의심할	미혹할	아닐	중요할	일	아닐	시러금	놀	고을	찾을	고을	더불어	세속	사귈	통할
8	10	9		3	1	2	15	1	3	2	5	4	7	6		8

◈ 직 역

스스로 의혹을 내지 말지어다 /
중요한 일이 아니거든 /
시러금 시내를 돌아다니고 마을을 찾아
세속과 더불어 교통하여

◈ 낱말해설

의혹 : 혹시나 하는 의심.
유주 : 시내를 돌아다님.
교통 : 내통하여 사귐. 왔다갔다 함.

◈ 영 역

which could cause you to have doubts.
Unless it is for something important,
do not travel around the country side or
associate with laypeople;

◈ 한자풀이

自(自 6획)   스스로 자, 저절로 자, 어조사 자
生(生 5획)   날 생, 낳을 생, 살 생
疑(疋 14획) 의심할 의, 두려워할 의, 시샘할 의
惑(心 12획) 미혹할 혹, 혹 혹
要(襾 9획)   중요할 요, 요할 요, 구할 요
遊(辶 13획) 놀 유, 놀이 유, 방탕할 유
獵(犭 18획) 찾을 엽, 사냥할 렵, 잡을 렵
縣(糸 16획) 고을 현, 매달 현, 관련될 현
與(臼 14획) 더불어 여, 조사 여, 참여할 여
俗(亻 9획)   세속 속, 풍속 속, 바랄 속, 속될 속
通(辶 11획) 통할 통, 사귈 통, 전할 통

스님의 신분으로
별 볼 일 없이 시내나 마을을
돌아다니면서 그들과 어울리지 말라.

令他憎嫉失自道情 / 儻有要事出行
영 타 증 질 실 자 도 정 　 당 유 요 사 출 행

하여금	남	미워할	시기할	잃을	스스로	길	뜻	혹시	있을	중요할	일	날	갈
10	9	11	14	12		13		1	4	2	3	5	

◈ 직　역

남으로 하여금 증질케하고
스스로 도정을 잃지 말지어다 /
혹시 중요한 일이 있어 출행하거든

◈ 낱말해설

증질 : 미워하고 시기함.
도정 : 도 닦는 마음.
요사 : 중요한 일.
출행 : 외출. 바깥으로 나감.

◈ 영　역

you could incur the enmity of others and
lose your desire for cultivation of the
path.
Even if you have to go out on important
business,

◈ 한자풀이

令(人 5획)　하여금 령, 명령 령, 우두머리 령
他(亻 5획)　남 타, 다를 타, 겹칠 타
憎(忄 15획)　미워할 증
失(大 5획)　잃을 실, 잘못 실, 놓을 일,
　　　　　　달아날 일
情(忄 11획)　뜻 정, 본성 정, 진리 정, 소망 정
儻(亻 22획)　혹시 당, 빼어날 당, 멋대로 당
要(襾 9획)　중요할 요, 구할 요, 요할 요
事(亅 8획)　일 사, 다스릴 사, 부릴 사
行(彳 6행)　갈 행, 행렬 항, 다닐 행

다른 도반들에게 미움을 사고 스스로에
게도 좋을 것이 없는 짓을 하지 말라.
공공의 이익을 위한 일이라도 대중의
뜻에 따라야 한다.

告住持人及管衆者 / 令知去處 / 若入俗家
고 주 지 인 급 관 중 자 　 영 지 거 처 　 약 입 속 가

알릴	머무를	가질	사람	함께	열쇠	무리	사람	하여금	알	갈	곳	만약	들	세속	집
4	1		2		3			1	4	2	3	1	3		2

◈ 직　역

주지인과 대중을 관리하는 사람에게 알려 /
하여금 가는 곳을 알게 하며 /
만약 속가에 들거든

◈ 낱말해설

주지인 : 사찰의 대표자 또는 총책임자.
관중자 : 대중을 관리하는 소임자.
거처 : 가는 장소.
속가 : 속인(세인)들의 집.

◈ 영　역

inform the abbot or the senior monk and
let him know of your destination.
If you enter a layperson's house,

◈ 한자풀이

告(口 7획)　알릴 고, 청할 곡, 국문할 국
住(亻 7획)　머무를 주, 그칠 주, 설 주, 세울 주
人(人 2획)　사람 인, 인격 인, 사람마다 인
及(又 4획)　함께 급, 미칠 급
管(竹 14획)　열쇠 관, 피리 관, 집 관
令(人 5획)　하여금 령, 명령할 령, 법 령
去(厶 5획)　갈 거, 물러날 거, 덜 거, 버릴 거
處(虍 11획)　곳 처, 살 처, 사람 이름 거
若(艹 9획)　만약 약, 좋을 약, 반야 약
俗(亻 9획)　세속 속, 풍속 속, 범속할 속,
　　　　　　속인 속

만일 중요한 일로 나가게 되거든 관계
되는 소임자에게 보고하라.
그리고 돌아오는 시간을 잘 지켜라.

切須堅持正念／愼勿見色聞聲流蕩邪心
절 수 견 지 정 념 신 물 견 색 문 성 유 탕 사 심

절대	모름지기	굳을	가질	바를	생각	삼갈	말이을	볼	빛	들을	소리	흐를	움직일	간사할	마음
1	2	4	5	3		1	10	3	5	4	8	9	6	7

◆ 직   역

절대 모름지기 정념을 굳게 지니되／
삼가 색을 보고 소리를 듣고 삿된 생각으
로 흘러 움직이지 말아야 할 것인데

◆ 낱말해설

정념 : 바른 생각.
유탕 : 흘러 움직임. 방탕하게 흘러감.
사심 : 삿된 생각. 나쁜 마음.

◆ 영   역

you must firmly keep right mindfulness.
Be careful not to let your mind become
dissolute by the sights and sounds
around you,

◆ 한자풀이

切(刀 4획) 절대 절, 간절 절, 끊을 절, 모두 체
須(頁 12획) 모름지기 수, 수염 수
堅(土 11획) 굳을 견, 굳셀 견, 단단할 견
正(止 5획) 바를 정, 정월 정
愼(忄 13획) 삼갈 신, 진실로 신, 훈계할 신
見(見 7획) 볼 견, 보일 견, 나타날 현
色(色 6획) 빛 색, 모양 색, 꾸밀 색
流(氵 10획) 흐를 류, 전할 류, 녹을 류
蕩(卄 16획) 움직일 탕, 넓을 탕, 운하 이름 탕
邪(阝 7획) 간사할 사, 고을 이름 야,
　　　　　　나머지 여, 느릿할 서

만약 마을 집에 들어가거든
바른 생각 굳게 지녀
그곳의 분위기에 휩쓸리지 말라.

又況披襟戲笑／亂說雜事／非時酒食
우 황 피 금 희 소 난 설 잡 사 비 시 주 식

또	하물며	헤칠	옷깃	희롱할	웃을	어지러울	말씀	잡된	일	아닐	때	술	음식
1	2	4	3	5	6	3	4	1	2	2	1	3	4

◆ 직   역

또한 하물며 옷깃을 헤쳐 희롱하여 웃고／
잡된 일을 어지러히 이야기하며／
때 아닌 술과 음식으로

◆ 낱말해설

피금 : 옷깃을 열어 헤침.
난설 : 어지러히 이야기 함.
잡사 : 세속의 잡된 일.
주식 : 술과 음식.

◆ 영   역

let alone loosen your clothing, laugh and
joke,
talk distractedly of trivial matters, or eat
or drink at improper times.

◆ 한자풀이

又(又 2획) 또 우, 다시 우, 오른쪽 우
況(氵 8획) 하물며 황, 비유할 황, 더할 황
披(扌 8획) 헤칠 피, 찢을 피, 관줄 피
襟(衤 18획) 옷깃 금, 가슴 금
戲(戈 16획) 희롱할 희, 놀 희, 놀이 희
笑(竹 10획) 웃을 소, 웃음 소
亂(乙 13획) 어지러울 란, 다스릴 란,
　　　　　　간음할 란, 건널 란
說(言 14획) 말씀 설, 기쁠 열, 달랠 세, 벗을 탈
雜(隹 8획) 잡된 잡, 섞일 잡, 모일 잡
酒(酉 10획) 술 주, 무술 주, 잔치 주

일반인을 대할 때에는
스님으로써 위의를 잘 지키고
말하는 것, 먹는 것도 조심하라.

妄作無碍之行／深乖佛戒／又處賢善人
망 작 무 애 지 행　심 괴 불 계　우 처 현 선 인

망령될	지을	없을	거리낄	갈	갈	깊을	어그러질	부처님	계	또	곳	어질	착할	사람
1	5	2	3	4	3	3	4	1	2	1	7	2	3	4

◈ 직　역

망령되이 무애의 행을 지어／
부처님의 계율을 심히 어길까 보냐／
또한 어질고 착한 이의

◈ 낱말해설

무애지행 : 거리낌 없이 마구 행동함.
심괴 : 심하게 어기다. 깊이 어기다.
불계 : 부처님의 계율.
현선인 : 어질고 착한 사람.

◈ 영　역

Do no wrongly assume that, thereby,
you are performing "unhindered practice"
when actually you are deviating
dangerously from the Buddhist precepts.

◈ 한자풀이

妄(女 6획) 망령될 망, 허망할 망, 잊어버릴 망
作(亻 7획) 지을 작, 만들 주, 저주할 저
碍(石 13획) 거리낄 애, 저지할 애, 푸른돌 의
深(氵 11획) 깊을 심, 깊게할 심, 깊이 심
乖(丿 8획) 어그러질 괴, 떨어질 괴,
　　　　　　 괴활할 괴
戒(戈 7획) 계 계, 계할 계, 재계할 계, 고할 계
處(虍 11획) 곳 처, 살 처, 사람이름 거
賢(貝 15획) 어질 현, 어진이 현, 나을 현,
　　　　　　 지칠 현
善(口 12획) 착할 선, 친할 선, 길할 선,
　　　　　　 옳게할 선
人(人 2획) 사람 인, 남 인, 사람마다 인

부처님 제자로서 행동거지를 잘하여야
지 개망나니처럼 놀아서는 안 된다.

嫌疑之間／豈爲有智慧人也／住社堂
혐 의 지 간　기 위 유 지 혜 인 야　주 사 당

의심할	의심할	갈	사이	어찌	할	있을	지혜	지혜	사람	어조사	머무를	모일	집
5	6	1	5	3	2	4	6	3	1	2

◈ 직　역

혐의 지간에 처하면／
어찌 지혜있는 사람이라 하리오／
대중방에 머무르되

◈ 낱말해설

혐의 : 의심. 의심 받음.
사당 : 모이는 집. 모여 공부하는 집. 대중방. 참선방.
　　　 강원방의 총칭.
　　　 여기서는 당시의 수선사(修禪社)를 말함.

◈ 영　역

Once you have aroused the suspicions of
virtuous and good people,
how can you possibly be considered wise
again?
When residing in the meditation hall,

◈ 한자풀이

嫌(女 13획) 의심할 혐, 싫어할 혐, 나쁜일 혐
疑(疋 14획) 의심할 의, 정해질 응, 비길 의
之(丿 4획) 갈 지, 이를 지, 이 지, 어조사 지
間(門 12획) 사이 간, 틈 간, 들어갈 간,
　　　　　　 요마적 간
豈(豆 10획) 어찌 기, 그 기, 즐길 개
慧(心 15획) 지혜 혜, 슬기로울 혜, 슬기 혜
也(乙 3획) 어조사 야, 또 야, 잇달을 이
住(亻 7획) 머무를 주, 살 주
社(示 8획) 모일 사, 토지의신 사, 단체 사
堂(土 11획) 집 당, 밝을 당

공부하는 수행자가
인격있는 사람들의 손가락질을 받는다
면 참으로 한심한 노릇이다.

신 사 미 동 행　신 인 사 왕 환　신 견 타 호 악

삼갈	모래	펴질	같을	갈	삼갈	사람	일	갈	돌아올	삼갈	볼	남	좋을	나쁠
3	1		2		5	1	2	3	4	5	4	1	2	3

◈ 직　역

사미와 동행함을 삼가며／
사람의 일로 가고 옴을 삼가며／
다른 사람의 좋고 나쁨을 봄을 삼가며

◈ 낱말해설

사미 : 나이가 아주 어린 스님.
동행 : 함께 다님.
왕환 : 오고 가는 것.
호악 : 좋고 나쁨. 장단점.

◈ 영　역

Refrain from keeping company with Sramaneras(novices). Refrain from going in and out to greet people. Refrain from noticing the good and bad qualities of others.

◈ 한자풀이

愼(　13획) 삼갈 신, 진실로 신, 훈계할 신
沙(　7획) 모래 사, 봉황 사, 목쉴 사
彌(弓 17획) 펴질 미, 두루 미, 갓난아이 미
同(口 6획) 같을 동, 모일 동, 한가지 동
事(　8획) 일 사, 섬길 사, 부릴 사
往(　8획) 갈 왕, 예 왕, 이따금 왕
還(　17획) 돌아올 환, 돌아볼 환, 갚을 환
他(　5획) 남 타, 다를 타, 딴일 타
好(女 6획) 좋을 호, 아름다울 호, 잘 호
惡(心 12획) 나쁠 악, 모질 악, 미워할 오

어린아이들을 너무 가까이하여 정들이지 말며, 세속 사람들의 일로 골칫거리를 만들지 말라. 그리고 다른 사람의 잘잘못을 말하지 말라.

신 탐 구 문 자　신 수 면 과 도　신 산 란 반 연

삼갈	탐구할	구할	글월	글자	삼갈	졸	졸	지날	정도	삼갈	흩어질	어지러울	당길	인연
3	2	1			3	1		2		3	2		1	

◈ 직　역

문자 탐구함을 삼가며／수면의 과도함을 삼가며／반연으로 산란함을 삼가며

◈ 낱말해설

탐구 : 탐닉하여 구함.
수면 : 잠. 잠을 잠.
과도 : 정도에 지나침.
산란 : 생각이 복잡함.

◈ 영　역

Refrain from zealously pursuing words and letters.
Refrain from oversleeping.
Refrain from distracting yourself with too many unnecessary activities.

◈ 한자풀이

貪(貝 11획) 탐구할 탐, 탐할 탐, 탐 탐
求(水 7획) 구할 구, 책망할 구, 힘쓸 구, 끝 구
睡(目 13획) 졸 수, 잘 수, 잠 수
眠(目 10획) 졸 면, 잘 면, 쉴 면, 잠 면
過(　13획) 지날 과, 초월할 과, 실수 과
度(　9획) 정도 도, 법도 도, 건널 도
散(　12획) 흩어질 산, 나누어질 산
亂(乙 13획) 어지러울 란, 어지럽힐 란
攀(手 19획) 당길 반, 의지할 반, 매달릴 반
緣(　15획) 인연 연, 가선 연, 부인옷이름 단

교학(敎學)은 반드시 마음닦는 수행으로 나아가야 한다. 문자만을 위한 문자공부는 아무 쓸모가 없다. 그리고 공부를 잘하려면 잠을 줄이고 잡생각을 말아야 한다.

若遇宗師陞座說法／切不得於法作懸崖想
약 우 종 사 승 좌 설 법　절 부 득 어 법 작 현 애 상

만약	만날	마루	스승	오를	자리	말씀	법	절대	아닐	시러금	어조사	법	지을	달	낭떠러지	생각할
1	6	2		4	3		5	1	13	2		3	5			4

◈ 직　역
만약 종사가 자리에 올라 설법함을 만나거
든／절대 시러금 법에 현애상을 지어서

◈ 낱말해설
종사 : 선교율을 전하는 큰스님.
현애상 : 법문을 듣고도 도무지 알아듣지 못하는 상태
　　　　 에서 아예 포기하는 심리현상. 낭떠러지에
　　　　 매달린 것 같은 생각. 절벽을 만나 더 이상
　　　　 나아갈 수 없다는 생각.

◈ 영　역
When the master goes up to his seat to
preach the dharma, do not be overawed
by it and, as before a steep precipice,
turn away.

◈ 한자풀이
若(艹 9획) 만약 약, 같을 약, 건초 야, 반야 야
遇(辶 13획) 만날 우, 맞을 우, 지명 옹
師(巾 10획) 스승 사, 벼슬 사, 군사 사
陞(阝 10획) 오를 승, 성 승
說(言 14획) 말씀 설, 기쁠 열, 달랠 세, 벗을 탈
切(刀 4획) 절대 절, 간절 절, 끊을 절, 모두 체
於(方 8획) 어조사 어, 탄식할 오
懸(心 20획) 달 현, 달릴 현, 멀리 현
崖(山 11획) 낭떠러지 애, 경계 애
想(心 13획) 생각할 상, 생각 상, 생각건대 상

만약 큰스님이 법상에서 법문하실 때
어렵다고 하여 포기해서는 안 된다.

生退屈心或作慣聞想生容易心
생 퇴 굴 심 혹 작 관 문 상 생 용 이 심

날	물러날	굽을	마음	혹	지을	익숙할	들을	생각	날	받아들일	쉬울	마음
7	6	8	10		9				12		11	

◈ 직　역
퇴굴심을 내지 말며
혹 관문상을 지어서
용이심을 내지말고

◈ 낱말해설
퇴굴심 : 굴복하여 뒤로 물러나려는 마음.
관문상 : 늘 듣던 것이라 생각하는 심리상태.
용이심 : 아주 쉬워 별것 아니라는 마음.
　　　　 아주 우습게 보는 마음.

◈ 영　역
On the other hand, do not think that
you are already familiar with it and
become complacent.

◈ 한자풀이
退(辶 10획) 물러날 퇴, 물리칠 퇴, 성 퇴
屈(尸 8획) 굽을 굴, 굽힐 굴, 다스릴 굴
或(戈 8획) 혹 혹, 나라 역
作(亻 7획) 지을 작, 일으킬 작, 일어날 작
慣(忄 14획) 익숙할 관, 버릇 관
聞(耳 14획) 들을 문, 들릴 문, 소문 문
容(宀 10획) 받아들일 용, 모습 용, 꾸밀 용
易(日 8획) 쉬울 이, 바꿀 역

늘 듣던 법문일지라도
가볍게 받아들여서는 안 된다.
반복은 모든 학습에 필수적이다.
마음공부에는 더욱 그렇다.

當須虛懷聞之 / 必有機發之時 / 不得隨學語者

當	須	虛	懷	聞	之	必	有	機	發	之	時	不	得	隨	學	語	者
당	수	허	회	문	지	필	유	기	발	지	시	부	득	수	학	어	자
마땅	모름지기	빌	생각할	들을	어조사	반드시	있을	틀	필	어조사	때	아닐	시러금	따를	배울	말씀	사람
1	2	4	3	6	5	1	5	2	3	4	10	5	4	2	1	3

◈ 직 역

마땅히 모름지기 마음을 비워 이를 들으
면/반드시 기발의 때가 있으리니/
말배우는 자를 따라서 시러금

◈ 낱말해설

허회 : 마음을 비움.
기발 : 깨달음. 크게 느낌.
학어자 : 말 배우는 사람.

◈ 영 역

Listen to the sermon with an empty mind;
then it will certainly be an occasion for you
to attain enlightenment.
Do not be like those sophists who have
studied rhetoric and judge a person's
wisdom only by his eloquence.

◈ 한자풀이

當(田 13획) 마땅 당, 주관할 당, 맡길 당
虛(虍 12획) 빌 허, 비울 허, 공허 허
懷(忄 19획) 생각할 회, 품을 회, 따를 회,
　　　　　　 편안할 회
聞(耳 14획) 들을 문, 맡을 문, 알릴 문
機(木 16획) 틀 기, 형세 기, 도리 기
發(癶 12획) 필 발, 쏠 발, 비롯할 발, 일어날 발
隨(阝 16획) 따를 수, 따라서 수, 발 수
學(子 16획) 배울 학, 학자 학, 학문 학
語(言 14획) 말씀 어, 알릴 어, 가르칠 어
者(耂 9획) 사람 자, 것 자, 곳 자

어떤 법문이든 마음을 비우고 듣는다면
나름대로 크게 느끼는 바가 있을 것이
니 절대 선입견을 갖지 말라.

但取口辦 / 所謂蛇飮水 / 成毒 / 牛飮水 / 成乳

但	取	口	辦	所	謂	蛇	飮	水	成	毒	牛	飮	水	成	乳
단	취	구	판	소	위	사	음	수	성	독	우	음	수	성	유
다만	가질	입	갖출	바	이를	뱀	마실	물	이룰	독	소	마실	물	이룰	젖
6	9	7	8	1	2	4	3	2	1	1	3	2	2	1

◈ 직 역

단지 입갖춤만을 취하지 말지어다/
소위 뱀이 물을 마시면/독을 이루고/
소가 물을 마시면/
우유를 이루는 것과 같아서

◈ 낱말해설

구판 : 입갖춤. 말 잘함의 조건확보.
소위 : 이른바. 말하기를.
성독 : 독을 만듦.

◈ 영 역

As it is said,
"A snake drinks water and produces
poison;
cow drinks water and produces milk"

◈ 한자풀이

取(又 8획) 가질 취, 다스릴 취, 어조사 취
辦(辛 16획) 갖출 판, 힘쓸 판, 주관할 판
所(戶 8획) 바 소, 지위 소, 거처할 소
謂(言 16획) 이를 위, 이름 위, 까닭 위
蛇(虫 11획) 뱀 사, 별이름 사, 성 사
飮(食 13획) 마실 음, 마실것 음, 머금을 음
毒(毋 8획) 독 독, 거북 대
乳(乙 8획) 젖 유, 젖먹일 유, 기를 유

똑같은 법문을 듣더라도 사람에 따라서
달리 받아들인다.
상근기는 흙덩어리를 황금덩어리로 가
치있게 받아들이지만
하근기는 황금덩어리를 흙덩어리로 하
찮게 받아들인다.

智學/成菩提/愚學/成生死/是也
지 학 성 보 리 우 학 성 생 사 시 야

지혜	배울	이룰	보리	보리	어리석을	배울	이룰	날	죽을	이	어조사
1	2	2	1	1	1	2	2	1	1	1	2

◈ 직 역

지혜로운 이의 배움은/
보리를 이루고/
어리석은 이의 배움은/
생사를 이룬다 함이/ 이것이니라

◈ 낱말해설

지학 : 지혜로운 이의 배움.
보리 : 위없는 깨달음. 바른 깨달음.
생사 : 나고 죽음. 고통의 표본.

◈ 영 역

If you train wisely,
bodhi is produced;
if you train stupidly,
samsara is produced-this is my meaning.

◈ 한자풀이

智(日 12획) 지혜 지, 슬기 지, 성 지, 슬기로울 지
學(子 16획) 배울 학, 학자 학, 학문 학, 학교 학
成(戈 7획) 이룰 성, 이루어질 성, 우거질 성
菩(艹 12획) 보리 보, 모사풀 배, 풀이름 발
提(扌 12획) 보리 리, 끌 제, 나를 시, 끊을 제
愚(心 13획) 어리석을 우, 우직할 우, 어리석게할 우
死(歹 6획) 죽을 사, 다할 사, 죽음 사
是(日 9획) 이 시, 옳을 시, 대저 시
也(乙 3획) 어조사 야, 또 야, 잇달을 이

같은 여건에서 공부를 하더라도
지혜로운 사람은 깨달음을 성취하지만
어리석은 사람은 또 다른 번뇌거리를
일으킬 뿐이다.

又不得於主法人生輕薄想/因之於道
우 부 득 어 주 법 인 생 경 박 상 인 지 어 도

또	아닐	시러금	어조사	주인	법	사람	날	가벼울	얇을	생각할	인할	어조사	어조사	길
1	9	6	5	3	2	4	8	7			2	1	4	3

◈ 직 역

또 법을 주관하는 사람에
시러금 경박상을 내지말라/
이로 인하여 도에

◈ 낱말해설

주법인 : 법을 주관하는 사람. 법문하는 법사.
경박상 : 경솔하고 가벼운 생각.
지(之) : 여기서는 대명사적 성격의 어조사.

◈ 영 역

Furthermore, do not think slightingly of
your dharma instructors.
By doing so,

◈ 한자풀이

得(彳 11획) 시러금 득, 얻을 득, 탐할 득,
　　　　　　이득 득
於(方 8획) 어조사 어, 기댈 어, 있을 어, 성 어
主(丶 5획) 주인 주, 임금 주, 주장 주
法(氵 9획) 법 법, 곧 법, 본받을 법, 법국 법
輕(車 14획) 가벼울 경, 함부로 경
薄(艹 17획) 얇을 박, 쪼구미 벽, 풀이름 보
想(心 13획) 생각할 상, 생각 상, 생각건대 상
因(口 6획) 인할 인, 말미암을 인
之(丿 4획) 어조사 지, 이를 지, 이를 지
道(辶 13획) 길 도, 통할 도, 말할 도

법문하는 법사를 우습게 생각지 말라.
어린 아이가 법상에 올랐을지라도 삼배
하고 경청하라.

있을	장애	아닐	능할	나아갈	닦을	절대	모름지기	삼갈	이를	논할	이를	어떤	사람	밤	갈
2	1	4	1	3	2	1	2	4	3	1	2	3	4		5

◈ 직 역

장애가 있으면／능히 닦음에 나아갈 수 없
으리니／절대 모름지기 이를 삼가할지어
다／논에 이르되 어떤 사람이 야행에

◈ 낱말해설

진수 : 닦음에 나아감.
논(論) : 옛날(부파불교시대) 인도 고승이 경, 율
　　　에 주석을 단 논서를 말함.
야행 : 밤 길.

◈ 영 역

you create obstacles on the path and
your cultivation cannot progress.
You must be careful about this!
The sastras say,
"It is like a man traveling at night

◈ 한자풀이

障(阝 14획) 장애 장, 막을 장, 둑 장
能(月 10획) 능할 능, 별이름 태, 견딜 내
進(辶 12획) 나아갈 진, 추천할 진, 본받을 진
修(亻 10획) 닦을 수, 다스릴 수, 갖출 수
切(刀 4획) 절대 절, 벨 절, 정성스러울 절
愼(忄 13획) 삼갈 신, 삼감 신, 삼가 신
論(言 15획) 논할 론, 말할 론, 헤아릴 론
云(二 4획) 이를 운, 어조사 운, 돌 운
如(女 6획) 어떤 여, 어조사 여, 같을 여
夜(夕 8획) 밤 야, 고을이름 액

법사를 무시하면 참된 공부와는 점점 멀
어지고 만다.
부처님 법에 합당한 말을 하는 법사는 깍
듯이 존경하고 그의 말을 경청해야 한다.

허물	사람	잡을	횃불	맡을	길	만약	써	사람	악할	까닭	아닐	받을	빛	밝을
1		3	2 .	5	4	1	5	2	3	4	3	2		1

◈ 직 역

죄인이 횃불을 잡고 길을 맡았거든／
만약 사람이 악한 까닭으로써／
광명을 받지 아니하면

◈ 낱말해설

죄인 : 죄지은 사람. 허물이 많은 사람.
집거 : 횃불을 잡음.
당로 : 길을 맡음. 길 안내를 책임짐.

◈ 영 역

with a wicked person who not accept the
service of his light because the person is
bad,

◈ 한자풀이

罪(罒 13획) 허물 죄, 죄줄 죄, 대그물 죄
執(土 11획) 잡을 집, 가질 집, 맺을 집
炬(火 9획) 횃불 거, 홰 거, 사들 거
當(田 13획) 맡을 당, 당할 당, 대할 당
路(足 13획) 길 로, 울짱 락
若(艹 9획) 만약 약, 좋을 약, 같을 약
以(人 5획) 써 이, 할 이, 거느릴 이
故(攵 9획) 까닭 고, 예 고, 참으로 고
受(又 8획) 받을 수, 응할 수, 어조사 수

죄 지은 사람이 가이드가 되어 횃불을
잡았다하여 그 불빛을 외면한다면
구렁텅이에 빠질 수도 있을 것이다.
법문을 듣는 것도 그와 같아 사람보다
는 그 내용을 보라.

떨어질	구덩이	떨어질	참호	어조사	어조사	들을	법	어조사	때	같을	밟을	얇을	얼음
2	1	4	3	5	6	2	1	3	4	4	3	1	2

◈ 직　역

구덩이에 빠지고 참호에
떨어져버린다 하시니 /
법을 들을 적에 /
얇은 얼음을 밟는 것 같이 하여

◈ 낱말해설

타갱 : 구덩이에 빠짐.
락참 : 참호에 떨어짐.
박빙 : 얇은 얼음. 살얼음.

◈ 영　역

he could fall in a hole or drop into a pit."
Listening to the dharma is like treading
on thin ice:

◈ 한자풀이

墮(土 15획) 떨어질 타, 떨어질 휴
坑(土 7획) 구덩이 갱, 구덩이에 묻을 갱
落(艹 13획) 떨어질 락, 떨어뜨릴 락, 낙엽 락
塹(土 14획) 참호 참, 해자 참, 팔 참
矣(矢 7획) 어조사 의
聞(耳 14획) 들을 문, 맡을 문, 알릴 문, 들릴 문
次(欠 6획) 때 차, 버금 차, 입을 차, 어조사 차
履(尸 15획) 밟을 리, 신 리
薄(艹 17획) 얇을 박, 숲 박, 발 박, 대그릇 박
氷(水 5획) 얼음 빙, 엉길 응

법문을 들을 때는 귀와 눈을 바짝 기울
여 정성을 다해야 한다.
절대 졸아서는 안되고 특히 잡생각을
하여 법문내용을 놓쳐서는 안 된다.

반드시	모름지기	기울	귀	눈	말이를	들을	현묘할	소리	맑을	마음	티끌	말이을	완상할	그윽할	이치
1	2	5	3	4	6	9	7	8	3	1	2	4	7	5	6

◈ 직　역

반드시 모름지기 귀와 눈을 기울여 현묘한
소리를 들으며 / 마음 티끌을 맑히어
그윽한 이치를 완상하다가

◈ 낱말해설

현음 : 현묘한 소리.
정진 : 마음 티끌. 번뇌.
유치 : 그윽한 이치.

◈ 영　역

you must direct your eyes and ears and
listen to the profound words.
Clear your thoughts of emotions and
sense-objects and appreciate the
recondite meaning.

◈ 한자풀이

側(亻 11획) 기울 측, 곁 측
而(而 6획) 말이을 이, 귀 이, 편안할 능
聽(耳 22획) 들을 청, 다스릴 청, 용서할 청
玄(玄 5획) 현묘할 현, 검을 현, 오묘할 현
音(音 9획) 소리 음, 소식 음, 성 음, 그늘 음
肅(聿 13획) 맑을 숙, 엄숙할 숙, 공경할 숙
情(忄 21획) 마음 정, 뜻 정, 정성 정, 사랑 정
塵(土 14획) 티끌 진, 더럽힐 진, 묵을 진
賞(貝 15획) 완상할 상, 상줄 상, 기릴 상
致(至 10획) 이치 치, 이를 치, 이룰 치

법문은 곧 자기를 위함인 줄 생각하고
자신의 경우에 적용하여 깊이있게 반조
해야 한다.
자기에게 유익하지 않은 법문은 없다.

下堂後 / 默坐觀之 / 如有所疑 / 博問先覺

하 당 후　묵 좌 관 지　여 유 소 의　박 문 선 각

아래	집	뒤	잠잠할	앉을	볼	이를	만약	있을	바	의심할	넓을	물을	먼저	깨달을
2	1	3	1	2	4	3	1	4	3	2	1	4	2	3

◆ 직 역

당에서 내려온 후에 /
묵묵히 앉아서 이를 관 하되 /
만약 의심하는 바가 있거든 /
널리 먼저 깨달은 이에게 여쭈며

◆ 낱말해설

하당 : 당에서 내려옴.
당(堂) : 법당, 강당, 불당 등의 전각이나 방을 말함.
선각 : 먼저 깨달은 이. 선지식.

◆ 영 역

After the master has left the hall,
sit silently and reflect upon his lecture.
If you have doubts,
consult those who have understood.

◆ 한자풀이

堂(土 11획) 집 당, 마루 당, 명당 당
後(彳 9획) 뒤 후, 늦은 후, 곁 후
默(黑 16획) 잠잠할 묵, 남이모르게할 묵
觀(見 25획) 볼 관, 감상할 관, 경치 관
所(戶 8획) 바 소, 곳 소, 마땅할 소
疑(疋 14획) 의심할 의, 미혹될 의, 두려워할 의
博(十 12획) 넓을 박, 평평할 박, 도박 박
問(口 11획) 물을 문, 문초할 문, 방문할 문
先(儿 6획) 먼저 선, 조상 선, 우선 선
覺(見 20획) 깨달을 각, 나타낼 각, 깰 교

들은 법문은 혼자있을 때도 생각해보고
이해되지 않는 부분은 주위 사람들에게
물어야 한다.
의문이 있다면 그 의문을 풀어야 한다.

夕惕朝詢 / 不濫絲髮 / 如是乃可能生正信

석 척 조 순　불 람 사 발　여 시 내 가 능 생 정 신

저녁	고민할	아침	물을	아닐	어그러질	실	터럭	같을	이	이에	가히	능할	날	바를	믿을
1	2	3	4	4	3	1	2	2	1	3	4	13	7	5	6

◆ 직 역

저녁에 고민하고 아침에 물어 / 실오라기 털
끝만큼이라도 어그러지지 말지어다 / 이와
같아야 이에 가히 바른 믿음을 내어

◆ 낱말해설

척(惕) : 고민하다. 생각해보다의 뜻으로 보아야 함.
불람 : 어그러지지 않음. 넘치지 않음.
사발 : 실오라기 털 끝. 아주 조금.

◆ 영 역

Ponder it in the evening;
inquire about it in the morning.
Try not to fall short in your understanding
by so much as a strand of silk or hair.
If you practice in this way, you will be able
to develop right faith

◆ 한자풀이

惕(忄 11획) 고민할 척, 물을 척, 두려워할 척
朝(月 12획) 아침 조, 처음 조, 고을이름 주
詢(言 13획) 물을 순, 꾀할 순, 고르게할 순
濫(氵 17획) 어그러질 람, 넘칠 람, 샘 함
髮(髟 15획) 터럭 발, 줄기 발, 초목 발
乃(丿 2획) 이에 내, 어조사 내, 뱃노래 애
可(口 5획) 가히 가, 옳을 가, 군주칭호 극
信(亻 9획) 믿을 신, 펼 신

법문을 들을 때는 항상 필기도구를 준
비하여 중요한 대목은 기록해야 한다.
법문이 끝난 뒤 자기 처소에 있을 때 여
러 번 다시 살펴보고 모르는 내용이 없
도록 한다.

써	길	할	품을	사람	그런가	없을	비롯할	익힐	익힐	사랑	바랄	성낼	어리석을
9	8	12	10	11	14	2	1	3		1		2	

◈ 직　역

도로써 마음을 품은 자라
할 수 있을 것인저!/
비롯함이 없이 익히고 익힌/
애욕에치가

◈ 낱말해설

습숙 : 익히고 익힘. 습이 되어 버림.
애욕에치 : 애욕과 성냄과 어리석음. 탐. 진. 치의
　　　　　다른 표현임.

◈ 영　역

and be one who has embraced the path.
The beginningless habits of lust, desire,
anger, and delusion

◈ 한자풀이

爲(爫 12획) 할 위, 위할 위, 될 위, 체할 위
懷(忄 19획) 품을 회, 생각할 회, 쓸릴 회
歟(欠 18획) 그런가 여
無(火 12획) 없을 무, 아닐 무, 대저 무,
　　　　　　발어사 무
始(女 8획) 비롯할 시, 비로소 시, 처음 시
習(羽 11획) 익힐 습, 배울 습, 습관 습
熟(火 15획) 익힐 숙, 익을 숙, 자세히 숙
愛(心 13획) 사랑 애, 가엾게여길 애, 아낄 애
恚(心 10획) 성낼 에, 화 에, 분노 에
癡(广 19획) 어리석을 치, 미칠 치, 순진할 치

수행자는 마음을 단단히 하여
탐욕과 성냄과 어리석음에서
벗어나야 한다.

얽힐	얽힐	뜻	땅	잠깐	엎드릴	돌아올	일어설	같을	가로막을	날	학질	한	일체	때	가운데
2		1		1	2	3	4	4	2	1	3	1		2	3

◈ 직　역

마음밭에 얽히고 얽혀/
잠시 엎드렸다 다시 일어남이/
하루거리 학질과 같나니/일체 때 가운데

◈ 낱말해설

전면 : 얽히고 얽힘, 뒤엉켜 어지러움.
환기 : 다시 일어남.
격일학 : 하루거리 학질.

◈ 영　역

bind the growing mind;
although temporarily they seem to be
subdued, they arise again like malaria
which strikes on alternate days.
At all times

◈ 한자풀이

纏(糸 21획) 얽힐 전, 묶을 전, 끌 전
綿(糸 14획) 얽힐 면, 이을 면, 솜 면
意(心 13획) 뜻 의, 생각할 의, 아 희
地(土 6획) 땅 지, 신분 지, 다만 지
暫(日 15획) 잠깐 잠, 방금 잠, 갑자기 잠
伏(亻 6획) 엎드릴 복, 길 복, 막안을 부
還(辶 17획) 돌아올 환, 돌 선, 영위할 영
隔(阝 13획) 가로막을 격, 멀 격, 헤어질 격,
　　　　　　뜰 격
瘧(广 14획) 학질 학, 하루걸이 학, 말라리아 학
中(丨 4획) 가운데 중, 절반 중, 곧을 중

삼독심은 끈질기고 끈질겨서
다년초의 풀과도 같아
쉽게 그 뿌리가 없어지지 않는다.

直須用加行方便智慧之力 / 痛自遮護
직 수 용 가 행 방 편 지 혜 지 력　통 자 차 호

바로 모름지기 쓸 더할 갈 모 편할 지혜 지혜 어조사 힘　힘껏 스스로 막을 보호할
1　2　8　3　4　5　6　7　1　2　3　4

◈ 직　역
바로 모름지기 가행 방편과
지혜의 힘을 써서/
힘껏 스스로 막아 보호할지언정

◈ 낱말해설
직(直) : 바로. 곧바로의 뜻이 있음.
가행방편 : 수행에 더욱 힘이 되는 방편.
　　　　　　 수행에 도움되는 방편.

◈ 영　역
you must make use of the power of the
skillful means and wisdom of applied
practice;
take pains to guard your mink against
the arising of defilements.

◈ 한자풀이
直(目 8획) 바로 직, 곧을 직, 바를 직, 값 치
用(用 5획) 쓸 용, 도구 용, 통할 용
加(力 5획) 더할 가, 올릴 가, 포갤 가
行(行 6획) 갈 행, 길 행, 행할 행
方(方 4획) 모 방, 곧을 방, 곳 방, 수단 방
便(亻 9획) 편할 편, 편할 변, 오줌 변
痛(广 12획) 힘껏 통, 아플 통, 엄할 통
自(自 6획) 스스로 자, 저절로 자, 어조사 자
遮(辶 15획) 막을 차, 덮을 차, 이 차
護(言 21획) 보호할 호, 지킬 호, 감사할 호

온갖 수단과 방법을 동원하여 청정한
자기 자신을 지켜야 한다.
세상에 믿을 것은 자기 자신밖에 없다.
그 영원한 자기 자신!

豈可閒謾 / 遊談無根 / 虛喪天日
기 가 한 만　유 담 무 근　허 상 천 일

어찌 가히 한가할 게으를　놀 이야기 없을 뿌리　빌 잃을 하늘 날
1　2　3　4　4　3　2　1　1　3　2

◈ 직　역
어찌 가히 한가함과 게으름으로/
근거없는 이야기로 놀아/
헛되이 세월을 잃고

◈ 낱말해설
한만 : 한가함과 게으름.
유담 : 이야기를 늘어놓음.
무근 : 근거없음.
천일 : 세월.

◈ 영　역
While wasting time with pointless chatter
and turning your back on the
mind-doctrine of Son,

◈ 한자풀이
豈(豆 10획) 어찌 기, 그 기, 즐길 개
閒(門 12획) 한가할 한, 쉴 한
謾(言 18획) 게으를 만, 속일 만, 교활할 면
遊(辶 12획) 놀 유, 사귈 유, 유세 유
談(言 15획) 이야기 담, 기릴 담, 말 담
根(木 10획) 뿌리 근, 근본 근, 기원 근
虛(虍 12획) 빌 허, 틈 허, 하늘 허
喪(口 12획) 잃을 상, 죽을 상, 널 상, 망할 상

빈둥빈둥 놀면서 게으름 피워 세월을
헛되게 보내지 말라.
세상살이에 가장 큰 죄악은 그냥 먹고
노는 일이다.
의식이 살아있는 수행자로 살라.
생각이 분명한 수행자로 살라.

欲冀心宗而求出路哉 / 但堅志節 / 責躬匪懈

욕 기 심 종 이 구 출 로 재　단 견 지 절　책 궁 비 해

바랄	바랄	마음	마루	말이을	구할	날	길	어조사	다만	굳을	뜻	절개	꾸짖을	몸	아닐	게으를
6	2	1		3	5		4	7	1	4	2	3	2	1	4	3

◆ 직 역

심종을 바라 그러히 출로를
구하고저 하리오 /
다만 뜻과 절개를 굳건히 하야 /
몸을 꾸짖어 게으르지 아니하며

◆ 낱말해설

심종 : 마음의 종지. 깨달음. 궁극의 자리.
출로 : 삼계의 길에서 벗어남. 해탈함을 말함.

◆ 영 역

how can you look for a way to salvation?
Strengthen your will;
reprimand yourself;
reprove your own laziness.

◆ 한자풀이

冀(八 16획) 바랄 기, 기록할 기, 기주 기
路(足 13획) 길 로, 지나갈 로, 쇠망할 로
哉(口 9획) 어조사 재, 처음 재, 재난 재
堅(土 11획) 굳을 견, 갑옷 견, 편할 견
志(心 7획) 뜻 지, 알 지, 기록할 지
節(竹 15획) 절개 절, 끊을 절, 마디 절, 법도 절
責(貝 11획) 꾸짖을 책, 책망 책, 빚 채
躬(身 10획) 몸 궁, 굽힐 궁, 곤궁할 궁
匪(匚 10획) 아닐 비, 대상자 비, 나눌 분
懈(忄 16획) 게으를 해, 피곤할 해, 고달플 해

심지를 굳건히 하지 않으면
깨달음은 요원하다.
금강같은 신심으로 추호의 흔들림 없이
한 길로 나아가라.

知非遷善 / 改悔調柔 / 勤修而觀力 / 轉深

지 비 천 선　개 회 조 유　근 수 이 관 력　전 심

알	아닐	옮길	착할	고칠	뉘우칠	길들일	부드러울	부지런할	닦을	말이을	볼	힘	구를	깊을
2	1	4	3	2	1	4	3	1	2	3	4	5	1	2

◆ 직 역

그릇됨을 알아 선으로 옮겨 /
뉘우쳐 고쳐 부드럽게 길들일지어다 /
부지런히 닦음으로써 관 하는 힘이 /
점점 깊어지고

◆ 낱말해설

조유 : 부드럽게 길들이는 것.
관력 : 관하는 힘. 직관하는 힘. 통찰력.
전심 : 점점 깊어짐.

◆ 영 역

Know your faults and turn toward what
is good.
Reform and repent(your bad conduct);
train and control (your mind).

◆ 한자풀이

遷(辶 15획) 옮길 천, 바꿀 천, 오를 천
改(攵 7획) 고칠 개, 따로 개
悔(忄 10획) 뉘우칠 회, 재앙 회, 다할 회
調(言 15획) 길들일 조, 고를 조, 뽑힐 조,
　　　　　　아침 주
柔(木 9획) 부드러울 유, 약할 유, 사랑할 유
勤(力 13획) 부지런할 근, 고생할 근, 걱정할 근
修(亻 10획) 닦을 수, 꾸밀 수, 수리할 수
觀(見 25획) 볼 관, 감상할 관, 관점 관
轉(車 18획) 구를 전, 변할 전, 돌릴 전
深(氵 11획) 깊을 심, 심할 심, 짙을 심

스스로 그 잘못을 아는 것은 중요하다.
그 잘못을 고치려고 노력하는 것은
더욱 중요하다.

鍊磨而行門／益淨／長起難遭之想／道業恒新
연마이행문　익정　장기난조지상　도업항신

불릴	갈	말이을	행할	문	더할	깨끗할	길	일어날	어려울	만날	어조사	생각	길	업	항상	새로울
1	2	3	4	1	2	1	6	3	2	5	1	2	3	4		

◈ **직 역**

연마함으로써 수행하는 문이／더욱 깨끗해
지리라／길이 만나기 어렵다는 생각을 일
으키면／도 닦는 일이 항상 새롭고

◈ **낱말해설**

연마 : 갈고 닦음.
난조지상 : 불법 만나기가 어렵다는 생각.

◈ **영 역**

Cultivate earnestly and the power of
contemplation will become increasingly
pure.
If you think constantly about how difficult
it is to meet the dharma, the work of
enlightenment will always seem fresh.

◈ **한자풀이**

鍊(金 17획) 불릴 련, 쇠사슬 련,
　　　　　　바퀴통휘갑쇠 간
磨(石 16획) 갈 마, 연자방아 마
益(皿 10획) 더할 익, 이득 익, 넘칠 익
淨(氵 11획) 깨끗할 정, 깨끗이할 정, 악역 정
長(長 8획) 길 장, 어른 장, 기를 장, 길이 장
起(走 10획) 일어날 기, 일어설 기, 일으킬 기
難(隹 19획) 어려울 난, 우거질 나
遭(辶 15획) 만날 조, 당할 조, 돌 조, 번 조
業(木 13획) 업 업, 생계 업, 기초 업
恒(忄 9획) 항상 항, 뻗칠 긍

수행할수록 힘은 생겨날 것이니
정법 만남에 감사한 마음 잊지말라.
순간순간 감사하라.

常懷慶幸之心／終不退轉／如是久久
상회경행지심　종불퇴전　여시구구

항상	품을	경사	다행	어조사	마음	끝	아닐	물러날	구를	같을	이	오랠	오랠
1	5	2	3	4	1	3	2	1	3				

◈ **직 역**

항상 경행의 마음을 품으면／
끝내 물러나지 않으리라／
이와같이 오래오래하면

◈ **낱말해설**

경행 : 경사스럽고 다행함.
불퇴전 : 물러나지 않음.
구구 : 오래 오래.

◈ **영 역**

If you always remember your good
fortune, you will never backslide.
If you persevere in this way for a long
time,

◈ **한자풀이**

懷(忄 19획) 품을 회, 따를 회, 편안할 회, 올 회
慶(心 15획) 경사 경, 다행 경, 발어사 강
幸(干 8획) 다행 행, 요행 행, 행복케할 행,
　　　　　　바랄 행
終(糸 11획) 끝 종, 끝내 종, 마칠 종, 결국 종
退(辶 10획) 물러날 퇴, 물리칠 퇴, 바랠 퇴
轉(車 18획) 구를 전, 넘어질 전, 굴릴 전,
　　　　　　바꿀 전
如(女 6획) 같을 여, 어조사 여, 만약 여
久(丿 3획) 오랠 구, 머무를 구, 늦을 구

'나는 다행하고 복있는 불제자다'
라고 생각하라.
이 시간과 공간에 멀쩡히 서 있는 것만
으로도 감사할 일이다.

自然定慧圓明／見自心性／用如幻悲智
자 연 정 혜 원 명　견 자 심 성　용 여 환 비 지

스스로	그럴	정할	지혜	둥글	밝을	볼	스스로	마음	성품	쓸	같을	요술	슬플	지혜
1		2		3	4	3	1	2		5	2	1	3	4

◈ 직 역
자연히 정혜가 뚜렷이 밝아져／
스스로의 심성을 보며／
환같이 자비와 지혜를 사용하여

◈ 낱말해설
정혜 : 선정과 지혜.
심성 : 마음 성품. 자기 주인공. 영원한 자기자신.
환(幻) : 자유자재의 뜻. 요술.

◈ 영 역
naturally samadhi and prajna will become
full and bright and you will see your own
become full and bright and you will see
your own mindnature;
you will use compassion and wisdom like
sorcery

◈ 한자풀이
自(自 6획)　스스로 자, 몸 자, 부터 자
然(火 12획)　그럴 연, 이에 연, 곧 연, 이 연
定(宀 8획)　정할 정, 머무를 정, 잘 정
圓(口 13획)　둥글 원, 알 원, 하늘 원
明(日 8획)　밝을 명, 나타날 명, 깨끗할 명
性(忄 8획)　성품 성, 성질 성, 생명 성
用(用 5획)　쓸 용, 작용 용, 재물 용
如(女 6획)　같을 여, 좇을 여, 어조사 여
幻(幺 4획)　요술 환, 변할 환, 허깨비 환
悲(心 12획)　슬플 비, 자비 비, 슬퍼할 비
智(日 12획)　지혜 지, 슬기 지, 슬기로울 지

열심히 하기만 하면 언쳰가는
자기 부처님을 만나게 되고 우주를
통째로 갖는 대자유를 성취하리라.

還度衆生／作人天大福田／切須勉之
환 도 중 생　작 인 천 대 복 전　절 수 면 지

돌아올	제도	무리	날	지을	사람	하늘	큰	복	밭	간절	모름지기	힘쓸	어조사
1	3	2		5	1	2	3		4	1	2	3	4

◈ 직 역
돌이켜 중생을 제도하여／
사람과 하늘의 큰 복밭을 일구리니／
간절히 모름지기 힘쓸지어다

◈ 낱말해설
작(作) : 일구다. 짓다
복전 : 복 밭. 복을 심는 터전. 스님들이 입는 가사
　　　를 복전이라고도 함.

◈ 영 역
and ferry across to sentient beings;
you will be come a great field of merit
for men and gods.
I urge you to exert yourselves!

◈ 한자풀이
還(辶 17획)　돌아올 환, 물러날 환, 다시 환
度(广 9획)　제도 도, 법도 도, 건널 도
衆(血 12획)　무리 중, 백성 중
作(亻 7획)　지을 작, 일으킬 작, 일할 작
大(大 3획)　큰 대, 지칠 대, 나을 대
福(示 14획)　복 복, 간직할 부, 성 복
田(田 5획)　밭 전, 밭갈 전, 사냥할 전
切(刀 4획)　간절 절, 벨 절, 절박할 절
須(頁 12획)　모름지기 수, 기다릴 수, 바랄 수
勉(力 9획)　힘쓸 면, 권할 면

'일체중생을 이익되게 하리라'
라는 큰 원으로써
사람과 하늘의 스승이 되라.

發心修行章

신라 원효스님이 지으신 불교입문서.
보리심을 발하여 공부에 매진할 것을 독려하는 말씀을 담고
있음. (총 704字로 구성)

<table>
<tr><td colspan="3">發心修行章</td><td colspan="2">夫諸佛諸佛</td><td colspan="2">莊嚴寂滅宮</td></tr>
<tr><td>발 심 수 행 장</td><td></td><td></td><td>부 제 불 제 불</td><td></td><td>장 엄 적 멸 궁</td><td></td></tr>
</table>

일으킬 마음	닦을 갈	글	대저 모든 부처님 모든 부처님	꾸밀 장엄	고요할 다할 집
1	2	3	1 2	2	1

◈ 직 역

발심하여 수행하는 글/
대저 모든 부처님께서/
적멸궁을 장엄하심은

◈ 낱말해설

발심 : 마음을 냄.
제불제불 : 모든 부처님의 강조.
장엄 : 아름답게 꾸밈.
적멸궁 : 부처님의 깨달으신 해탈의 세계,
　　　　무고안온의 완전한 경지.

◈ 영 역

Inspiring yourself to practice
All the Buddhas who reside within the
splendid realm of Nirvana have,

◈ 한자풀이

發(癶 12획) 일으킬 발, 필 발, 모양 발, 한 발
修(亻 10획) 닦을 수, 착할 수, 무일 수
章(立 11획) 글 장, 무늬 장, 단락 장
夫(大 4획) 대저 부, 어조사 부, 지아비 부
諸(言 16획) 모든 제, 어조사 제, 무릇 제, 성 차
佛(亻 7획) 부처님 불, 도울 필, 일 발
莊(艹 11획) 꾸밀 장, 엄할 장, 단락 장
嚴(口 20획) 장엄 엄, 높을 엄, 엄할 엄, 공경 엄
寂(宀 11획) 고요할 적, 편안할 적, 열반 적
滅(氵 13획) 다할 멸, 멸망할 멸

「마음을 내어 수행하라.」
훌륭한 분들이 이 세상을 밝게 살아가
심은 남이 하기 어려운 수행을 많이 하
셨던 결과이다.

<table>
<tr><td colspan="3">於多劫海</td><td colspan="2">捨欲苦行</td><td colspan="2">眾生眾生</td></tr>
<tr><td>어 다 겁 해</td><td></td><td></td><td>사 욕 고 행</td><td></td><td>중 생 중 생</td><td></td></tr>
</table>

어조사 많을 겁 바다	버릴 욕심 피로울 갈	무리 날 무리 날
3 1 2	2 1 3	1

◈ 직 역

많은 겁 바다에/
욕심을 버리고 고행을 하심이요/
중생들이

◈ 낱말해설

겁 : 헤아릴 수 없는 긴 세월.
겁해 : 겁을 더욱 실감있게 강조하는 내용.
고행 : 육체의 욕망을 억제시키는 힘든 여러가지
　　　　수행을 하는 것.
중생중생 : 중생의 많음을 강조하는 표현.

◈ 영 역

throughout countless eons, discarded
their desires and undergone arduous
training. Sentient beings

◈ 한자풀이

劫(力 7획) 겁 겁, 위협할 겁, 빼앗을 겁
海(氵 10획) 바다 해, 바닷물 해, 성 해
捨(扌 11획) 버릴 사, 베풀 사, 성 사
欲(欠 11획) 욕심 욕, 하고자할 욕, 바랄 욕
苦(艹 9획) 피로울 고, 쓸 고, 멀미 고
行(行 6획) 갈 행, 다닐 행, 행할 행
眾(血 12획) 무리 중, 백성 중
生(生 5획) 날 생, 살 생, 일생 생

위대한 존재는 과거에 수행하였고
　　　　　　현재에 수행하고
　　　　　　미래에 수행할 것이다.
온 세월 그대로 수행으로 계시는 분이
부처님이다.
인생은 곧 수행이다.

輪廻火宅門／於無量世／貪慾不捨

윤 회 화 택 문　어 무 량 세　탐 욕 불 사

바퀴	돌	불	집	문	어조사	없을	양	인간	탐할	바랄	아닐	버릴
2		1			3	1			1		3	2

◈ 직 역

화택문을 윤회함은／
무량한 세상에／
탐욕을 버리지 않음이니라

◈ 낱말해설

윤회 : 업에 따라 죽고 태어남이 반복되는 현상.
화택 : 불타는 집. 고뇌가 가득한 사바세계.
무량 : 한량없음.
탐욕 : 탐착하고 욕심냄.

◈ 영 역

that transmigrate within the burning
house of desire.
Have, for countless generations, failed to
discard their greed and desire.

◈ 한자풀이

輪(車 15획) 바퀴 륜, 돌 륜, 수레 륜
廻(辵 9획) 돌 회, 피할 회, 통할 회
宅(宀 6획) 집 택, 살 택, 정할 택
門(門 8획) 문 문, 집 문, 성 문
無(火 12획) 없을 무, 아닐 무, 말 무
量(里 12획) 양 량, 헤아릴 량, 되 량
貪(貝 11획) 탐할 탐, 탐지할 탐
慾(心 15획) 바랄 욕, 욕심 욕

어리석은 중생들이 고통으로 허덕이는
것은 과도한 탐심 때문이니 분수를 잘
생각하여 자기 그릇에 맞게 처신하고
허욕은 부리지 말라.

無防天堂／少往至者／三毒煩惱

무 방 천 당　소 왕 지 자　삼 독 번 뇌

없을	막을	하늘	집	적을	갈	이를	사람	석	독	번민할	피로워할
2	1	3		4	1	2	3		1		2

◈ 직 역

막음없는 천당에／
가서 이르는 자가 적음은／삼독 번뇌로

◈ 낱말해설

천당 : 아주 좋은 세상.
천상세계 : 극락세계를 이르기도 함.
삼독 : 세가지 독.
　　　 탐심, 성냄, 어리석음의 셋을 이름.

◈ 영 역

The gates to heaven (the Pure Land) are
not blocked;
Yet, few are those who enter them.
This is because most people make their
home among the three poisons.

◈ 한자풀이

防(阝 7획) 막을 방, 방비할 방, 둑 방, 수비 방
天(大 4획) 하늘 천, 목숨 천, 임금 천
堂(土 11획) 집 당, 당당할 당, 성 당
往(彳 8획) 갈 왕, 향할 왕, 옛 왕
至(至 6획) 이를 지, 지극할 지, 동지 지
毒(毋 8획) 독 독, 해칠 독, 피롭게할 독
煩(火 13획) 번민할 번, 괴로워할 번, 근심할 번
惱(忄 12획) 괴로워할 뇌, 괴롭힐 뇌

범부 중생들이
아름다운 세상을 만들지 못하는 것은
번뇌로 그 양식을 삼기 때문이다.
번뇌는 사바세계를 만들고
보리는 정토세계를 만든다.

爲自家財 / 無誘惡道 / 多往入者
위 자 가 재　무 유 악 도　다 왕 입 자

할	스스로	집	재물	없을	필	나쁠	길	많을	갈	들	사람
4	1	2	3	2	1	3		4	1	2	3

◈ 직 역
자기 집 재물을 삼음이요 /
꾐이 없는 악도에 /
가서 드는 자가 많음은

◈ 낱말해설
자가 : 자기 집. 자신.
악도 : 지옥, 아귀, 축생의 세계를 말하기도 함.
　　　 나쁜 길. 좋지 않은 세상.
　　　 악도에 대비되는 선도는 천상, 인간,
　　　 아수라를 일컬음.

◈ 영 역
The evil realms have no real power to seduce us, yet many enter them.

◈ 한자풀이
爲(爪 12획) 할 위, 만들 위, 다스릴 위
家(宀 10획) 집 가, 살 가, 남편 가
財(貝 10획) 재물 재, 처리할 재, 재능 재
誘(言 14획) 필 유, 유혹할 유
惡(心 12획) 나쁠 악, 미워할 오, 어찌 오
多(夕 6획) 많을 다, 클 다, 남을 다

이 세상 살면서 마음이 편치 못한 것은
온갖 욕심을 부리기 때문이다.
욕심을 쉬면 세상은 자기 것이다.
욕심은 갈증날 때의 짠 소금물과 같아
서 마시면 마실수록 갈증이 더해진다.

四蛇五欲 / 爲妄心寶 / 人誰不欲歸山修道
사 사 오 욕　위 망 심 보　인 수 불 욕 귀 산 수 도

넉	뱀	다섯	바랄	할	허망할	마음	보배	사람	누구	아닐	바랄	들어갈	메	닦을	길
			1	4	1	2	3	1	2	7	6	4	3	5	

◈ 직 역
사사오욕으로 / 망령되이 마음의 보배를 삼
음이니라 / 사람이 누군들 산에 들어가
수도하고 싶지 않으리요 마는

◈ 낱말해설
사사 : 지, 수, 화, 풍 사대요소를 뱀으로 비유함.
오욕 : 재물욕, 색욕, 명예욕, 수면욕, 식욕.

◈ 영 역
The deluded mind values the four elements that make up the body and the five desires as if they were jewels.
This being so, is there anyone who does not long to retire to the seclusion of the mountains in order to practice the Way?

◈ 한자풀이
蛇(虫 11획) 뱀 사, 구불구불갈 이
妄(女 6획) 허망할 망, 망령될 망, 잊을 망
寶(宀 20획) 보배 보, 존중할 보
誰(言 15획) 누구 수, 물을 수
歸(止 18획) 들어갈 귀, 돌아갈 귀, 보낼 귀,
　　　　　　 맞을 귀, 맡길 귀
修(亻 10획) 닦을 수, 착할 수, 꾸밀 수
道(辶 13획) 길 도, 말할 도, 다스릴 도

모든 사람들이
영원의 세상을 그리워는 하지만 애착때
문에 발길이 떨어지지 않는다.
애착이 업력의 씨앗되어 윤회의 밭을
가꾼다.

69

而爲不進 / 愛欲所纏 / 然而不歸山藪修心

이 위 부 진 애 욕 소 전 연 이 불 귀 산 수 수 심

말이을	할	아닐	나아갈	사랑	바랄	바	얽힐	그럴	말이을	아닐	맡길	메	수풀	닦을	마음
1	4	3	2	1	3	3	2	1	2	7	4	3	6	5

◈ 직 역

그러나 나아가지 못하게 됨은 /
애욕의 얽힌 바이니라 / 그러히 산수풀에
맡겨 마음을 닦지는 못하나

◈ 낱말해설

애욕 : 애착과 욕심. 애착으로 인한 욕심.
소전 : 얽매임.
산수 : 산수풀. 조용한 수행처. 토굴.
수심 : 마음닦음. 참선이나 기도를 함.

◈ 영 역

Yet people do not go there;
They remain caught up in desire.
Although you do not retire to the
mountains to cultivate your mind,

◈ 한자풀이

而(而 6획)　말이을 이, 또 이, 너 이
爲(爪 12획)　할 위, 다스릴 위, 될 위, 위할 위
進(辶 12획)　나아갈 진, 힘쓸 진, 추천할 진
愛(心 13획)　사랑 애, 친할 애, 아낄 애
欲(欠 11획)　바랄 욕, 욕심 욕, 하고자할 욕
纏(糸 21획)　얽힐 전, 묶을 전, 밟을 전
然(火 12획)　그럴 연, 사를 연, 허락할 연
歸(止 18획)　맡길 귀, 돌아갈 귀, 돌려보낼 귀
藪(艹 19획)　수풀 수, 늪 수, 바퀴살구멍 추
修(亻 10획)　닦을 수, 다스릴 수, 어진이 수

절에 들어와 마음 닦는
공부 할 수 없다면
세속에 살면서
착한 일이라도 많이 해야한다.

隨自身力 / 不捨善行 / 自樂能捨

수 자 신 력 불 사 선 행 자 락 능 사

따를	스스로	몸	힘	아닐	버릴	착할	갈	스스로	즐길	능할	버릴
3	1	2		3	2	1		1	2	3

◈ 직 역

자신의 힘을 따라 /
선행을 버리지 말지어다 /
자기 즐거움을 능히 버리면

◈ 낱말해설

선행 : 착한 행. 적선. 남을 위한 보살행.
자락 : 자신의 즐거움.
능사 : 능히 버림. 주체적으로 버림.

◈ 영 역

You should strive with all your energy to
perform good deeds.
If you can renounce your own pleasure,

◈ 한자풀이

隨(阝 16획)　따를 수, 좇을 수, 맡길 수, 이을 수
自(自 6획)　스스로 자, 저절로 자, 처음 자
捨(扌 11획)　버릴 사, 베풀 사, 놓을 사
善(口 12획)　착할 선, 친할 선, 잘 선, 길할 선
行(行 6획)　갈 행, 행실 행, 늘어설 항, 순서 항
樂(木 15획)　즐길 락, 즐거울 락, 좋아할 요
能(月 10획)　능할 능, 별이름 태, 견딜 내

자신이 누릴 수 있는
즐거움이 있는데도
전체를 위해 그것을 버린다면
그 사람은 바로 성인이다.
성인은, 자신은 버릴지언정
전체는 버리지 않는다.

믿을 공경할 같을 성인　어려울 갈 능할 갈　높을 중할 같을 부처님
1　2　4　3　1　2　3　4　1　3　2

◈ 직　역
믿고 공경하기를 성인과 같이 할 것이요 /
어려운 행을 능히 행하면 /
존중하기를 부처님 같이 할 것이니라

◈ 낱말해설
신경 : 믿고 공경함.
난행 : 역경을 극복하는 행. 자신을 희생하면서
　　　전체를 돌보는 행. 살신성인의 행동.
존중 : 존귀하고 중요하게 여김.

◈ 영　역
You will become as trusted and respected
as the sages.
If you can undergo that which is difficult,
You will become as respected as the
Buddha.

◈ 한자풀이
信(亻 9획) 믿을 신, 공경할 신
敬(攵 13획) 공경할 경, 훈계할 경, 삼갈 경
如(女 6획) 같을 여, 접속사 여, 만일 여
聖(耳 13획) 성인 성, 성스러울 성, 천자 성
難(隹 19획) 어려울 난, 어지러울 난,
　　　　　나무우거질 나, 근심 난
能(月 10획) 능할 능, 곰 능, 재능 능, 능히 능
尊(寸 12획) 높을 존, 무거울 존, 술통 준
重(里 9획) 중할 중, 무거울 중, 거듭 중,
　　　　　아이 동, 젓 중

온 세월과 온 공간을 위하는 일이라고
생각되면 어렵더라도 묵묵히 그 일을
행하는 사람이 부처님이다.

아낄 탐할 어조사 물건　이 마귀 권속 딸릴　사랑 슬플 베풀 베풀
3　2　1　3　1　2　1　2

◈ 직　역
물건을 간탐하는 이는 /
마구니의 권속이요 /
자비로 보시하는 이는

◈ 낱말해설
간탐 : 인색하고 탐함.
권속 : 일가친척. 한집안 식구.
자비 : 사랑하고 안타까워 함.
보시 : 아낌없이 베풂.

◈ 영　역
Those who greedily seek after things join
the ranks of demons.
Those who give with compassion are

◈ 한자풀이
慳(忄 14획) 아낄 간, 망설일 간, 굳을 간
貪(貝 11획) 탐할 탐, 탐 탐, 탐구할 탐
於(方 8획) 어조사 어, 이에 어, 탄식할 오
物(牛 8획) 물건 물, 만물 물, 재물 물
魔(鬼 21획) 마귀 마, 마술 마
眷(目 11획) 권속 권, 돌볼 권, 친족 권
屬(尸 21획) 딸릴 속, 엮을 속, 이을 촉, 부을 주
慈(心 14획) 사랑 자, 사랑할 자, 어머니 자
布(巾 5획) 베풀 보, 베 포
施(方 9획) 베풀 시, 은혜 시, 옮을 이, 기울 이

자기 것 아끼고 남의 물건 탐내는 이는
큰 일을 할 수 없다.
큰 일을 하는 사람은 자기 것, 남의 것
을 그렇게 따지지 않는다.

是法王子／高嶽峩巖／智人所居
시 법 왕 자　고 악 아 암　지 인 소 거

이	법	임금	아들	높을	큰산	높을	바위	지혜	사람	바	거할
3	1	2		1		2		1		3	2

◈ 직　역

법왕의 아들이니라／높은 산 큰 바위는／
지혜닦는 사람의 거 할 바요

◈ 낱말해설

법왕 : 부처님. 진리의 왕.
법왕자 : 불자. 부처님 자식.
고악 : 크고 높은 산.
아암 : 큰 바위.
지인 : 지혜있는 사람. 지혜닦는 사람.
소거 : 거처하는 곳.

◈ 직　역

the disciples of the Dharma King.
High mountains and lofty peaks are
where the wise reside.

◈ 한자풀이

是(日 9획)　이 시, 옳을 시, 바를 시
法(氵 8획)　법 법, 도리 법, 본받을 법
嶽(山 17획)　큰산 악
峩(山 10획)　높을 아, 메 아, 산이름 아
巖(山 23획)　바위 암, 가파를 암, 굴 암
所(戶 8획)　바 소, 지위 소, 경우 소, 기초 소
居(尸 8획)　거할 거, 살 거, 앉을 거, 곳 거

자비로운 마음으로 베풀면서 사는 사람
은 부처님의 자식이요 대보살이다.
손해본 듯 주고 사는 사람은 그 마음 부
처님 닮아 편안하지만
남의 물건 뺏으며 사는 사람은 그 마음
마구니 닮아 불안하다.

碧松深谷／行者所棲／飢飧木果
벽 송 심 곡　행 자 소 서　기 손 목 과

푸를	소나무	깊을	골짜기	갈	사람	바	깃들일	주릴	먹을	나무	열매
1	2		3	1		3	2	1	3		2

◈ 직　역

푸른 소나무 깊은 골짜기는／
수행자의 깃들일 바니라／
주리면 나무열매를 먹어

◈ 낱말해설

심곡 : 깊은 골짜기.
행자 : 수행하는 이. 수행자의 줄인 말.
　　　정식 스님이 되기 전 수행자를 일컫기도 함.

◈ 영　역

Green pines and deep mountain valleys
are home to those who practice.
When hungry, such people pick fruit
from trees

◈ 한자풀이

碧(石 14획)　푸를 벽, 푸른구슬 벽
松(木 8획)　소나무 송, 솔 송, 향풀 송
深(氵 11획)　깊을 심, 으슥할 심, 멀 심
谷(谷 7획)　골짜기 골, 골 곡, 꽉막힐 곡,
　　　　　　곡천 곡
棲(木 12획)　깃들일 서, 살 서, 집 서, 쉴 서
飢(食 11획)　주릴 기, 기근 기, 모자랄 기
飧(食 12획)　먹을 손, 지을 손, 저녁밥 손
果(木 8획)　열매 과, 결과 과, 강신제 관,
　　　　　　거북이름 라

수행할 때는
마음 안팎으로 조용하여야 한다.
돌아다니는 몸 쉬고
헐떡거리는 생각 쉬어야 한다.

慰其飢腸 / 渴飲流水 / 息其渴情
위 기 기 장 갈 음 유 수 식 기 갈 정

위로할	그	주릴	창자	목마를	마실	흐를	물	쉴	그	목마를	뜻
4	1	2	3	1	4	2	3	3	1	2	

◈ 직 역

그 주린 창자를 위로하고 /
목마르면 흘러가는
물을 마시어 /
그 갈정을 식힐지니라

◈ 낱말해설

기장 : 굶주린 창자.
유수 : 흐르는 물. 계곡의 물.
갈정 : 목마름.

◈ 영 역

to calm their empty stomach.
When thirsty,
they quench their thirst with water from
a stream.

◈ 한자풀이

慰(心 15획) 위로할 위, 우울해질 위
其(八 8획) 그 기, 어조사 기, 땅이름 기
飢(食 11획) 주릴 기, 굶을 기, 흉년들 기
腸(月 13획) 창자 장, 마음 장, 자세할 장
渴(氵 12획) 목마를 갈, 서두를 갈, 물잦을 걸
飲(食 13획) 마실 음, 마시게할 음, 음료 음
流(氵 9획) 흐를 류, 귀양보낼 류, 은혜 류
水(水 4획) 물 수, 강 수, 고를 수
息(心 10획) 쉴 식, 자식 식, 기를 식
情(忄 11획) 뜻 정, 생각 정, 마음 정

정말 공부하는 사람이 되려면
먹는 데 신경 쓰지 말고
물 한 모금이라도 감사하라.

喫甘愛養 / 此身定壞 / 着柔守護
끽 감 애 양 차 신 정 괴 착 유 수 호

마실	달	사랑	기를	이	몸	정할	무너질	입을 부드러울	지킬 보호할
2	1	3	4	1	2	3	4	2 1	3

◈ 직 역

단 것을 먹어 애착하여 길러도 /
이 몸은 결정코 무너짐이요 /
부드러운 옷을 입어 수호하여도

◈ 낱말해설

끽감 : 감칠맛 나는 음식.
수호 : 지키고 보호함.

◈ 영 역

Although we eat fine foods in an attempt
to carefully preserve this body,
Our bodies will definitely face
destruction;
Even though we cover this body with
soft cloth,

◈ 한자풀이

喫(口 12획) 마실 끽, 먹을 끽, 피울 끽
甘(甘 5획) 달 감, 즐길 감, 상쾌할 감
愛(心 13획) 사랑 애, 친할 애, 은혜 애
養(食 15획) 기를 양, 길 양, 몸위할 양
此(止 6획) 이 차, 그칠 차, 이것 차
定(宀 8획) 정할 정, 반드시 정, 익을 정
壞(土 19획) 무너질 괴, 땅이름 회, 앓을 회
着(羊 12획) 입을 착, 붙을 착, 다다를 착
柔(木 9획) 부드러울 유, 약할 유, 사랑할 유
守(宀 6획) 지킬 수, 직책 수, 벼슬이름 수

사람들은 식탐을 부린다.
그런데, 좋은 것이라 하여 많이 먹어도
크게 좋을 것이 없다.

命必有終 / 助響巖穴 / 爲念佛堂
명 필 유 종 　 조 향 암 혈 　 위 염 불 당

목숨	반드시	있을	마침	도울	메아리	바위	구멍	할	생각	부처님	집
1	2	4	3	2	1		3	2	생각	부처님	1

◆ 직　역

목숨은 반드시 마침이 있느니라/
메아리 돕는 바윗굴로/
염불당을 삼고

◆ 낱말해설

유종 : 끝이 있음. 죽음.
조향 : 소리가 잘 울림.
암혈 : 바위로 된 굴.
염불당 : 염불하는 법당. 기도처. 수행처.

◆ 영　역

Our lives are sure to come to an end.
Make a small mountain cave where
echoes resound into a hall to chant
the Buddha's name.

◆ 한자풀이

命(口 8획)　목숨 명, 명할 명, 운수 명
有(月 6획)　있을 유, 어조사 유, 또 유
終(糸 11획)　마침 종, 마침내 종, 다할 종
助(力 7획)　도울 조, 구실 조, 유익할 조
巖(山 23획)　바위 암, 험할 암, 낭떠러지 암
穴(穴 5획)　구멍 혈, 뚫을 혈, 굴 휼
爲(爪 12획)　할 위, 위할 위, 있을 위
念(心 8획)　생각 념, 욀 념, 삼갈 념
佛(亻 7획)　부처님 불, 도울 필, 일 발

겉모양 좋은 옷 찾지말고
속모습 그 마음 가꾸는데 진력하라.
겉모양은 유한하지만
속모습은 무한하다.

哀鳴鴨鳥 / 爲歡心友 / 拜膝如氷
애 명 압 조 　 위 환 심 우 　 배 슬 여 빙

슬플	울	오리	새	할	기쁠	마음	벗	절	무릎	같을	얼음
1	2	3	4	4	2	1	3	1	2	4	3

◆ 직　역

슬피우는 오리와 새로/
마음을 기쁘게 하는 벗을 삼을 지니라/
절하는 무릎이 얼음장 같더라도

◆ 낱말해설

압조 : 오리와 새. 오리새.
환심 : 마음을 기쁘게 함.
빙(氷) : 얼음. 얼음장.

◆ 영　역

Let the sad cry of a wild goose be the
heart-warming call of a friend.
While bowing, your knees may become
as cold as ice,

◆ 한자풀이

哀(口 9획)　슬플 애, 불쌍할 애, 서러울 애
鳴(鳥 14획)　울 명, 부를 명
鴨(鳥 16획)　오리 압, 하비(下婢) 압, 여종 압
歡(欠 22획)　기쁠 환, 즐거울 환, 친할 환
友(又 4획)　벗 우, 우애있을 우, 벗할 우
拜(手 9획)　절 배, 굽힐 배, 내릴 배
膝(月 15획)　무릎 슬, 종지뼈 슬, 좋은말 슬
如(女 6획)　같을 여, 따를 여, 접속사 여
氷(水 5획)　얼음 빙, 엉길 응

외로워야 공부가 되는 줄 알고
쓸데없는 사람들과 어울리지 말라.
진실한 벗 없다면
차라리 무소의 뿔처럼 홀로 가는 편이
훨씬 더 낫다.

無戀火心 / 餓腸如切 / 無求食念
무 련 화 심   아 장 여 절   무 구 식 념

없을	그리워할	불	마음	굶주릴	창자	같을	끊을	없을	구할	밥	생각
4	2	1	3	1	2	4	3	4	2	1	3

◈ 직　역

불을 생각하는 마음이 없으며/
주린 창자가 끊어질 것 같더라도/
밥 구하는 생각이 없느니라

◈ 낱말해설

련화 : 따뜻한 곳을 찾음.
아장 : 주린 창자.
여절 : 끊어지는 것과 같음.
구식 : 먹을 것을 구함.

◈ 영　역

But you must not long for a warm fire.
Your stomach may writhe with hunger
but you must not give in to your
thoughts of food.

◈ 한자풀이

無(火 12획) 없을 무, 아닐 무, 발어사 무
戀(心 23획) 그리워할 련, 그리울 련, 사모할 련
心(心 4획) 마음 심, 심장 심, 가슴 심
餓(食 16획) 굶주릴 아, 주릴 아, 굶길 아
腸(月 13획) 창자 장, 마음 장, 충심 장
如(女 6획) 같을 여, 따를 여, 어조사 여
切(刀 4획) 끊을 절, 모두 체
求(水 7획) 구할 구, 물을 구, 힘쓸 구
食(食 9획) 밥 식, 밥 사, 사람이름 여
念(心 8획) 생각 념, 외다 념, 읊다 념

환경여건을 탓하지 말고 수행하라.
도가 높아지려면 장애가 있기 마련.
장애 가운데서 보리도를 얻는 법이지 편
안함 속에서 일을 성취하는 법은 없다.

忽至百年 / 云何不學 / 一生幾何
홀 지 백 년   운 하 불 학   일 생 기 하

문득	이를	일백	해	이를	어찌	아닐	배울	한	날	몇	어찌
1	3	2		1		3	2		1		2

◈ 직　역

문득 백년에 이르거늘/
어찌 배우지 아니하며/
일생이 얼마관대

◈ 낱말해설

홀지 : 홀연히 이르름. 문득 이름.
백년 : 인간의 수명을 백년으로 보고한 표현.
운하 : 어떻게. 어찌.
일생 : 한 평생.
기하 : 얼마. 몇.

◈ 영　역

One hundred years pass like the blinking
of an eye, So why don't you practice?
How long is a lifetime?

◈ 한자풀이

忽(心 8획) 문득 홀, 소홀히할 홀, 갑자기 홀
至(至 6획) 이를 지, 지극할 지, 가벼이 발
百(白 6획) 일백 백, 모든 백, 힘쓸 맥
云(二 4획) 이를 운, 어조사 운, 돌 운
何(亻 7획) 어찌 하, 누구 하, 짐 하
學(子 16획) 배울 학, 학문 학, 학자 학
生(生 5획) 날 생, 살 생, 일생 생
幾(幺 12획) 몇 기, 어찌 기, 기미 기

한 평생은 잠시 잠깐이다.
부지런히 배워야 한다.
시간이 얼마 남지 않았다.
세월은 나를 기다려 주질 않는다.
이 생을 놓치면 만겁에 한이 될지도 모른다.

<table>
<tr><td colspan="3">不修放逸</td><td colspan="3">離心中愛</td><td colspan="3">是名沙門</td></tr>
<tr><td>불</td><td>수</td><td>방</td><td>일</td><td>이</td><td>심</td><td>중</td><td>애</td><td>시</td><td>명</td><td>사</td><td>문</td></tr>
</table>

아닐	닦을	놓을	편안할	여읠	마음	가운데	사랑	이	이름	모래	문
2	1	3		4	1	2	3	1	3	2	

◈ 직 역

닦지 아니하고 방일하는고/
마음가운데 애착 여읜 이를/
곧 사문이라 이름함이요

◈ 낱말해설

방일 : 게으름을 피움. 이리저리 날뜀.
사문 : 수도 생활을 하는 사람.

◈ 영 역

Can you afford to neglect practice,
wasting your time on leisure?
It is only he who renounces all of the
desires in his heart that is rightfully called
a practicing monk.

◈ 한자풀이

修(亻 10획) 닦을 수, 다스릴 수, 뛰어날 수
放(攵 8획) 놓을 방, 본뜰 방, 늘어놓을 방
逸(辶 12획) 편안할 일, 달아날 일, 잃을 일
離(隹 19획) 여읠 이, 떠날 리, 나란히할 려
是(日 9획) 이 시, 옳을 시, 다스릴 시
沙(氵 7획) 모래 사, 봉황 사, 목쉴 사

바깥 경계에 대한 애착을 여의어야 바른 공부를 하는 수행자다.
수행자는 보아도 본 바 없고 들어도 들은 바 없어야 한다.
살랑바람에 흩날리는 가을 낙엽이 되지 말고 세찬 바람에도 꿋꿋이 버리고 앉을 겨울 바위덩어리가 되라.

<table>
<tr><td colspan="3">不戀世俗</td><td colspan="3">是名出家</td><td colspan="3">行者羅網</td></tr>
<tr><td>불</td><td>연</td><td>세</td><td>속</td><td>시</td><td>명</td><td>출</td><td>가</td><td>행</td><td>자</td><td>라</td><td>망</td></tr>
</table>

아닐	그리워할	인간	세속	이	이름	날	집	행할	사람	비단	그물
3	2		1	1	3		2		1		2

◈ 직 역

세속을 그리워하지 않음을/
곧 출가라 이름 하니라/
수행자의 라망은

◈ 낱말해설

출가 : 수행하기위해 집을 나옴.
행자 : 수행자.
라망 : 애욕에 얽힘. 비단 옷.

◈ 영 역

Only he who no longer yearns for the
ways of the world is called monk
who has renounced the householder life.
A practitioner who is caught within
the net of worldly desires is

◈ 한자풀이

戀(心 23획) 그리워할 련, 그리움 련, 성 련
俗(亻 9획) 세속 속, 풍속 속, 이을 속, 세상 속
家(宀 10획) 집 가, 아내 가, 지아비 가
行(行 6획) 행할 행, 다닐 행, 걸을 행, 갈 행
者(耂 9획) 사람 자, 놈 자, 것 자
羅(罒 19획) 비단 라, 그물 라, 돌 라
網(糸 14획) 그물 망, 규칙 망

하나를 버려 천을 얻으라.
하나만을 생각하는 소아적 삶이 아니라 천속에 하나까지 포함되는 대아적 삶을 살아야 스님이라 할 수 있다.
스님이 어찌 하나를 좇아 세속을 기웃거릴 수 있으리오.

狗被象皮 / 道人戀懷 / 蝟入鼠宮
구 피 상 피 도 인 연 회 위 입 서 궁

개	입을	코끼리	가죽		길	사람	그리워할	품을		고슴도치	들	쥐	집
1	4	2	3		1	2	3			1	3		2

◈ 직 역
개가 코끼리의 가죽을 입는 것이요 /
도인의 연정 품음은 /
고슴도치가 쥐구멍에 들어가는 것이니라

◈ 낱말해설
상피 : 코끼리 가죽.
도인 : 도 닦는 사람.
연회 : 연정을 품음.
서궁 : 쥐 구멍.

◈ 영 역
like a dog who wears elephant's hide.
A man who practices the Way yet
remains attached to worldly desires is like
a hedgehog who tries to enter a rat hole.

◈ 한자풀이
狗(犭 8획) 개 구, 범새끼 구
被(衤 10획) 입을 피, 이불 피, 두를 피
象(豕 12획) 코끼리 상, 모양 상, 법도 상
皮(皮 5획) 가죽 피, 겉 피, 벗길 피
道(辶 13획) 길 도, 도 도, 순할 도
懷(忄 19획) 품을 회, 따를 회, 편안할 회
蝟(虫 15획) 고슴도치 위, 떼지어모일 위
入(入 2획) 들 입, 들어갈 입, 들일 입
鼠(鼠 13획) 쥐 서, 근심할 서
宮(宀 10획) 집 궁, 궁전 궁, 담 궁

수행자는 처자권속의 그물을 벗어나야
깊이 있는 공부를 할 수 있다.
누에고치속에 갇힌 나방이 자기틀을 뚫고
나왔을 때 새로운 세상을 보는 것이다.

雖有才智 / 居邑家者 / 諸佛是人
수 유 재 지 거 읍 가 자 제 불 시 인

비록	있을	재주	지혜		살	고을	집	사람		모든	부처님	이	사람
1	4	2	3		2	1		3		1	2		3

◈ 직 역
비록 재주와 지혜가 있으나 /
마을 집에 사는 사람은 /
모든 부처님이 이 사람에

◈ 낱말해설
재지 : 기술과 학문. 재주와 지혜.
읍가 : 속가에 있는 집.

◈ 영 역
Some people, in spite of their outstanding
ability and wisdom,
Choose to live in the busy atmosphere of
the city. All the Buddhas feel

◈ 한자풀이
雖(隹 17획) 비록 수, 짐승이름 유
有(月 6획) 있을 유, 가질 유, 고을 유
才(才 3획) 재주 재, 바탕 재, 겨우 재
智(日 12획) 지혜 지, 슬기 지, 슬기로울 지
居(尸 8획) 살 거, 있을 거, 어조사 기
邑(邑 7획) 고을 읍, 흐느낄 압
家(宀 10획) 집 가, 남편 가, 아내 가
諸(言 16획) 모든 제, 성 차, 두꺼비 저
是(日 9획) 이 시, 옳을 시, 다스릴 시

속가에서 살다보면 타성에 젖어 그것이
바른지 그른지조차 인식되지 않는다.
다소 공부가 된다 하나 분위기 때문에
멀리 나아가기는 힘들다.

날	슬플	근심할	마음	설령	없을	길	갈	머무를	메	집	사람
4	1	2	3	1	3	2		2		1	3

◈ 직 역

안타깝게 걱정하는 마음을 내시고／
설령 도행은 없으나／
산실에 머무는 자는

◈ 낱말해설

비우심 : 안타깝게 걱정하는 마음.
도행 : 도를 닦는 행위.
산실 : 산방. 절집. 수행처.

◈ 영 역

pity and concern for such people.
Other people, although they have not
yet developed a deep practice,
Still choose to stay in the contemplative
atmosphere of the mountains.

◈ 한자풀이

生(生 5획) 날 생, 살 생, 일생 생
悲(心 12획) 슬플 비, 슬퍼할 비, 슬픔 비
憂(心 15획) 근심할 우, 병 우, 친상 우
設(言 11획) 설령 설, 베풀 설, 설비 설
無(火 12획) 없을 무, 아닐 무, 말 무
住(亻 7획) 머무를 주, 살 주
山(山 3획) 메 산, 산신 산, 능 산
室(宀 9획) 집 실, 방 실, 가족 실

비록 큰 정진은 없더라도
절에 살다보면 차차 공부가 익어간다.
세속에 살 수 밖에 없는 인연이라면
틈틈이 시간을 내서 절을 찾아야 한다.
그래야 그나마 향내음이 조금씩이라도
몸과 마음에 훈습된다.

무리	성인	이	사람	날	기쁠	기쁠	마음	비록	있을	재주	배울
1	2	2	1					1	4	2	3

◈ 직 역

뭇 성인이 이 사람에／
환희심을 내느니라／
비록 재주와 학문은 있으나

◈ 낱말해설

중성 : 뭇 성인. 훌륭한 모든 어른.
환희심 : 크게 기뻐하는 마음.

◈ 영 역

The sages feel a great joy when they see
such people.
There are those who are skilled and
learned,

◈ 한자풀이

衆(血 12획) 무리 중, 많을 중, 군신 중
聖(耳 13획) 성인 성, 성스러울 성
是(日 9획) 이 시, 옳을 시, 대저 시
歡(欠 22획) 기쁠 환, 기쁨 환, 정의 환
喜(口 12획) 기쁠 희, 좋아할 희, 기쁨 희
雖(隹 17획) 비록 수, 만일 수, 짐승이름 유
有(月 6획) 있을 유, 또 유, 어조사 유
才(才 3획) 재주 재, 바탕 재, 겨우 재
學(子 16획) 배울 학, 학자 학, 학문 학

절을 찾는 불교신도들은 다른 사람보다
좀 더 마음이 너그럽고 긍정적이다.
그리고 행복지수가 높다.
삼보의 가피를 입고 있기 때문이다.

無戒行者／如寶所導而不起行／雖有勤行

무 계 행 자 여 보 소 도 이 불 기 행 수 유 근 행

없을	계율	갈	사람	같을	보배	바	이끌	말이을	아닐	일어날	갈	비록	있을	부지런할	행할
2	1	3	7	7	1		2	3	6	4	5	1	4	2	3

◈ 직　역

계행이 없는 자는／
보배장소로 인도하나 일어나
가지 않는 것과 같음이요／
비록 부지런한 행은 있으나

◈ 낱말해설

계행 : 수행자가 지켜야할 행동규범을 실천함.
보소 : 보배가 있는 장소.

◈ 영　역

But do not follow the precepts.
They are like men who are told of a cache
of jewels but do not get up and go to it.
There are those who practice steadfastly,

◈ 한자풀이

戒(戈 7획)　계율 계, 계 계, 조심할 계, 훈계 계
行(行 6획)　갈 행, 길 행, 쓸 행
如(女 6획)　같을 여, 가령 여, 맞설 여
寶(宀 20획)　보배 보, 도리 보, 옥새 보
所(戶 8획)　바 소, 자리 소, 지위 소
導(寸 16획)　이끌 도, 깨우칠 도, 다스릴 도
而(而 6획)　말이을 이, 편안할 능
起(走 10획)　일어날 기, 솟을 기, 떨칠 기
雖(隹 17획)　비록 수, 다만 수, 짐승이름 유
勤(力 13획)　부지런할 근, 고생할 근, 도울 근

비록 아는 것은 많더라도
행하지 않으면 아무 소용이 없다.

無智慧者／欲往東方而向西行／有智人所行

무 지 혜 자 욕 왕 동 방 이 향 서 행 유 지 인 소 행

없을	지혜	지혜	사람	바랄	갈	동녘	모	말이을	향할	서녘	갈	있을	지혜	사람	바	갈
2	1	3	3	3	2	1	4	4	6	5	7	2	1	3	3	4

◈ 직　역

지혜없는 자는／
동방으로 가고져 하나
서쪽으로 향해 감이니라／
지혜있는 사람의 소행은

◈ 낱말해설

동방 : 동쪽 방향.
지인 : 지혜있는 사람.
소행 : 행하는 바. 행동.

◈ 영　역

But lack wisdom.
They are like men who to go east,
But mistakenly walk towards the west.
The actions of a wise man are

◈ 한자풀이

智(日 12획)　지혜 지, 슬기로울 지, 꾀 지
慧(心 15획)　지혜 혜, 총명할 혜, 교활할 혜
欲(欠 11획)　바랄 욕, 하고자할 욕, 욕심 욕
往(彳 8획)　갈 왕, 옛 왕, 향할 왕
方(方 4획)　모 방, 방위 방, 수단 방
向(口 6획)　향할 향, 성 상
所(戶 8획)　바 소, 도리 소, 마땅함 소
行(行 6획)　갈 행, 행할 행, 길 행, 쓸 행

부지런히 행하더라도 지혜가 없이는
그 어떤 일도 이룰 수 없다.

蒸米作飯 / 無智人所行 / 蒸沙作飯
증 미 작 반 무 지 인 소 행 증 사 작 반

찔	쌀	지을	밥	없을	지혜	사람	바	갈	찔	모래	지을	밥
2	1	4	3	2	1	3		4	2	1	4	3

◈ 직 역
쌀을 쪄서 밥을 지음이요 /
지혜없는 사람의 소행은 /
모래를 쪄서 밥을 지음이니라

◈ 낱말해설
증미 : 쌀을 찜.
작반 : 밥을 지음.
무지 : 지혜 없음.
증사 : 모래를 찜.

◈ 영 역
like steaming grains of rice in order to
make a bowl of rice.
The actions of a man who lacks wisdom
are like steaming grains of sand in order
to make a bowl of rice.

◈ 한자풀이
蒸(艹 14획) 찔 증, 더울 증
米(米 6획) 쌀 미, 미터 미
作(亻 7획) 지을 작, 만들 주, 저주할 저
飯(食 13획) 밥 반, 먹을 반, 기를 반
智(日 12획) 지혜 지, 슬기로울 지, 꾀 지
人(人 2획) 사람 인, 남 인, 백성 인
所(戶 8획) 바 소, 도리 소, 마땅함 소
行(行 6획) 갈 행, 길 행, 쓸 행
沙(氵 7획) 모래 사, 봉황 사, 목쉴 사

지혜로운 사람은 순수히 좋은 결과를
보지만 지혜없는 사람은 모든 결과가
허사이다.

共知喫食而慰飢腸 / 不知學法而改癡心
공 지 끽 식 이 위 기 장 부 지 학 법 이 개 치 심

함께	알	먹을	밥	말이을	위로할	주릴	창자	아닐	알	배울	법	말이을	고칠	어리석을	마음
1	8	3	2	4	7	5	6	8	7	2	1	3	6	4	5

◈ 직 역
모두들 밥을 먹어서 주린 창자를 위로 할
줄은 알되 / 법을 배워서 어리석은 마음을
고칠 줄은 알지 못하니라

◈ 낱말해설
끽식 : 밥을 먹음.
학법 : 법을 배움. 마음 공부를 함.
　　　 진리를 배워 익힘.

◈ 영 역
Everyone knows how to eat and drink in
order to satiate their hunger;
But no one seems to understand the
method of training the way to transform
the ignorant mind.

◈ 한자풀이
共(八 6획) 함께 공, 공손할 공, 향할 공
喫(口 12획) 먹을 끽, 마실 끽
慰(心 15획) 위로할 위, 묻다 위, 살다 위
飢(食 11획) 주릴 기, 모자랄 기
知(矢 8획) 알 지, 사귈 지, 나타낼 지
學(子 16획) 배울 학, 본받을 학, 가르칠 교
法(氵 8획) 법 법, 예의 법, 본받을 법
改(攵 7획) 고칠 개, 따로 개
癡(广 19획) 어리석을 치, 미칠 치, 순진할 치
心(心 4획) 마음 심, 심장 심, 한가운데 심

대부분 사람들이
먹는 데는 물불을 가리지 않지만
지혜 닦는 공부는 등한시 한다.

行智具備／如車二輪／自利利他
행 지 구 비 여 거 이 륜 자 리 리 타

행할 지혜 함께 갖출　같을 수레 두 바퀴　스스로 이로울 이로울 남
　1　　2　　　　3　1　　2　　　　1

◈ 직　　역

행지를 구비함은/
수레의 두 바퀴와 같음이요/
자리리타행은

◈ 낱말해설

행지 : 실천행과 지혜
구비 : 다 갖춤
자리리타 : 자기에게도 이롭고 남에게도 이로움.
　　　　　　상구보리 하화중생의 줄인 표현.
　　　　　　보살도의 실천 내용.

◈ 영　　역

Practice and wisdom must exist side by
side. For they are like the two wheels of
a cart. likewise, helping oneself and
helping others are

◈ 한자풀이

行(行 6획) 행할 행, 갈 행, 길 행, 쓸 행
智(日 12획) 지혜 지, 슬기 지, 총명할 지
具(八 8획) 함께 구, 갖출 구, 설비 구
備(亻 12획) 갖출 비, 준비 비, 삼갈 비
如(女 6획) 같을 여, 가령 여, 맞설 여
車(車 7획) 수레 거, 수레 차, 성 차
輪(車 15획) 바퀴 륜, 구를 륜, 둘레 륜
自(自 6획) 스스로 자, 처음 자, 부터 자
利(刂 7획) 이로울 리, 날카로울 리, 빠를 리
他(亻 5획) 남 타, 다를 타, 뒤섞일 타

일을 성취하는 데는 지혜와 실천행이
함께 있어야 한다.
배가 나아감에 지혜는 나침반이요
실천행은 노이다.

如鳥兩翼／得粥祝願／不解其意
여 조 양 익 득 죽 축 원 불 해 기 의

같을 새 두 날개　얻을 죽 빌 원할　아닐 풀 그 뜻
　3　1　　2　　　2　1　3　　　4　3　1　2

◈ 직　　역

새의 양날개와 같음이니라/
죽을 받아 축원하되/그 뜻을 알지 못하면

◈ 낱말해설

양익 : 두 날개.
득죽 : 죽공양을 받음.
　　　　아침에는 주로 죽을 먹기 때문에 나온 말.
축원 : 신도님들 잘 되라고 스님들이 정성껏 소리내어
　　　　기도함. 법력있는 사람이 남을 위해 정성껏
　　　　기도해줌.

◈ 영　　역

like the two wings of a bird.
If you absent-mindedly chant for your donors
over the morning offering of porridge without
understanding the meaning,

◈ 한자풀이

如(女 6획) 같을 여, 접속사 여, 만일 여
鳥(鳥 11획) 새 조, 땅이름 작, 섬 도
兩(入 8획) 두 량, 양 량, 엽전단위 냥
翼(羽 17획) 날개 익, 도울 익, 받들 익
得(彳 11획) 얻을 득, 이익 득, 만족할 득
粥(米 12획) 죽 죽, 허약할 죽, 기를 육
祝(示 10획) 빌 축, 저주할 주, 약바를 주
解(角 13획) 풀 해, 마디 해, 깨달을 해
其(八 8획) 그 기, 어조사 기
意(心 13획) 뜻 의, 아 희

전체 공동체를 위하여 헌신하는 사람은
사바세계에 나툰 부처님 화신이다.

81

亦不檀越應羞恥乎 / 得食唱唄 / 不達其趣

역 불 단 월 응 수 치 호　득 식 창 패　부 달 기 취

또한	아닐	베풀	넘을	응당할	부끄러울	부끄러울	어조사	얻을	먹을	부를	염불	아닐	통달할	그	취지
1	5	2	2	3	4	6	2	1	3	4	3	1	2

◈ 직 역

또한 시주자에게 응당 수치가 아니며 /
공양을 받아 창패하되 /
그 취지에 다다르지 못하면

◈ 낱말해설

단 : 보시. 베품.
단월 : 시주자.
창패 : 노래하듯 큰 소리로 염불함.
기취 : 그 취지. 시주자의 뜻.

◈ 영 역

You should feel ashamed to face those
who give alms.
If you chant during the lunch-time
ceremony without attaining the essence
of the words you utter,

◈ 한자풀이

檀(木 17획) 베풀 단, 박달나무 단, 단향목 단
越(走 12획) 넘을 월, 구멍 활
應(心 17획) 응당할 응, 당할 응, 대답할 응
羞(羊 11획) 부끄러울 수, 바칠 수, 모욕할 수
恥(心 10획) 부끄러울 치, 욕 치, 욕보일 치
乎(ノ 5획) 어조사 호, 인가 호, 전치사 호
食(食 9획) 먹을 식, 먹이 식, 제사 식, 밥 식
唱(口 11획) 부를 창, 노래 창
達(辶 13획) 통달할 달, 두루 달, 갖출 달
趣(走 15획) 취지 취, 뜻 취, 달릴 취,
　　　　　　재촉할 촉, 벼슬이름 추, 향할 취

이웃의 은혜를 언제나 잊지 말고 밥 한
그릇이라도 고맙게 생각하라. 밥 한 그
릇에도 천지의 은혜가 스며있다.

亦不賢聖應慚愧乎 / 人惡尾蟲不辨淨穢

역 불 현 성 응 창 괴 호　인 오 미 충 불 변 정 예

또한	아닐	어질	성인	응당할	부끄러울	수치스러울	어조사	사람	미워할	꼬리	벌레	아닐	분별할	깨끗할	더러울
1	5	2	3	3	4	6	1	7	2	6	5	3	4

◈ 직 역

또한 현성에 응당 부끄럽지 아니한가 /
사람이 미충이 깨끗함과 더러움을 분별하
지 못함을 미워하는 것과 같이

◈ 낱말해설

현성 : 현인과 성인.
참괴 : 부끄러움.
미충 : 제일 끝가는 벌레. 똥파리. 구더기.

◈ 영 역

Won't you be ashamed to face great
people and sages?
Everyone hates squirming insects and
those who can't? distinguish between
the dirty and the clean.

◈ 한자풀이

亦(亠 6획) 또한 역, 모두 역, 다스릴 역
賢(貝 15획) 어질 현, 나을 현, 많을 현, 지칠 현
聖(耳 13획) 성인 성, 성스러울 성, 천자 성
慚(忄 15획) 부끄러울 참, 부끄러움 참
愧(忄 13획) 수치스러울 괴, 부끄러울 괴
惡(心 12획) 미워할 오, 모질 악, 나쁠 악,
　　　　　　흉년들 악, 헐뜯을 오
尾(尸 7획) 꼬리 미, 뒷 미, 뒤쫓을 미
蟲(虫 18획) 벌레 충
辨(辛 16획) 분별할 변, 가릴 변, 갖출 판
穢(禾 18획) 더러울 예, 거칠 예, 잡초 예

사람은 적어도,
무엇이 깨끗한 일인지 무엇이 지저분한
일인지를 가릴 줄 알아야 한다.

聖憎沙門不辨淨穢／棄世間喧／乘空天上
성 증 사 문 불 변 정 예 기 세 간 훤 승 공 천 상

성인	미워할	모래	문	아닐	분별할	깨끗할	더러울	버릴	인간	사이	시끄러울	오를	빌	하늘	위
1	7	2	6	5	3	4	3	1	2	3	1	2			

◈ 직 역

성인은 사문이 깨끗함과 더러움을 분별하
지 못함을 미워하느니라／세간의 시끄러움
을 버리고／하늘의 천상에 오름은

◈ 낱말해설

정예 : 깨끗함과 더러움.
공 : 여기에서는 하늘을 뜻함.
천상 : 착한 과보로 가는 좋은 세상.
　　　육도 윤회 중 가장 높은 단계의 세상.

◈ 영 역

Likewise, the sages feel disgust with
those monks who cannot distinguish
between the defiled and the pure.
If you wish to be through with this
world's conflict and ascends to heaven,

◈ 한자풀이

沙(氵 7획) 모래 사, 물가 사, 사악 사, 추릴 사
門(門 8획) 문 문, 집 문, 지체 문
不(一 4획) 아닐 불, 아니할 불, 아닌가 불
淨(氵 11획) 깨끗할 정, 깨끗이할 정, 악역 정
棄(木 11획) 버릴 기, 내쫓을 기, 떠날 기
世(一 5획) 인간 세, 대 세, 세상 세
間(門 12획) 사이 간, 틈 간, 한가할 한
喧(口 12획) 시끄러울 훤, 울어댈 훤
乘(丿 10획) 오를 승, 탈 승, 대 승
空(穴 8획) 빌 공, 구멍 공, 막힐 공

좋은 세상으로 가는 데는
악을 버리고 선을 행해야 한다.
나만을 위한 일은 악이 되기 쉽고
상대를 위한 일은 선이 되기 쉽다.

戒爲善梯／是故／破戒／爲他福田
계 위 선 제 시 고 파 계 위 타 복 전

계	할	좋을	사다리	이	까닭	파괴할	경계할	할	남	복	밭
1	4	2	3	1	2	2	1	3	1	2	

◈ 직 역

계가 좋은 사다리가 되니／
이런 까닭에／계를 파하고／
남의 복전이 됨은

◈ 낱말해설

계 : 나쁜 것은 못하게 하고 좋은 것은 독려하는
　　 불자의 행위기준.
　　 출가자와 재가자의 경우가 다름.
다계 : 계를 어김.
복전 : 복밭. 복을 심는 곳.

◈ 영 역

good conduct is the ladder.
Therefore, one who violates the precepts
and yet wishes to help others is

◈ 한자풀이

戒(戈 7획) 계 계, 경계할 계, 고할 계
爲(爫 12획) 할 위, 위할 위, 다스릴 위
善(口 12획) 좋을 선, 착할 선, 친할 선, 길할 선
梯(木 11획) 사다리 제, 실마리 제, 기댈 제
是(日 9획) 이 시, 옳을 시, 바로잡을 시,
　　　　　　옳게여길 시
故(攵 9획) 까닭 고, 옛 고, 짐짓 고
破(石 10획) 파괴할 파, 깰 파, 무너질 피
他(亻 5획) 남 타, 다를 타, 겹칠 타
福(示 14획) 복 복, 간직할 부
田(田 5획) 밭 전, 밭갈 전, 생업 전

스님은 복밭이다.
그러나 행동이 법답지 않고는
남의 복밭이 될 수 없다.

83

如折翼鳥負龜翔空 / 自罪未脫 / 他罪不贖
여 절 익 조 부 귀 상 공 자 죄 미 탈 타 죄 불 속

같을	꺾을	날개	새	질	거북	날	하늘	스스로	죄	아닐	벗을	다를	죄	아닐	벗길
8	2	1	3	5	4	7	6	1	2	4	3	1	2	4	3

◈ 직 역

날개 부러진 새가
거북을 지고 하늘을 나는 것과 같느니라 /
자기 죄를 벗지 못하면 /
남의 죄를 벗기지 못하니라

◈ 낱말해설

자죄 : 자신의 죄업.
타죄 : 남의 죄업.
불속 : 대신 하지 못함. 벗기지 못함.

◈ 영 역

like a bird with broken wings that puts a
turtle on its back and tries to fly.
If you're still not free from your own
faults, You will not be able to free others
of their faults.

◈ 한자풀이

如(女 6획) 같을 여, 같이할 여, 좇을 여
折(扌 7획) 꺾을 절, 찢을 절, 편안한모양 제
鳥(鳥 11획) 새 조, 땅이름 작, 섬 도
負(貝 9획) 질 부, 기댈 부, 짐 부
龜(龜 16획) 거북 귀, 나라이름 구, 틀 균
自(自 6획) 스스로 자, 어조사 자, 처음 자
罪(罒 13획) 죄 죄, 허물 죄, 죄줄 죄, 대그물 죄
未(木 5획) 아닐 미, 미래 미
脫(月 11획) 벗을 탈, 허물벗을 열, 느릿할 태
贖(貝 22획) 벗길 속, 속바칠 속, 바꿀 속

자기 수행, 자기 공부가 충실치 못하면
남을 가르치기가 어렵다.
자기실력을 갖추지 못하면 남을 제도하
기 힘드는 법.

然 / 豈無戒行 / 受他供給 / 無行空身
연 기 무 계 행 수 타 공 급 무 행 공 신

그럴	어찌	없을	경계할	갈	받을	남	바칠	줄	없을	행할	빌	몸
1	1	3	2		3	1	2		2	1	3	4

◈ 직 역

그러하니 / 어찌 계행없이 하고 /
다른 이의 공급을 받으리요 /
행이 없는 빈 몸은

◈ 낱말해설

계행 : 계법에 맞는 행동. 계율에 합당한 행.
공급 : 물품을 제공함.
공신 : 가치없는 몸.

◈ 영 역

So why do you, who violate the precepts
receive that which is provided by others?
If you neglect to practice,

◈ 한자풀이

然(火 12획) 그럴 연, 그러할 연, 이에 연, 곧 연
豈(豆 10획) 어찌 기, 일찍이 기, 즐길 개
無(火 12획) 없을 무, 아닐 무, 말 무
行(行 6획) 갈 행, 행할 행, 다닐 행, 흐를 행
受(又 8획) 받을 수, 어조사 수
他(亻 5획) 남 타, 다를 타, 겹칠 타
供(亻 8획) 바칠 공, 공물 공, 이바지할 공
給(糸 12획) 줄 급, 넉넉할 급
空(穴 8획) 빌 공, 구멍 공, 막힐 공
身(身 7획) 몸 신, 나라이름 연

공부되지 않는 빈 껍데기의 몸은
아무런 가치가 없다.

養無利益 / 無常浮命 / 愛惜不保
양 무 이 익 무 상 부 명 애 석 불 보

기를	없을	이로울	이로울		없을	항상	뜰	목숨		사랑	아낄	아닐	보전할
1	3	2			2	1	3	4		1	2	4	3

◆ 직 역

길러도 이익이 없음이요 /
덧없는 뜬 목숨은 /
애착하여 아껴도 보존치 못하니라

◆ 낱말해설

이익 : 그만한 가치.
부명 : 기약없는 목숨.
애석 : 애착하여 아낌.
불보 : 오래 유지할 수 없음.

◆ 영 역

it does not benefit you in the least to
merely maintain your physical body
And all your concern for this transient,
fleeting life will not preserve it.

◆ 한자풀이

養(食 15획) 기를 양, 봉양할 양
利(刂 7획) 이로울 리, 예리할 리, 기술 리
益(皿 10획) 이로울 익, 더할 익, 넘칠 일
常(巾 11획) 항상 상, 보통 상, 통례 상
浮(氵 10획) 뜰 부, 띄울 부
命(口 8획) 목숨 명, 운명 명, 명령 명
愛(心 13획) 사랑 애, 사랑할 애, 그리워할 애
惜(忄 11획) 아낄 석, 아까워할 석, 아까울 석
保(亻 9획) 보전할 보, 지킬 보, 포대기 보

아무리 먹고 먹어도 목숨이 다하면
한 줌의 재로 남는다.
끝내 배신하고 말 가죽포대기에
너무 많이 넣지 말라.

望龍象德 / 能忍長苦 / 期獅子座
망 용 상 덕 능 인 장 고 기 사 자 좌

바랄	용	코끼리	큰		능할	참을	길	괴로울		기약할	사자	아들	자리
2	1				1	4	2	3		2			1

◆ 한자풀이

용상덕을 바라 /
능히 긴 괴로움을 참고 /
사자좌를 기약하여

◆ 낱말해설

용상 : 용과 코끼리. 최고의 동물.
용상덕 : 용상의 덕. 최고의 덕. 대덕. 큰스님.
사자좌 : 부처님이 앉으시는 자리. 부처님.

◆ 영 역

If you're set your sights on the virtue of
the great masters, You must endure even
the longest hardships.
Once you've set out for the lion throne,

◆ 한자풀이

望(月 11획) 바랄 망, 바라볼 망, 원망할 망
龍(龍 16획) 용 룡, 잡색 방, 언덕 롱, 사랑할 총
象(豕 12획) 코끼리 상, 모양 상, 법도 상
德(彳 15획) 큰 덕, 덕 덕, 복덕
能(月 10획) 능할 능, 별이름 태, 견딜 내
忍(心 7획) 참을 인, 질길 인
苦(艹 9획) 괴로울 고, 쓸 고, 멀미 고
期(月 12획) 기약할 기, 바랄 기, 기한 기
獅(犭 13획) 사자 사

큰 스님이 되고져 하면 어렵고 힘든 과정
을 참아라. 역경을 견뎌내지 않고는 큰
일을 이룰 수 없다.
역경은 귀찮은 대상이 아니라 큰 일을 이
루게 하는 필수조건이요 과정일 뿐이다.

永背欲樂 / 行者心淨 / 諸天共讚
영 배 욕 락　행 자 심 정　제 천 공 찬

길	등질	바랄	즐거울	갈	사람	마음	깨끗할	모든	하늘	함께	칭찬할
1	3	2		1	2	3		1	2	3	4

◈ 직　역

길이 욕락을 등질지니라 / 수행자의 마음이
깨끗하면 / 모든 하늘이 함께 칭찬하고

◈ 낱말해설

영배 : 영원히 등짐.
욕락 : 욕심과 쾌락.
제천 : 28천. 욕계, 색계, 무색계의 모든 하늘.
　　　여기서는 하늘의 주인인 천주, 신장들을
　　　일컬음.
공찬 : 모두 다같이 칭찬함.

◈ 영　역

You must forever leave all your desires
behind you.
When the cultivator's mind is pure,
All the devas bow in praise of him.

◈ 한자풀이

永(水 5획)　길 영, 읊을 영
背(月 9획)　등질 배, 배반할 배, 등 배
欲(欠 11획)　바랄 욕, 하고자할 욕, 순할 욕
樂(木 15획)　즐거울 락, 풍류 악, 좋아할 요
行(行 6획)　갈 행, 다닐 행, 돌 행
淨(氵 11획)　깨끗할 정, 깨끗이할 정, 악역 정
諸(言 16획)　모든 제, 성 차, 두꺼비 저
共(八 6획)　함께 공, 공손할 공, 향할 공
讚(言 26획)　칭찬할 찬, 도울 찬, 인도할 찬

마음을 잘 닦은 깨끗한 수행자는
주위 사람들로부터 칭찬을 듣는다.
그 한사람으로 인해 그를 칭찬하는
온 사람의 입이 거룩하여진다.

道人戀色 / 善神捨離 / 四大忽散
도 인 연 색　선 신 사 리　사 대 홀 산

길	사람	그리워할	빛	착할	신	버릴	떠날	넉	큰	문득	흩어질
1		3	2	1		2	3		1	2	3

◈ 직　역

도인이 색을 그리워하면 /
선신이 버리고 떠나니라 /
사대가 문득 흩어짐이라

◈ 낱말해설

연색 : 이성에 집착함.
사리 : 버리고 떠남.
사대 : 육신의 구성요소인 지, 수, 화, 풍 네가지.
　　　즉 딱딱함, 물기운, 온기, 바람기운.
홀산 : 홀연히 흩어짐.

◈ 영　역

When a follower of the Way loves
lasciviousness, The good spirits leave him.
At death, when the four elements of the
body scatter,

◈ 한자풀이

道(辶 13획)　길 도, 도 도, 순할 도
戀(心 23획)　그리워할 련, 그리움 련, 성 련
色(色 6획)　빛 색, 종류 색, 꾸밀 색
善(口 12획)　착할 선, 친할 선, 길할 선
神(示 10획)　신 신, 귀신 신, 혼 신
捨(扌 11획)　버릴 사, 베풀 사
離(隹 19획)　떠날 리, 떨어질 리, 흩어질 리
大(大 3획)　큰 대, 클 태, 클 다
忽(心 8획)　문득 홀, 소홀히할 홀, 갑자기 홀
散(攵 12획)　흩어질 산, 비틀거릴 산, 겨를 산

도 닦는 사람이 처자식에 묻히면
신장이 돌보지 아니한다.
수행자여,
고고하게 혼자 그 길을 가라.

不保久住／今日夕矣／頗行朝哉
불 보 구 주　금 일 석 의　파 행 조 재

아닐	보전할	오랠	머무를	이제	날	저녁	어조사	빠를	갈	아침	어조사
4	3	1	2	1		2	3	1	3	2	4

◈ 직　　역
오래 머물러 보존치 못하리니／
금일 저녁이라／
빨리 아침으로 갈 것인데

◈ 낱말해설
불보 : 오래 지속되지 못함.
구주 : 오래 머무름.
석의 : '벌써 저녁이구나' 하는 한탄.
행조 : 아침으로 내달려 감.

◈ 영　　역
You cannot preserve the body and
remain in it any longer.
Today evening has already arrived;
Tomorrow morning will soon be here.

◈ 한자풀이
保(亻 9획)　보전할 보, 도울 보, 의지할 보
久(ノ 3획)　오랠 구, 오래기다릴 구,
　　　　　　오래머무를 구
住(亻 7획)　머무를 주, 살 주
今(人 4획)　이제 금, 혹은 금, 이에 금
夕(夕 3획)　저녁 석, 밤 석, 저녁에뵐 석
矣(矢 7획)　어조사 의
頗(頁 14획)　빠를 파, 자못 파, 치우칠 파
朝(月 12획)　아침 조, 고을이름 주, 처음 조
哉(口 9획)　어조사 재, 처음 재, 재난 재

몸뚱아리는 그리 오래 버리지 못하나니
빨리 가는 이 세월을
어찌 잡을 것인가.

世樂後苦／何貪着哉／一忍長樂
세 락 후 고　하 탐 착 재　일 인 장 락

인간	즐거울	뒤	괴로울	어찌	탐할	붙을	어조사	한	참을	길	즐거울
1	2	3	4	1	2	3		1	2	3	4

◈ 직　　역
세상의 낙이 후에는 고통이거늘／
어찌 탐착하며／
한번 참음이 길이 즐거움이거늘

◈ 낱말해설
세락 : 세상의 일시적 쾌락.
탐착 : 탐하고 집착함.
일인 : 한번 참음. 크게 참음.
장락 : 오랜 즐거움.

◈ 영　　역
Worldly pleasures are unsatisfactory why
do you greedily cling to them?
Enduring joy can be won through a
single effort in patience;

◈ 한자풀이
世(一 5획)　인간 세, 시세 세, 세대 세
樂(木 15획)　즐거움 락, 풍류 악, 좋아할 요
後(亻 9획)　뒤 후, 뒤질 후, 뒤로미룰 후
苦(卄 9획)　괴로울 고, 쓸 고, 멀미 고
何(亻 7획)　어찌 하, 무엇 하, 짐 하
貪(貝 11획)　탐할 탐, 탐 탐, 탐구할 탐
着(羊 12획)　붙을 착, 신을 착, 입을 착
哉(口 9획)　어조사 재, 비롯할 재, 성 재
忍(心 7획)　참을 인, 질길 인
長(長 8획)　길 장, 클 장, 늘 장

복도 다 누리면 고통이 될 수 있으니 참
을 일은 참아서 끊임없이 복을 쌓아라.

何不修哉／道人貪／是行者羞恥
하 불 수 재　도 인 탐　시 행 자 수 치

어찌 아닐 닦을 어조사　길 사람 탐할　이 갈 사람 부끄러울 부끄러울
1　3　2　4　　1　　2　　3　1　　2

◈ 직　역
어찌 닦지 않으리오／
도인의 탐은／
수행자의 수치요

◈ 낱말해설
도인 : 도 닦는 이. 도를 이룬 사람.
탐 : 집착함.
행자 : 수행자. 공부 중에 있는 사람.
수치 : 부끄러움.

◈ 영　역
Why won't you practice?
Those who practice feel shame to see a
seeker of the Way who remains attached
to greed.

◈ 한자풀이
何(亻 7획) 어찌 하, 무엇 하, 어느 하
修(亻 10획) 닦을 수, 다스릴 수, 갖출 수
哉(口 9획) 어조사 재, 비롯할 성
道(辶 13획) 길 도, 순할 도, 인도할 도, 말할 도
貪(貝 11획) 탐할 탐, 탐구할 탐, 탐 탐
是(日 9획) 이 시, 옳을 시, 대저 시
行(行 6획) 갈 행, 다닐 행, 돌 행, 행할 행
者(耂 9획) 사람 자, 놈 자, 사람 자, 곳 자,
　　　　　어조사 자
羞(羊 11획) 부끄러울 수, 바칠 수
恥(心 10획) 부끄러울 치, 부끄럼 치, 욕보일 치

마음 닦는 이가 자기 욕심만을 위해 살
면 참으로 부끄러운 일이다.

出家富／是君子所笑／遮言不盡
출 가 부　시 군 자 소 소　차 언 부 진

날 집 넉넉할　이 임금 아들 바 웃을　막을 말씀 아닐 다할
1　2　　4　　1　　3　　2　　1　　2　4　3

◈ 직　역
출가자의 부는／
군자의 웃을 바니라／
막는 말이 다함이 없거늘

◈ 낱말해설
출가 : 출가자를 일컬음.
군자 : 덕행이 높은 사람.
소소 : 웃을 바. 웃음거리.

◈ 영　역
The virtuous man laughs at the seeker
who forsakes the householders' life but is
still wealthy.
Words, such as these written here, go on
and on,

◈ 한자풀이
出(凵 5획) 날 출, 낼 추
家(宀 10획) 집 가, 남편 가, 아내 가, 대부 가
富(宀 12획) 넉넉할 부, 부자 부, 성할 부
君(口 7획) 임금 군, 부모 군, 조상 군, 스승 군
所(戶 8획) 바 소, 지위 소, 만일 소
笑(竹 10획) 웃을 소, 웃음 소
遮(辶 15획) 막을 차, 이 차
言(言 7획) 말씀 언, 말 언, 말할 언, 여쭐 언
不(一 4획) 아닐 불, 아니할 불, 아닌가 불,
盡(皿 14획) 다할 진, 진력할 진, 다될 진

사찰 살림은 넉넉해야 하지만
스님 개인은 가난해야 한다.
사찰은 전체 회향을 위해 존재하지만
스님은 개인 수행자이기 때문이다.

탐할	붙을	아닐	그칠	차례	두	없을	다할	아닐	끊을	사랑	붙을
1	3	2		1	3	2		3	2	1	

◈ 직 역

탐착을 그치지 아니하며／
'제 2'가 다함이 없거늘／
애착을 끊지 못하며

◈ 낱말해설

탐착 : 탐심과 집착. 탐으로 인한 집착.
제이 : 다음, 다음하고 미룸.
애착 : 애착과 집착. 집요한 집착.
부단 : 그만두지 못함.

◈ 영 역

Yet, clinging attachment does not come
to an end.
Next time, you always say, yet you fail to
put an end to clinging.

◈ 한자풀이

貪(貝 11획) 탐할 탐, 탐구할 탐, 탐 탐
着(羊 12획) 붙을 착, 입을 착, 신을 착
已(己 3획) 그칠 이, 이미 이, 버릴 이
第(竹 11획) 차례 제, 집 제, 순서정할 제
無(火 12획) 없을 무, 아닐 무, 말 무
盡(皿 14획) 다할 진, 다 진, 가령 진, 성 진
斷(斤 18획) 끊을 단, 결단할 단
愛(心 13획) 사랑 애, 사랑할 애, 아낄 애

나쁜 일 하지 말고
좋은 일 어서 행하라.
나쁜 일은 한 뒤에 번민생기고
좋은 일은 한 뒤에 행복생긴다.

이	일	없을	한정	인간	일	아닐	버릴	저	피	없을	끝
1	2	4	3	1	2	4	3	1	2	4	3

◈ 직 역

이 일이 한이 없거늘／
세상일을 버리지 못하며／
저 꾀함이 끝이 없거늘

◈ 낱말해설

차사 : 이번만, 이번만 하는 다짐이나 말.
세사 : 세상의 쓸데없는 일.
피모 : 그러한 시도. 그러한 생각.

◈ 영 역

clinging goes on and on, Yet you fail to
renounce worldly matters.
Your mind is filled with endless devious
plans,

◈ 한자풀이

此(止 6획) 이 차, 이에 차
事(亅 8획) 일 사, 섬길 사, 다스릴 사, 부릴 사
無(火 12획) 없을 무, 아닐 무, 말 무
限(阝 9획) 한정 한, 지경 한, 문지방 한,
      기한 한
世(一 5획) 인간 세, 시세 세, 세대 세
捨(扌 11획) 버릴 사, 베풀 사
彼(彳 8획) 저 피, 그 피, 아닐 피
謀(言 16획) 피 모, 꾀할 모
際(阝 14획) 끝 제, 사이 제, 이어질 제

미련두지 말고 버릴 것은
과감히 버려라.
특히, 삼독심에 관한 한.

絶心不起／今日不盡／造惡日多
절 심 불 기 금 일 부 진 조 악 일 다

끊을	마음	아닐	일어날	이제	날	아닐	다할	지을	나쁠	날	많을
1	2	4	3	1	3	2	2	1	3	4	

◈ 직 역

끊을 마음을 일으키지 않도다／
금일이 다함이 없거늘／
악을 짓는 날이 많으며

◈ 낱말해설

절심 : 나쁜 것을 끊으려는 마음.
금일 : 오늘 - 오늘만 오늘만 하는 피.
　　　 나쁜 일을 하면서도 오늘만 하겠다는 생각
　　　 이나 시도.
조악 : 악업을 지음.

◈ 영 역

Yet you do not make up your mind to
put an end to them.
Today, you always say, yet you continue
to perform evil actions every day.

◈ 한자풀이

絶(糸 12획) 끊을 절, 절대로 절, 다할 절
心(心 4획) 마음 심, 염통 심, 가슴 심
不(一 4획) 아닐 불, 아니할 불, 아닌가 불
起(走 10획) 일어날 기, 일으킬 기, 다시 기
今(人 4획) 이제 금, 곧 금, 성 금
日(日 4획) 날 일, 태양 일, 기한 일
盡(皿 14획) 다할 진, 다 진, 가령 진
造(辶 11획) 지을 조, 시작할 조, 이를 조
惡(心 12획) 나쁠 악, 미워할 오, 탄식할 오
多(夕 6획) 많을 다, 클 다, 두터울 다

악 짓는 날을 더 이상 만들지 말라.
부처님 정법 안에 편히 쉬면서
옳지 못한 그 마음을 단속하여라.

明日無盡／作善日少／今年不盡
명 일 무 진 작 선 일 소 금 년 부 진

밝을	날	없을	다할	지을	착할	날	적을	이제	해	아닐	다할
1	3	2		2	1	3	4	1	3	2	

◈ 직 역

명일이 다함이 없거늘／
선을 짓는 날이 적으며／
금년이 다함이 없거늘.

◈ 낱말해설

명일 : 내일 - 내일하지 내일하지 하는 피. 좋은 일
　　　 인데도 내일로 미루려는 생각이나 의도.
작선 : 선업을 지음
금년 : 올해 - 올해 만하지 하는 생각이나 시도.

◈ 영 역

I'll do tomorrow, you always say, yet few
are the days when you really do
something good.
This year, you always say,

◈ 한자풀이

明(日 8획) 밝을 명, 나타날 명, 밝힐 명
無(火 12획) 없을 무, 아닐 무, 금지할 무
盡(皿 14획) 다할 진, 다 진, 가령 진
作(亻 7획) 지을 작, 만들 주, 저주할 저
善(口 12획) 착할 선, 친할 선, 길할 선, 잘할 선
日(日 4획) 날 일, 해 일, 낮 일, 접때 일
少(小 4획) 적을 소, 젊을 소, 어릴 소
今(人 4획) 이제 금, 곧 금, 성 금
年(干 6획) 해 년, 나이 년, 아첨할 녕
不(一 4획) 아닐 불, 아니할 불, 아닌가 불

내일 내일 미루다가
좋은 일 함을 놓치지 말라.
나쁜 일할 기회는 쉽게 찾아오지만
좋은 일할 기회는 드물게 온다.

無限煩惱／來年無盡／不進菩提
무 한 번 뇌　내 년 무 진　부 진 보 리

없을	한정	번거로울	피로울	올	해	없을	다할	아닐	나아갈	보리	보리
3	2	1		1		3	2	3		2	1

◆ 직　역
번뇌가 한이 없으며／
내년이 다함이 없거늘／
보리에 나아가지 못함이로다

◆ 낱말해설
번뇌 : 마음과 몸을 괴롭히는 망념.
내년 : 오는 해. 내년에 하지 내년에 하지하는
　　　 생각이나 의도를 말함.
코리 : 우주실상의 완전한 깨달음. 지혜의 세계.
　　　 완전의 세계.

◆ 영　역
yet your defilements are without end.
Next year, you always say, yet you don't
grow in wisdom.

◆ 한자풀이
無(火 12획) 없을 무, 아닐 무, 말 무
限(阝 9획) 한정 한, 심할 은
煩(火 13획) 번거로울 번, 번민할 번,
　　　　　 어지러울 번
惱(忄 12획) 괴로울 뇌, 피로워할 노
來(人 8획) 올 래, 어조사 래, 위로할 래
年(干 6획) 해 년, 나이 년
盡(皿 14획) 다할 진, 다 진, 가령 진
進(辶 12획) 나아갈 진, 추천할 진, 다할 진
菩(艹 12획) 보리 보, 모사풀 배, 풀이름 발
提(扌 12획) 보리 리, 끌 제, 날 시, 끊을 제

좋지 않은 일은 오늘 그만두고
좋은 일은 내일로 미루지 말라.

時時移移／速經日夜／日日移移
시 시 이 이　속 경 일 야　일 일 이 이

때	때	옮길	옮길	빠를	지날	날	밤	날	날	옮길	옮길
1		2		1	3	2		1		2	

◆ 직　역
시간시간이 흘러흘러／
속히 낮밤이 지나며／
날과 날이 흘러흘러

◆ 낱말해설
시시 : 시간의 토막을 강조.
이이 : 계속 쉼없이 흘러감을 말함.
속경 : 빠르게 지나감.
일야 : 낮과 밤.

◆ 영　역
The hours pass,
And too soon a day and night are over.
The days pass,

◆ 한자풀이
時(日 10획) 때 시, 세월 시, 이것 시
移(禾 11획) 옮길 이, 여유있을 이, 클 치
速(辶 11획) 빠를 속, 자주 속
經(糸 13획) 지날 경, 날 경, 비롯할 경
日(日 4획) 날 일, 낮 일, 나날 일
夜(夕 8획) 밤 야, 고을이름 액

시간은 잠시 잠깐이라,
돌아서면 하루해 진다.
하루해 지고 나면 허망하기 짝이 없는
데 흔히 사람들은 그 일을 수도 없이
반복해 간다.

速經月晦 / 月月移移 / 忽來年至
속 경 월 회 월 월 이 이 홀 래 년 지

빠를	날	달	그믐	달	달	옮길	옮길	홀연	올	해	이를
1	4	2	3	1	2	3	4	1	4	2	3

◈ 직 역

속히 보름 그믐이 지나며 /
달과 달이 흘러흘러 /
홀연히 연말이 오며

◈ 낱말해설

월회 : 보름 그믐. 또는 월말.
월월 : 한달 한달.
홀래 : 홀연히 다가옴. 빨리 옴.
년지 : 년에 이르름. 연말을 맞음. 연말.

◈ 영 역

And soon it's the last day of the month.
The months pass, And suddenly another
new year has come.

◈ 한자풀이

速(辶 11획) 빠를 속, 자주 속, 부를 속
經(糸 13획) 날 경, 지날 경, 비롯할 경
月(月 4획) 달 월, 세월 월, 다달이 월
晦(日 11획) 그믐 회, 어두울 회, 희미할 회
移(禾 11획) 옮길 이, 보낼 이, 전할 이
忽(心 8획) 홀연 홀, 소홀히할 홀, 잊을 홀
來(人 8획) 올 래, 어조사 래, 위로할 래
年(干 6획) 해 년, 나이 년
至(至 6획) 이를 지, 지극할 지, 이발할 질

초하루가 금방금방 닥치나니
일년 또한 빨리 지나간다.
달 차고 달 이지러짐에 무감각하면
자기 인생은 그 달 스치는
허망한 한조각 구름이 되리라.

年年移移 / 暫到死門 / 破車不行
연 년 이 이 잠 도 사 문 파 거 불 행

해	해	옮길	옮길	잠시	이를	죽을	문	깨질	수레	아닐	갈
1	2	3	4	1	4	2	3	1	2	4	3

◈ 직 역

해와 해가 흘러흘러 /
잠시 죽음의 문에 이르나니 /
부서진 수레는 움직이지 못함이요

◈ 낱말해설

년년 : 한해 한해.
사문 : 죽음을 의미함.
불행 : 움직이지 못함.

◈ 영 역

The years pass,
And in the blinking of an eye,
We find ourselves at death door.
A broken cart cannot be driven.

◈ 한자풀이

暫(日 15획) 잠시 잠, 갑자기 잠
到(刂 8획) 이를 도, 주밀할 도, 속일 도
死(歹 6획) 죽을 사, 죽음 사, 망할 사
門(門 8획) 문 문, 집 문, 문칠 문
破(石 10획) 깨질 파, 깨트릴 파, 무너질 피
車(車 7획) 수레 거, 수레 차, 성 차
不(一 4획) 아닐 불, 아닌가 불, 클 비
行(行 6획) 갈 행, 다닐 행, 행할 행

한살한살 나이차서 금방 늙어지나니
누가 자기 인생을 대신 해주랴.

92

老人不修 / 臥生懈怠 / 坐起亂識
노 인 불 수   와 생 해 태   좌 기 난 식

늙을	사람	아닐	닦을	누울	날	게으를 게으를	앉을	일어날	어지러울	알
1	3	2	1	3		2	1	4	2	3

◆ 직   역

늙은 사람은 닦지 못함이라 /
누워서 게으름을 피우고 /
앉아서 어지러운 생각을 일으킴이니라

◆ 낱말해설

노인 : 늙은 사람. 의식이 없는 인간.
해태 : 게으름.
난식 : 어지러운 생각. 온갖 망상.

◆ 영   역

When you're an old man, You cannot
begin to practice.
When you lid down, You will succumb
to laziness.
And when you sit, Your mind
will be overwhelmed with stray thoughts.

◆ 한자풀이

老(老 6획) 늙을 로, 익숙할 로, 우두머리 로
人(人 2획) 사람 인, 사람마다 인, 남 인
臥(臣 8획) 누울 와, 쉴 와, 침실 와
生(生 5획) 날 생, 살 생, 생계 생
懈(忄 16획) 게으를 해, 게으름 해
怠(心 9획) 게으를 태, 게으름 태, 업신여길 태
坐(土 7획) 앉을 좌, 무릎꿇을 좌, 지킬 좌
起(走 10획) 일어날 기, 오를 기, 더욱 기
亂(乙 13획) 어지러울 난, 다스릴 난, 난리 난
識(言 19획) 알 식, 적을 지, 기치

늙어지면, 체력이 달려 공부 못하고
누워서 온갖 어지러운 생각만 해댄다.

幾生不修 / 虛過日夜 / 幾活空身
기 생 불 수   허 과 일 야   기 활 공 신

거의	날	아닐	닦을	빌	지날	날	밤	얼마	살	빌	몸
1	2	4	3	1	3		2	2	3		1

◆ 직   역

거의 생을 닦지 않았거늘 /
헛되이 낮과 밤을 지내며 /
빈 몸으로 얼마나 살겠기에

◆ 낱말해설

기생 : 거의 한평생.
　　　 인생에 있어서 대부분 시간을 말함.
허과 : 헛되이 지냄.
일야 : 낮밤. 세월. 시간.
공신 : 든 것 없는 빈 몸뚱아리.

◆ 영   역

For many lifetimes, you have failed to
practice,
Passing your days and nights in vain.
Having lived many lifetimes in vain,

◆ 한자풀이

幾(幺 12획) 거의 기, 몇 기, 기미 기
不(一 4획) 아닐 불, 아닌가 부, 클 비
修(亻 10획) 닦을 수, 다스릴 수, 다스려질 수
虛(虍 12획) 빌 허, 비울 허, 공허 허
過(辶 13획) 지날 과, 지낼 과, 예전 과
日(日 4획) 날 일, 낮 일, 나날 일
夜(夕 8획) 밤 야, 새벽 야, 침실 야
活(氵 9획) 살 활, 물흐를 괄
空(穴 8획) 빌 공, 하늘 공, 공간 공
身(身 7획) 몸 신, 나라이름 연

놀고 지낸 세월 깊이 반성해
낮, 밤을 가리지 말고 정진하라.
믿음의 쟁기로 정진의 밭갈이 하면
성불의 수확을 얻는다.

一生不修 / 身必有終 / 後身何乎
일 생 불 수　　신 필 유 종　　후 신 하 호

한 1	날 3	아닐 2	닦을 1	몸 2	반드시 4	있을 3	마칠 1	뒤 2	몸 3	어찌 4	어조사

◈ 직　역

일생 닦지 아니 하리오/
몸은 반드시 마침이 있으리니/
뒷몸은 어찌하랴

◈ 낱말해설

일생 : 한평생.
유종 : 끝이 있음. 죽음을 의미함.
후신 : 다음 생에 받을 몸.
하호 : 어찌 하겠는가.

◈ 영　역

Will you again fail to practice during this
lifetime?
This body will inevitably come to an end;
Who knows what body you will have
next time?

◈ 한자풀이

一(一 1획)　한 일, 한번 일, 처음 일
生(生 5획)　날 생, 목숨 생, 살 생
修(亻 10획)　닦을 수, 다스릴 수, 길 수
身(身 7획)　몸 신, 몸소 신, 줄기 신
必(心 5획)　반드시 필, 오로지 필, 성 필
有(月 6획)　있을 유, 가질 유, 고를 유
終(糸 11획)　마칠 종, 끝날 종, 마침내 종
後(彳 9획)　뒤 후, 뒤질 후, 뒤로미룰 후,
何(亻 7획)　어찌 하, 짐 하
乎(丿 5획)　어조사 호, 인가 호

수행하지 않은 빈껍데기 몸으로
살아서 무엇하랴.
그리고 다음 생 몸은 또 어찌하랴.

莫速急乎 / 莫速急乎
막 속 급 호　　막 속 급 호

없을 2	빠를 1	급할 3	어조사	없을 2	빠를 1	급할 3	어조사

◈ 직　역

급하지 아니하며/급하지 아니한가

◈ 낱말해설

속급 : 빠르고 급함. 촌각을 다투는 상황.

◈ 영　역

Isn't this an urgent matter?
Isn't this an urgent matter?

◈ 한자풀이

莫(卄 11획)　없을 막, 저물 모, 공허할 멱,
　　　　　　　온화할 맥
速(辶 11획)　빠를 속, 자주 속
急(心 9획)　급할 급, 갑자기 급, 빠를 급
乎(丿 5획)　어조사 호, 그런가 호

참으로 급한 일이다.
정진하고 정진하라.

自警文

고려, 나옹화상의 제자 야운(野雲)스님께서 지은 글.
스스로를 일깨우고 경책하는 내용을 담고 있음.
(총 1987字로 구성)

自警文／主人公／聽我言／幾人／得道空門裏
자 경 문　주 인 공　청 아 언　기 인　득 도 공 문 리

스스로 경계할 글월／주인 사람 주인／들을 나 말씀／거의 사람／얻을 길 빌 문 속
1　2　3　1　1　1　3　1　2　1　2　4　3　1　2

◈ 직　역

스스로 경책하는 글／주인공아!／
나의 말을 들어라／대부분의 사람들이／
공문 속에서 도를 얻었거늘

◈ 낱말해설

기인 : 대부분 사람. 거의 모든 사람.
주인공 : 참다운 나. 본래면목. 중생의 참 주인인
　　　　　마음을 높여 부르는 대명사.
공문 : 공사상을 근본으로 하는 문.
　　　 불문(佛門)을 일컬음.

◈ 영　역

My own true self! Listen carefully!
There have been so many people
who have achieved enlightenment by
dissolving all attachments and aversions.

◈ 한자풀이

自(自 6획)　스스로 자, 저절로 자, 어조사 자
警(言 20획)　경계할 경, 놀랄 경, 경계 경
文(文 4획)　글월 문, 무늬 문, 꾸밀 문
主(丶 5획)　주인 주, 임금 주, 우두머리 주
公(八 4획)　주인 공, 공변될 공, 임금 공
聽(耳 22획)　들을 청, 기다릴 청, 마을 청
幾(幺 12획)　거의 기, 몇 기, 어찌 기
得(彳 11획)　얻을 득, 탐할 득, 만족할 득
空(穴 8획)　빌 공, 하늘 공, 쓸쓸할 공
裏(衣 13획)　속 리, 안 리

「스스로 다짐합니다.」
슬한 사람들이 부처님 법을
배워 익혀 진리를 체득하였다.

汝何長輪苦趣中／汝自無始已來／至于今生
여 하 장 륜 고 취 중　여 자 무 시 이 래　지 우 금 생

너 어찌 길 바퀴 피로울 갈래 가운데／너 스스로 없을 비로소 이미 올／이를 어조사 이제 날
1　2　6　7　3　4　5　1　4　2　3　3　2　1

◈ 직　역

너는 어찌하여 고통의 갈래 가운데
길이 윤회하는고／
너가 비롯함이 없는 이래로부터／
금생에 이르기까지

◈ 낱말해설

고취 : 고통의 세계.
자(自) : …로 부터. 스스로.
무시 : 비롯함이 없음. 시작 없는 아득한 과거.

◈ 영　역

Why do you still linger within the realms
of suffering and defilements?
For endless lives,

◈ 한자풀이

汝(彳 6획)　너 여, 물이름 여
何(亻 7획)　어찌 하, 짐 하
輪(車 15획)　바퀴 륜, 탈것 륜, 둥글 륜
苦(艹 9획)　괴로울 고, 쓸 고, 지칠 고
趣(走 15획)　갈래 취, 뜻 취, 재촉할 촉
始(女 8획)　비로소 시, 처음 시, 근본 시
已(己 3획)　이미 이, 마칠 이, 너무 이 以와 통용
來(人 8획)　올 래, 위로할 래
至(至 6획)　이를 지, 지극할 지, 가벼이발할 질
于(二 3획)　어조사 우, 감탄할 우

자신도 어서 빨리
윤회의 굴레를 벗어나길 서원하노라.
그리고 사바세계의 일체중생들을 하나
도 남김없이 제도할 것을 발원 하노라.

97

背覺合塵／墮落愚癡
배 각 합 진 타 락 우 치

등질	깨달을	합할	이끌	떨어질	떨어질	어리석을	어리석을
2	1	4	3	2			1

◈ 직　역
깨달음을 등지고 번뇌에 합하고／
우치에 떨어져

◈ 낱말해설
배각 : 깨달음을 추구하지 않음.
합진 : 번뇌에 끄달림.
타락 : 떨어짐.
우치 : 어리석음.

◈ 영　역
you have turned your back on your true
nature, and through clinging and
attachments have fallen into ignorance.

◈ 한자풀이
背(月 9획)　등질 배, 배반할 배, 등 배
覺(見 20획)　깨달을 각, 나타낼 각, 높을 각
合(口 6획)　합할 합, 홉 홉
塵(土 14획)　이끌 진, 대 진, 묵을 진
墮(土 15획)　떨어질 타, 빠질 타, 게으를 타
落(艹 13획)　떨어질 락, 버릴 락, 낙엽 락
愚(心 13획)　어리석을 우, 우직할 우
癡(广 19획)　어리석을 치, 미칠 치

수많은 억겁의 세월동안,
깨달음의 길은 전혀 생각지 않고
온통 쓸데없는 일에만 신경을 써왔으니
스스로 생각해도 한심스러운 것이다.
남을 위해 산 삶은 반푼어치 없었으니
이 생에 복이 부족하여, 살아가는데 어
려움이 많음은 당연할 일인가 한다.

恒造眾惡而入三途之苦輪
항 조 중 악 이 입 삼 도 지 고 륜

항상	지을	무리	나쁠	말이을	들	석	길	갈	피로울 바퀴륜
1	4	2	3	5	9	6	7		8

◈ 직　역
항상 온갖 악을 지어 삼악도의
고통 굴레에 들어가며

◈ 낱말해설
중악 : 온갖 나쁜 악.
삼도 : 지옥, 아귀, 축생의 삼악도.
　　　반면에, 천상, 인간, 아수라는 삼선도라 함.
고륜 : 괴로움의 윤회.

◈ 영　역
Committing all kinds of unwholesome
acts, you enter the painful karmic rebirth
among three realm.

◈ 한자풀이
恒(忄 9획)　항상 항, 뻗칠 긍
造(辶 11획)　지을 조, 시작할 조, 이룰 조
眾(血 12획)　무리 중, 많을 중, 군신 중
惡(心 12획)　나쁠 악, 미워할 오, 어찌 오
而(而 6획)　말이을 이, 편안할 능
途(辶 11획)　길 도
之(丿 4획)　갈 지, 이를 지, 이것 지

참으로 어리석기 짝이 없어서
온갖 나쁜 짓을 저질러
수도 없이 고통의 과보를 받아왔다.

아닐 닦을 모든 착할 말이을 빠질 넉 날 갈 업 바다　몸 따를 여섯 도둑 까닭
3 2 1 4 8 5 7 6　1 3 2 4

◈ 직 역

모든 선을 닦지 않음으로 그러히
사생의 업바다에 빠지도다／
몸은 육적을 따르는 까닭으로

◈ 낱말해설

사생 : 태, 난, 습, 화생 모든 중생.
업해 : 넓고 큰 업보의 세계.
육적 : 깨달음을 방해하는 여섯 가지 도적.
　　　안이비설신의 대상 즉, 육진 육경의 세계.

◈ 영 역

while not cultivating the roots of
goodness, you have repeatedly fallen into
the sea of karmic rebirth as one of the
four types of lives.
The body follows the six senses.

◈ 한자풀이

諸(言 16획) 모든 제, 어조사 제, 무릇 제, 성 차
善(口 12획) 착할 선, 친할 선, 길할 선
沈(氵 7획) 빠질 침, 성 심
業(木 13획) 업 업, 공 업, 이미 업
海(氵 10획) 바다 해, 바다물 해, 성해
身(身 7획) 몸 신, 나라이름 견
隨(阝 16획) 따를 수, 거느릴 수, 갈 수
賊(貝 13획) 도둑 적, 해칠 적, 그르칠 적

착한 일이라곤
하나도 한 바가 없어서
지금껏 중생노릇을 면키 어렵다.

혹 떨어질 나쁠 갈래 곧 극진할 매울 극진할 피로울　마음 등질 한 탈 까닭
1 3 2 4 5 6 5 6　1 3 2 4

◈ 직 역

혹 악도에 떨어진 즉 극히 신고하고／
마음은 일승을 등진 까닭으로

◈ 낱말해설

악취 : 악도. 나쁜 세계.
신고 : 맵고 고통스러움. 형언키 어려운 고통.
일승 : 완전한 하나의 세계. 종국의 부처님 세계.
　　　진리의 세계.

◈ 영 역

Thus you will suffer immensely if they
lead you to be reborn in an
unwholesome place.
Having turned your back upon the
transcendental teachings of the Buddha,

◈ 한자풀이

或(戈 8획) 혹 혹, 혹시 혹
惡(心 12획) 나쁠 악, 모질 악, 흉년들 악
趣(走 15획) 갈래 취, 뜻 취, 재촉할 촉
則(刂 9획) 곧 즉, 곧 측, 법 측, 법 칙
極(木 13획) 극진할 극, 다할 극, 잦을 극
辛(辛 7획) 매울 신, 괴로울 신, 슬플 신
背(月 9획) 등질 배, 등 배, 죽을 배
乘(丿 10획) 탈 승, 대 승
故(攵 9획) 까닭 고, 예 고, 짐짓 고

늘 바깥경계에 끄달려서
정신 못 차렸으니
이제라도 마음 공부에 전념할 일이다.

혹	날	사람	길	곧	부처님	앞	부처님	뒤	이제	또한	다행	얻을	사람	몸
1	3	2	4	5	6	7	8		1	2	3	6	4	5

◆ 직 역

혹 인도에 태어난 즉
부처님 전이나 부처님 후로다／
이제 또한 다행히 사람의 몸을 얻었으나

◆ 낱말해설

인도 : 사람세상. 사람의 길.
불전불후 : 부처님 오시기 이전이나
　　　　　　부처님 열반 이후.

◆ 영 역

even if you are able to be reborn in a
human realm, it will only be before or
after the appearance of a Buddha.
Fortunately, this time you have received
the body of a human,

◆ 한자풀이

或(戈 8획)　혹 혹, 혹시 혹
佛(亻 7획)　부처님 불, 불교 불, 도울 필, 일 발
前(刂 9획)　앞 전, 자를 전
後(彳 9획)　뒤 후, 뒤질 후
今(人 4획)　이제 금, 이에 금, 혹은 금
亦(亠 6획)　또한 역, 모두 역, 크게 역
得(彳 11획)　얻을 득, 만족할 득, 이룰 득

마음의 고향을 떠나 헤매인 즉
너무나 힘들고 힘들어서
부처님 품속 그리움이
골수에 사무치는구나.

바를	이	부처님	뒤	끝	인간	탄식할	어조사	아플	어조사	이	누구	허물	어조사	비록	그럴
1	5	2	3	4		1		2		1	2	3		1	2

◆ 직 역

바로 부처님 후 말세이니／
오호 애통함이라／
이 누구의 허물인가／ 비록 그러하나

◆ 낱말해설

말세 : 부처님의 교법이 유통되지 않고 정법이
　　　　외면당하는 세월. 여기서의 말세는 기독교
　　　　적인 물질의 말세가 아니고 법의 말세를
　　　　말함.
오호 : 탄식하는 소리. 감탄의 말.

◆ 영 역

but you have been born long after
the Buddha's entry into Nirvana.
This is heartbreaking,
but whose fault is it? Nevertheless,

◆ 한자풀이

正(止 5획)　바를 정, 정월 정, 다스릴 정
是(日 9획)　이 시, 옳을 시, 대저 시
末(木 5획)　끝 말, 낮을 말, 마침내 말
世(一 5획)　인간 세, 세상 세, 대 세
嗚(口 13획)　탄식할 오, 탄식소리 오
呼(口 8획)　어조사 호, 인가 호
痛(广 12획)　아플 통, 슬퍼할 통, 원망할 통
哉(口 9획)　어조사 재, 처음 재, 재난 재
誰(言 15획)　누구 수, 물을 수
過(辶 13획)　허물 과, 지날 과
雖(隹 17획)　비록 수, 짐승이름 유

사람의 몸 받은 현생에 생각해 보니
스스로의 허물 방망이가 가슴을 친다.

汝能反省／割愛出家／受持應器／着大法服
여 능 반 성 할 애 출 가 수 지 응 기 착 대 법 복

너	능할	돌이킬	살필	가를	사랑	날	집	받을	가질	응당할	그릇	입을	큰	법	옷
1	2	3	4	2	1	3	4	2	3	1	4	2	3	4	1

◈ 직　역

너는 능히 반성하여／
애착을 끊고 출가하여／
발우를 받아 가지고／대법복을 입어

◈ 낱말해설

할애 : 애착하는 마음을 끊음.
응기 : 바루. 스님들의 그릇.
대법복 : 대가사. 스님들이 입는 가사장삼.

◈ 영　역

if you sincerely repent and want to
change your direction, then cut off all
attachments to the world.
Leave home, carrying your bowls and
wearing the kasa,

◈ 한자풀이

能(月 10획) 능할 능, 별이름 태, 견딜 내
反(又 4획) 돌이킬 반, 어려울 번, 삼갈 반
省(目 9획) 살필 성, 깨달을 성, 덜 생,
　　　　　　마을 성, 가을사냥 선
割(刂 12획) 가를 할, 나눌 할, 비율 할
受(又 8획) 받을 수, 이룰 수, 어조사 수
應(心 17획) 응당할 응, 당할 응, 대답할 응
器(口 16획) 그릇 기, 성 기
着(羊 12획) 입을 착, 신을 착, 붙을 착
大(大 3획) 큰 대, 클 태, 클 다
服(月 8획) 옷 복, 입을 복, 먹을 복

다행히 인간의 몸 받고 스님까지 되었으
니 구족이 하늘에 날 경사며
산천초목 두두물물이 춤을 출 일이다.

履出塵之逕路／學無漏之妙法／如龍得水
리 출 진 지 경 로 학 무 루 지 묘 법 여 룡 득 수

밟을	날	티끌	갈	지름길	길	배울	없을	샐	갈	묘할	법	같을	용	얻을	물
5	2	1	3	4	4	1	2	3	4	1	3	2

◈ 직　역

티끌세상 벗어남의 지름길을 밟고／
무루의　묘법을 배우면／
용이 물을 얻음과 같음이요

◈ 낱말해설

경로 : 지름길.
무루 : 샘이없는 법. 완전한 법.
묘법 : 부처님의 가르침.

◈ 영　역

and take the direct path and learn the
profound Dharma, which is free of all
defilements.
Like a dragon in the ocean depths,

◈ 한자풀이

履(尸 15획) 밟을 리, 신 리
出(凵 5획) 날 출, 나갈 출, 뛰어날 출
之(丿 4획) 갈 지, 이를 지, 이것 지
逕(辶 11획) 지름길 경, 소로 경, 지날 경
路(足 13획) 길 로, 바를 로, 클 로
漏(氵 14획) 샐 루, 넘칠 루, 냄새날 루
妙(女 7획) 묘할 묘, 예쁠 묘, 젊을 묘
如(女 6획) 같을 여, 접속사 여, 만일 여
龍(龍 16획) 용 룡, 성 룡

스님은 아무나 되는 것이 아니다.
3대 선친이 공을 들인 결과며
아승지겁 세월을 부처님께 공양하고
발원한 결과이다.
그러므로 스님의 길은 거룩하고 장하다.

101

似虎靠山 / 其殊妙之理 / 不可勝言 / 人有古今
사 호 고 산　기 수 묘 지 리　불 가 승 언　인 유 고 금

같을	범	의지할	메	그	뛰어날	묘할	어조사	이치	아닐	가능할	이길	말씀	사람	있을	옛	이제
4	1	3	2	1	2	3	4	5	4	2	3	1	1	4	2	3

◈ 직　역

호랑이가 산을 의지함과 같음이라 /
그 뛰어난 묘함의 이치는 /
말로는 다할 수 없느니라 /
사람은 예와 지금이 있을지언정

◈ 낱말해설

수묘 : 절묘함.
불가승언 : 이루 말로 다 할 수 없음.
고금 : 예와 지금.

◈ 영　역

like a tiger leaning onto a big mountain,
this profound truth is utterly
inexpressible!
People have a past and present,

◈ 한자풀이

似(亻 7획)　같을 사, 이을 사, 닮을 사
虎(虍 8획)　범 호, 호랑이 호
靠(非 15획)　의지할 고, 기댈 고
其(八 8획)　그 기, 어조사 기
殊(歹 10획)　뛰어날 수, 다를 수, 죽일 수
妙(女 7획)　묘할 묘, 예쁠 묘, 젊을 묘
理(玉 11획)　이치 리, 다스릴 리, 도리 리
可(口 5획)　가능할 가, 옳을 가, 군주칭호 극
勝(力 12획)　이길 승, 견딜 승, 뛰어날 승
言(言 7획)　말씀 언, 삼갈 은, 소송할 언
有(月 6획)　있을 유, 어조사 유, 또 유

지금 절호의 시절을 맞았으니
더 이상 바랄 것이 없으며, 바깥세상에
미련 둘 아무런 이유가 없다.

法無遐邇 / 人有愚智 / 道無盛衰 / 雖在佛時
법 무 하 이　인 유 우 지　도 무 성 쇠　수 재 불 시

법	없을	멀	가까울	사람	있을	어리석을	지혜	길	없을	성할	쇠할	비록	있을	부처님	때
1	4	2	3	1	4	2	3	1	4	2	3	1	3	2	4

◈ 직　역

법에는 멀고 가까움이 없으며 /
사람은 어리석음과 지혜로움이 있을지언정 /
도에는 성함과 쇠함이 없느니라 /
비록 부처님 계신 때나

◈ 낱말해설

하이 : 멀고 가까움.
우지 : 어리석음과 지혜.
성쇠 : 성함과 쇠함.

◈ 영　역

but the Dharma is neither far nor near.
People can be wise or foolish,
but the Way is neither strong nor weak.
Even if you had lived at the time of the
Buddha,

◈ 한자풀이

遐(辶 13획)　멀 하, 길 하, 어찌 하
邇(辶 18획)　가까울 이, 가까이할 이
愚(心 13획)　어리석을 우, 우직할 우
智(日 12획)　지혜 지, 슬기 지, 슬기로울 지
盛(皿 12획)　성할 성, 담을 성
衰(衣 10획)　쇠할 쇠, 줄 최, 도롱이 사
雖(隹 17획)　비록 수, 오직 수, 밀 수
在(土 6획)　있을 재, 살필 재, 물을 재
佛(亻 7획)　부처님 불, 어그러질 불, 불교 불
時(日 10획)　때 시, 세월 시, 이것 시

사람은 의지 할 것이 못되지만
부처님 법은 완전한 의지처가 되나니
오직 정법에서 물러나지 말라.

不順佛敎則何益 / 縱値末世 / 奉行佛敎則何傷

불 순 불 교 즉 하 익　종 치 말 세　봉 행 불 교 즉 하 상

아닐	따를	부처님	가르칠	곧	무엇	이로울	비록	만날	끝	인간	받들	갈	부처님	가르칠	곧	무엇	상할
4	3	1	2	5	6	7	1	3		2	3	4	1	2	5	6	7

◈ 직 역

부처님의 가르침을 따르지 않은 즉 무슨
이익이 있으며 / 비록 말세를 만났으나 /
부처님의 가르침을 받들어 행한 즉
무슨 상함이 있으리오

◈ 낱말해설

불교 : 부처님의 가르침. 교리.
봉행 : 받들어 행함.

◈ 영 역

what would it have benefited you if you
didn't follow His teachings?
Even though you live in a period of
decadence, if you believe and live
according to Buddha's teachings, the
benefits of this will be beyond measure.

◈ 한자풀이

順(頁 12획) 따를 순, 순할 순, 화할 순
敎(攵 11획) 가르칠 교, 학교 교
則(刂 9획) 곧 즉, 곧 측, 법 측, 법 칙
益(皿 10획) 이로울 익, 더할 익, 넘칠 일
縱(糸 17획) 비록 종, 종용할 종, 바쁠 총
値(亻 10획) 만날 치, 값 치, 가질 치
末(木 5획) 끝 말, 꼭대기 말, 말세 말,
　　　　　　마침내 말
世(一 5획) 인간 세, 세대 세, 대대로 세
奉(大 8획) 받들 봉, 도울 봉, 힘쓸 봉
傷(亻 13획) 상할 상, 상처 상, 걱정 상

부처님의 가르침은
가장 가치있는 보배요
불가사의한 큰 이익의 곳간이다.

故 / 世尊 / 云 / 我如良醫 / 知病設藥 / 服與不服

고　세 존　운　아 여 량 의　지 병 설 약　복 여 불 복

까닭	인간	높을	이를	나	같을	어질	의원	알	병	베풀	약	먹을	더불	아닐	먹을
1	1	1	1	1	4	2	3	2	1	4	3	1	2	4	3

◈ 직 역

그런 까닭으로 / 세존께서 / 이르시되 /
"나는 어진 의사와 같아 /
병을 알아 약을 주노니 / 먹고 먹지 않음은

◈ 낱말해설

세존 : 부처님의 다른 호칭. 세상에 존귀하신 분.
양의 : 어진 의사. 훌륭한 의사.
여(與) : 과. 더불어.

◈ 영 역

Thus the Buddha said,
"Like a good doctor, understanding the
disease, I prescribe the appropriate
medicine.
Whether the patient refuses to take
the medicine is

◈ 한자풀이

故(攵 9획) 까닭 고, 예 고, 짐짓 고
尊(寸 12획) 높을 존, 술통 준
云(二 4획) 이를 운, 어조사 운, 돌 운
良(艮 7획) 어질 량, 무덤 랑, 도깨비 량
醫(酉 18획) 의원 의, 단술 의
病(疒 10획) 병 병, 근심 병, 앓을 병
設(言 11획) 베풀 설, 세울 설, 설령 설
藥(艹 19획) 약 약, 더울 삭, 간맞출 략
服(月 8획) 먹을 복, 옷 복, 길 복
與(臼 14획) 더불 여, 도울 여, 친할 여, 위할 여

부처님의 법은
훌륭한 의사의 처방과 같으므로
반드시 그 지시에 따라야 효과가 있다.

非醫咎也 / 又如善導 / 導人善道 / 聞而不行
비 의 구 야 우 여 선 도 도 인 선 도 문 이 불 행

아닐	의원	허물	어조사	또	같을	좋을	이끌	인도할	사람	착할	길	들을	말이을	아닐	갈
3	1	2	4	1	3	2		3	1	2		1	2	4	3

◈ 직 역

의사의 허물이 아니며 /
또한 좋은 길잡이와 같아 /
사람을 선도로 인도하되 /
듣고서 가지 않음은

◈ 낱말해설

선도(善導) : 좋은 길잡이. 훌륭한 길잡이.
선도(善道) : 올바른. 좋은 길.

◈ 영 역

not the doctor's fault.
Or like a good mountain guide,
I show people a safe path.
If people ignore the directions
he has given,

◈ 한자풀이

咎(口 8획) 허물 구, 성 고
又(又 2획) 또 우, 또한 우
如(女 6획) 같을 여, 접속사 여, 만일 여
導(寸 16획) 이끌 도, 간할 도, 충고할 도
善(口 12획) 착할 선, 잘 선
聞(耳 14획) 들을 문, 들릴 문, 소문 문
而(而 6획) 말이을 이
不(一 4획) 아닐 불, 아니할 불

부처님은 길잡이 이시므로
묵묵히 그 길을 따라야 한다.
부처님의 황금가사 자락만
놓치지 않는다면 하는 일마다
좋은 일이 될 것이다.

非導過也 / 自利利人 / 法皆具足 / 若我久住
비 도 과 야 자 리 리 인 법 개 구 족 약 아 구 주

아닐	이끌	허물	어조사	스스로	이로울	이로울	사람	법	다	갖출	갖출	만약	나	오랠	머무를
3	1	2	4	1	2	4	3	1	2		3	1	2	3	4

◈ 직 역

길잡이의 허물이 아니니라 /
자기도 이롭고 남도 이로움이 / 법에 다 구
족하니 / 만약 내가 오래 머물더라도

◈ 낱말해설

자리리인 : 자기에게도 이롭고 남에게도 이로움.
　　　　　자리타라고도 함. 대승보살도의 표준.
법 : 여기서는 부처님의 가르침을 말함. 교법.

◈ 영 역

it is not the fault of the guide."
"The Dharma, which is beneficial to
myself and to all beings,
is omnipresent and inherent within all.
Thus, even if I were to remain longer
in this world,

◈ 한자풀이

非(非 8획) 아닐 비, 비방할 비, 허물 비
過(辶 13획) 허물 과, 지날 과, 기름치는기구 과
也(乙 3획) 어조사 야, 또 야, 잇달을 이
利(刂 7획) 이로울 리, 날카로울 리, 기교 리
皆(白 9획) 다 개, 두루미칠 개
具(八 8획) 갖출 구, 설비 구
足(足 7획) 갖출 족, 발 족, 만족 족, 지나칠 주
若(艹 9획) 만약 약, 같을 약, 건초 야, 반야 야
久(ノ 3획) 오랠 구, 오래 기다릴 구, 막을 구
住(亻 7획) 머무를 주, 그칠 주, 세월 주

모두를 위하고,
세상을 위한 행복에의 길은
부처님 법에 다 갖추어져 있다.
법에 의지할 일이다.

更無所益／自今而後／我諸弟子
갱 무 소 익 자 금 이 후 아 제 제 자

다시 없을 바 이익 스스로 이제 말이을 뒤 나 모든 아우 아들
1 4 3 2 3 1 2 1 2 3

◈ 직 역

달리 이익되는 바가 없음이라／
지금 이후로부터／
나의 모든 제자들이

◈ 낱말해설

갱 : 다시. 달리.
자(自) : …로 부터.
소익 : 이익이 되는 것. 이익되는 바.
아(我) : 부처님 자신을 말함.

◈ 영 역

there would be no additional benefit.
From now on,
if my disciples

◈ 한자풀이

更(曰 7획) 다시 갱, 고칠 경
所(戶 8획) 바 소, 지위 소, 만일 소
今(人 4획) 이제 금, 곧 금
而(而 6획) 말이을 이, 너 이, 같을 이,
어조사 이
後(彳 9획) 뒤 후, 뒤질 후, 뒤로미룰 후
諸(言 16획) 모든 제, 성 차, 두꺼비 저
弟(弓 7획) 아우 제, 순서 제, 차례 제

화신의 몸은 유한하나
그 가르침은 영원하다.
중생은 불완전하나
부처님은 완전하다.

展轉行之則如來法身／常住而不滅也
전 전 행 지 즉 여 래 법 신 상 주 이 불 멸 야

펼 구를 갈 갈 곧 같을 올 법 몸 항상 머무를 말이을 아닐 멸할 어조사
1 3 2 4 5 6 1 2 3 5 4 6

◈ 직 역

법을 펴 굴리며 이를 행한 즉
여래의 법신이／항상 머물러서 멸하지
아니한다"라 하시니

◈ 낱말해설

전전 : 펴서 굴림.
여래 : 부처님의 다른 호칭.
진여의 세계에서 오셨다는 뜻이 있음.
부처님의 호는 10가지가 있음.
그 중의 하나.
법신 : 진리 그 자체. 부처님의 진정한 몸.

◈ 영 역

continue to practice the Dharma without
ceasing, then the Dharma-body of the
Tathagata will never disappear."

◈ 한자풀이

展(尸 10획) 펼 전, 살필 전, 두터이할 전
轉(車 18획) 구를 전, 돌릴 전, 옮길 전
則(刂 9획) 곧 즉, 법칙 칙, 본받을 칙
來(人 8획) 올 래, 이을 래, 미래 래, 이래 래
身(身 7획) 몸 신, 나라이름 연
常(巾 11획) 항상 상, 보통 상. 관례 상
滅(氵 13획) 멸할 멸, 끌 멸
也(乙 3획) 어조사 야, 이를 야, 또 야

부처님,
부처님의 가르침을 믿고 실천하면서
내 이웃에 부지런히 포교한다면
부처님의 법신은
늘 그 자리에 함께 할 것이다.

若知如是理則但恨自不修道/何患乎末世也

약 지 여 시 리 즉 단 한 자 불 수 도　하 환 호 말 세 야

만약	알	같을	이	이치	곧	다만	한할	스스로	아닐	닦을 길	어찌	근심	어조사	끝	인간	어조사
1	5	3	2	4	6	7	11	8	10	9	1	4		2	3

◈ 직　역

만약 이와 같은 이치를 안즉,
다만 스스로 수도하지 않음을
한탄할지언정 /
어찌 말세임을 근심하리오

◈ 낱말해설

여시 : 이와같은.
　　　여기서는 위의 부처님 하신 말씀을 일컬음.
수도 : 도를 닦음.

◈ 영　역

If you understand this truth,
then you will regret only your own lack
of practicing, rather than worrying about
things such as the decadence of the era.

◈ 한자풀이

若(艹 9획) 만약 약, 같을 약, 순할 약
知(矢 8획) 알 지, 깨달을 지, 이를 지
是(日 9획) 이 시, 옳을 시, 대저 시
理(玉 11획) 이치 리, 다스릴 리, 순리 리
則(刂 9획) 곧 즉, 곧 측, 법 측, 법 칙
但(亻 7획) 다만 단, 무릇 단, 부질없이 단
恨(忄 9획) 한할 한, 뉘우칠 한, 한 한
修(亻 10획) 닦을 수, 다스릴 수, 갖출 수
何(亻 5획) 어찌 하, 짐 하
患(心 11획) 근심 환, 병들 환

시대가 문제가 아니라
사람이 스스로 하기 나름이니라.
작은 자는 시대를 원망하지만
큰 사람은 원망할 시간조차 없다.

伏望/汝須興決烈之志/開特達之懷

복 망 여 수 흥 결 렬 지 지 개 특 달 지 회

엎드릴	바랄	너	모름지기	일어날	결정할	굳셀	갈	뜻	열	유다를	통달할	갈	품을
1	2	1	2	6	3	4	5	4	1	2	3

◈ 직　역

엎드려 바라노니 /
너는 모름지기 결렬의 뜻을 일으키며 /
특달의 회포를 열고

◈ 낱말해설

복망 : 엎드려 바라노니.
결렬 : 결정적이고 굳센.
특달 : 특별히 통달함. 오로지 통달함.
　　　특별히 뛰어남.

◈ 영　역

I sincerely hope that you develop
a resolute and expansive mind,
and determine to completely cut off all
ties to the mundane world,

◈ 한자풀이

伏(亻 6획) 엎드릴 복, 길 복, 알안을 부
望(月 11획) 바랄 망, 소망 망, 기다릴 망
須(頁 12획) 모름지기 수, 수염 수, 바랄 수
興(臼 16획) 일어날 흥, 본뜰 흥, 피바를 흔
決(氵 7획) 결정할 결, 터질 결, 결코 결
烈(火 10획) 굳셀 렬, 세찰 렬
志(心 7획) 뜻 지, 기억할 지, 적을 지
開(門 12획) 열 개, 산이름 견
特(牛 10획) 유다를 특, 수컷 특, 뛰어날 특
達(辶 13획) 통달할 달, 통할 달, 두루 달

목표를 굳게 세우고 물러남이 없는 정
진력으로 도전하라. 목표가 없는 사람
은 살아있어도 살아있다고 할 수 없다.
의식이 죽어있기 때문이다.

盡捨諸緣／除去顚倒／眞實爲生死大事
진 사 제 연　제 거 전 도　진 실 위 생 사 대 사

다할	버릴	모든	인연		덜	갈	엎드릴	넘어질		참	열매	할	날	죽을	큰	일
3	4	1	2		2		1			1	3					2

◈ 직 역

모든 반연을 다 버리고／
전도된 마음을 제거하며／
진실로 생사대사를 위하여

◈ 낱말해설

제연 : 모든 얽힌 인연.
전도 : 거꾸로 됨.
생사대사 : 나고 죽음의 큰 일.

◈ 영 역

and get rid of all delusive thoughts.
Thoroughly investigate the hwadus of
the Patriarchs, attain the highest wisdom,
and thus overcome the great matter of
birth, aging, suffering, and death.

◈ 한자풀이

盡(皿 14획) 다할 진, 다 진, 비록 진, 극진할 진
緣(糸 15획) 인연 연, 가선 연, 부인옷이름 단
除(阝 10획) 덜 제, 섬돌 제, 사월 여, 갈 제
去(厶 5획) 갈 거, 예전 거, 덜 거
顚(頁 19획) 엎드릴 전, 꼭대기 전, 우둠지 진
倒(亻 10획) 넘어질 도, 거꾸로 도, 반역할 도
實(宀 14획) 열매 실, 이를 지, 성실할 실
爲(爫 12획) 할 위, 위할 위, 다스릴 위

쓸데없는 인연일랑 다 끊어버리고
마음에 담아 두지 말라.
인연을 따르면 나쁜 사람은 되지 않지
만 그 인연의 굴레를 넘어선 큰 일을 할
수는 없다.

於祖師公案上／宜善參究／以大悟／爲則
어 조 사 공 안 상　의 선 참 구　이 대 오　위 칙

어조사	조상	스승	공변될	책상	위	마땅할	잘	참여할	궁구할	써	큰	깨달을	할	법칙
3	1		2			1	2	3		3	1	2	2	1

◈ 직 역

조사의 공안상에서／
마땅히 잘 참구하여／
대오로써／법칙을 삼고

◈ 낱말해설

조사 : 한 종파를 세워 그 종지를 주창하신 스승의
　　　 높임말. 큰스님.
공안 : 화두. 깨달음을 위한 과제.
참구 : 문제인식을 가지고 깊은 삼매에 듬.
대오 : 큰 깨달음.

◈ 영 역

Make the attainment of ultimate
enlightenment your goal.

◈ 한자풀이

於(方 8획) 어조사 어, 탄식할 오
祖(示 10획) 조상 조, 처음 조, 할아비 조
師(巾 10획) 스승 사, 어른 사, 본받을 사
公(八 4획) 공변될 공, 임금 공, 존칭 공
案(木 10획) 책상 안, 소반 안, 안건 안
宜(宀 8획) 마땅할 의, 옳을 의, 편안할 의
參(厶 11획) 참여할 참, 빽빽할 삼, 층날 참
究(穴 7획) 궁구할 구, 다할 구, 굴 구
悟(忄 10획) 깨달을 오, 총명할 오, 깨우칠 오
則(刂 9획) 법칙 칙, 곧 즉, 어조사 즉

화두를 잘 챙기면 깨달음은 반드시 열
릴 것이다.
그것이 천년이 될지 만년이 될지는
후일에 맡겨두고 지금 당장 정진하라.

107

切莫自輕而退屈 / 惟斯末運 / 去聖時遙
절 막 자 경 이 퇴 굴 유 사 말 운 거 성 시 요

절대	말	스스로	가벼울	말이을	물러날	굽을	생각할	이	끝	돌	갈	성인	때	멀
1	6	2	3	4	5		1	2	3		2	1	3	4

◈ 직 역

절대 스스로 가벼이 해서 퇴굴하지 말지어다./
생각하건대, 이 말운에/
성인이 가신 때가 멀어져

◈ 낱말해설

퇴굴 : 물러나 굴함.
유(惟) : 생각하건대.
말운 : 말법의 시기.
성(聖) : 부처님을 말함.

◈ 영 역

Don't take this lightly, don't step
backwards.
In this age of degeneration, it has been a
long time since the Buddha left.

◈ 한자풀이

切(刀 4획) 절대 절, 끊을 절, 모두 체
莫(艹 11획) 말 막, 저물 모, 공허할 멱
輕(車 14획) 가벼울 경, 경솔할 경
退(辶 10획) 물러날 퇴, 바랠 퇴, 바랠 톤
屈(尸 8획) 굽을 굴, 깎을 궐
惟(忄 11획) 생각할 유, 꾀할 유, 오직 유
斯(斤 12획) 이 사, 어조사 사
運(辶 13획) 돌 운, 옮길 운, 운반 운
聖(耳 13획) 성인 성, 착할 성, 지극할 성
遙(辶 14획) 멀 요, 아득할 요, 길 요

큰 일의 성취는 생각만큼 이루어진다.
크게 생각하면 크게 이루어지고 작게
생각하면 작게 이루어진다. 심지가 굴
고 튼튼해야 그 결과도 그러할 것이다.

魔强法弱 / 人多邪侈 / 成人者少 / 敗人者多
마 강 법 약 인 다 사 치 성 인 자 소 패 인 자 다

마구니	굳셀	법	약할	사람	많을	삿될 사치할	이룰	사람	사람	적을	패할	사람	사람	많을
1	2	3	4	1	2	3	2	1	3	4	2	1	3	4

◈ 직 역

마는 강하고 법은 약해지고/
사람이 많이 사치하여/
남을 이루게 하는 자는 적고/
남을 패하게 하는 자는 많으며

◈ 낱말해설

마(魔) : 마구니. 옳지 못한 일. 정법의 방해꾼.
사치 : 삿되고 번지르르함.

◈ 영 역

The Evil has grown strong and
the Dharma has become weak.
Those who lead people astray are many,
while few are the ones who correctly
show the path.

◈ 한자풀이

魔(鬼 21획) 마구니 마, 마술 마, 귀신 마
强(弓 11획) 굳셀 강, 힘쓸 강, 굳을 강
法(氵 8획) 법 법, 본받을 법, 떳떳할 법
弱(弓 10획) 약할 약, 못생길 약, 어릴 약
多(夕 6획) 많을 다, 클 다, 다만 다
邪(阝 7획) 삿될 사, 나머지 여, 느릿할 서
侈(亻 8획) 사치할 치, 넓을 치, 많을 치
成(戈 7획) 이룰 성, 편안할 성, 거듭 성
者(耂 9획) 사람 자, 어조사 자, 이것 자
敗(攵 11획) 패할 패, 무너질 패, 깨트릴 패

지금 세월이,
수행을 방해하는 자는 많고
수행을 도와주는 사람은 적다.
당연히 그렇다고 생각하고 수행 하라.

智慧者寡 / 愚癡者衆 / 自不修道 / 亦惱他人
지혜자과 우치자중 자불수도 역뇌타인

지혜	지혜	사람	적을	어리석을	어리석을	사람	무리	스스로	아닐	닦을	길	또한	번뇌	남	사람
1	2	3		1	2	3		1	3	2		1	4	2	3

◈ 직 역

지혜로운 이는 적고 / 어리석은 자는 많아 /
스스로 수도하지 않고 /
또한 다른 사람을 번뇌롭게 하나니

◈ 낱말해설

우(愚) : 지식적으로 어리석음. 아는 것이 없음.
　　　　 IQ적 어리석음.
치(癡) : 진리적으로 어리석음. 지혜가 없음.
　　　　 EQ적 어리석음.

◈ 영 역

Wise people are few,
while the ignorant are many.
Not only do they ignore the Buddha-
dharma, but they also distract others.

◈ 한자풀이

智(日 12획) 지혜 지, 사리밝을 지, 모략 지
慧(心 15획) 지혜 혜, 밝을 혜, 총명할 혜
寡(宀 14획) 적을 과, 과부 과
愚(心 13획) 어리석을 우, 고지식할 우, 어둘 우
癡(广 19획) 어리석을 치, 미련할 치
衆(血 12획) 무리 중, 백성 중
自(自 6획) 스스로 자, 저절로 자, 처음 자
亦(亠 6획) 또한 역, 다 역, 어조사 역
惱(忄 12획) 번뇌 뇌, 피로울 뇌, 걱정할 뇌
他(亻 5획) 남 타, 다를 타, 겹칠 타

지혜로운 사람보다 어리석은 사람들이
많으면 공부하는데 어려움이 많다.
지혜로운 사람 속에 있다면 자신도 지
혜로와 진다.

凡有障道之緣 / 言之不盡 / 恐汝錯路故
범유장도지연 언지부진 공여착로고

무릇	있을	막을	길	갈	연분	말씀	갈	아닐	다할	두려워할	너	어긋날	길	까닭
1	5	3	2		4	1	2	4	3	4	1	3	2	5

◈ 직 역

무릇 도를 장애하는 반연이 있음은 /
말로 다하지 못함이라 /
너가 길을 잘못 들것을 염려한 까닭으로

◈ 낱말해설

언지부진 : 말로 다하지 못함.
착로 : 어긋난 길. 길을 잘못 듬.
지(之) : 때에 따라 주격, 소유격, 목적격 등
　　　　 다양하게 쓰임.

◈ 영 역

It's not possible to talk about all of the
hindrances to spiritual cultivation.
Worrying that you might go astray,

◈ 한자풀이

凡(几 3획) 무릇 범, 보통 범, 모두 범
障(阝 14획) 막을 장, 방죽 장
緣(糸 15획) 연분 연, 인할 연, 꾸밀 연
之(丿 4획) 갈 지, 이를 지, 이것 지
恐(心 10획) 두려워할 공, 아마 공
錯(金 16획) 어긋날 착, 섞일 착, 둘 조
路(足 13획) 길 로, 울짱 락
故(攵 9획) 까닭 고, 연고 고, 옛일 고

큰 장애가 있을수록 큰 성취가 있음을 알
라. 실패한 사람은 장애에 진 경우지만
성공한 사람은 장애를 이긴 경우이다.
성공한 이에게 장애란 그 사람을 키우는
훌륭한 소재일 뿐 결코 장애가 아니다.

我以管見 / 撰成十門 / 令汝警策 / 汝須信持
아 이 관 견 찬 성 십 문 령 여 경 책 여 수 신 지

나	써	관	볼	지을	이룰	열	문	하여금	너	경계할	채찍	너	모름지기	믿을	가질
1	3	2		3	4	1	2	2	1	3		1	2	3	4

◈ 직 역

나의 관견으로써 /
열가지 문을 지어 이루어 /
너로 하여금 경책하노니 /
너는 마땅히 믿고 지니어

◈ 낱말해설

관견 : 대롱 구멍으로 세상을 봄.
　　　 좁은 소견을 일컬음.
십문 : 열가지 문.
경책 : 경계하여 채찍질 함.
신지 : 믿고 지님.

◈ 영 역

I have outlined ten points to be cautious
about. Please believe what I say and

◈ 한자풀이

以(人 5획) 써 이, 써할 이, 생각할 이
管(竹 14획) 관 관, 피리 관, 집 관
見(見 7획) 볼 견, 나타날 현, 관덮는보 간
撰(扌 15획) 지을 찬, 가질 선
令(人 5획) 하여금 령, 명령 령
警(言 20획) 경계할 경, 놀랄 경, 경계 경
策(竹 12획) 채찍 책, 꾀 책, 경계 책
須(頁 12획) 모름지기 수, 수염 수, 바랄 수
信(亻 9획) 믿을 신, 펼 신
持(扌 9획) 가질 지, 도울 지, 의지할 지

큰 성취를 하는 사람은 남이 하는 소리를
내것으로 소화하여 뼈와 살로 만든다.
세상의 모든 모양과 소리는 내 공부의 소
재라고 생각하라.

無一可違 / 至禱至禱 / 頌曰
무 일 가 위 지 도 지 도 송 왈

없을	한	가히	어길	이를	빌	이를	빌	기릴	가로
4	1	2	3	1	2	3	4	1	2

◈ 직 역

하나도 가히 어김이 없기를 /
지극히 빌고 지극히 비노라 /
송하여 가로되

◈ 낱말해설

지도 : 간절히 빎.
지도지도 : 강조의 목적으로 이중 표현을 쓰고
　　　　　 있음.
송왈 : 게송으로 말함. 시구로 이야기 함.

◈ 영 역

do not violate any of these points.
The poem goes :

◈ 한자풀이

無(火 12획) 없을 무, 아닐 무, 말 무
可(口 5획) 가히 가, 옳을 가, 군주칭호 극
違(辶 13획) 어길 위, 틀릴 위, 과실 위
至(至 6획) 이를 지, 지극할 지
頌(頁 13획) 기릴 송, 얼굴 용
曰(曰 4획) 가로 왈, 이를 왈, 부를 왈

먼저 길을 간 사람의 말을 흘려듣지 않
으면 그만큼 시간과 에너지를 줄일 수
있다.
선지식은 우리에게 질러가는 길을
무언중에라도 가르친다.
그래서 스승, 은사의 은혜가 지중한 것
이다.

愚心不學增憍慢／癡意無修長我人
우 심 불 학 증 교 만　치 의 무 수 장 아 인

어리석을 마음	아닐	배울	더할	교만할 거만할	어리석을 뜻	없을	닦을	긴	나아	사람
1	3	2	5	4	1	3	2	5	4	

◈ 직　역

우둔하면서 배우지 않으면 교만을
더함이요／어리석으면서 닦지 않으면
아인상만 자람이로다.

◈ 낱말해설

우심 : 지식적으로 어리석음. 우둔함.
교만 : 뽐내며 방자함.
치의 : 지혜적으로 어리석음.
아인 : 아상, 인상을 말함

◈ 영　역

If you are ignorant and do not study,
your arrogance alone will increase.
If you do not polish the darkness of your
mind, your egotism will only deepen.

◈ 한자풀이

愚(心 13획) 어리석을 우, 어리석게할 우, 나 우
學(子 16획) 배울 학, 학자 학, 학문 학
增(土 15획) 더할 증, 거듭할 증, 불을 증
憍(忄 15획) 교만할 교, 방자할 교
慢(忄 14획) 게으를 만, 거만할 만
癡(广 19획) 어리석을 치, 미칠 치
意(心 13획) 뜻 의, 아 희
修(亻 10획) 닦을 수, 다스릴 수, 갖출 수
我(戈 7획) 나 아, 나의 아, 아집부릴 아

배운 사람, 지혜로운 사람은
오히려 잘난체 하지 않는다.
굳이 억지로 애쓰지 않는데
한참 시간이 흐른 후에 보면
그 잘난 자리에 앉아 있음을 본다.

空腹高心如餓虎／無知放逸似顚猿
공 복 고 심 여 아 호　무 지 방 일 사 전 원

빌	배	높을	마음	같을	주릴	범	없을	알	놓을	놓을	같을	미친	원숭이
1	2	3	4	7	5	6	1		2		5	3	4

◈ 직　역

빈 배에 높은 마음은
주린 범과 같음이요／
무지하고서 방일함은
미친 원숭이와 같도다

◈ 낱말해설

방일 : 제멋대로 함부로 놂. 방탕함.
　　　때에 따라 게으름의 뜻도 있음.
전원 : 넘어진 원숭이. 미친 원숭이.

◈ 영　역

To have an empty stomach and a
haughty mind is to be like a hungry tiger,
or to be ignorant and lazy is like a crazy
monkey.

◈ 한자풀이

空(穴 8획) 빌 공, 구멍 공, 막힐 공
服(月 13획) 배 복, 안을 복, 낳을 복
高(高 10획) 높을 고, 높일 고, 높은곳 고
如(女 6획) 같을 여, 접속사 여, 만일 여
餓(食 16획) 주릴 아, 굶주릴 아, 굶길 아
虎(虍 8획) 범 호, 용맹스러울 호
放(攵 8획) 놓을 방, 본뜰 방, 늘어놓을 방
逸(辶 12획) 놓을 일, 달아날 일, 방자할 일
似(亻 7획) 같을 사, 이을 사, 바칠 사
顚(頁 19획) 미칠 전, 엎드릴 전, 넘어질 전

언제나 자신을 비우고 함부로 생각지
말라. 자신을 비우지 않으면 새로운 것
을 받아들일 수 없을 뿐 아니라 그 생각
이 맑지 못하다.

111

邪言魔語肯受聽 / 聖敎賢章故不聞
사 언 마 어 긍 수 청　　성 교 현 장 고 불 문

간사할	말씀	마귀	말씀	즐길	받을	들을		성인	가르칠	어질	글	짐짓	아닐	들을
1	2	3	4	5	6	7		1	2	3	4	5	7	6

◈ 직　역

샛된 말 마구니의 말은 기꺼이 받아듣고 /
성인의 가르침, 현인의 글은
짐짓 듣지 않도다

◈ 낱말해설

마어 : 마구니의 말. 사악한 말.
　　　　일을 그르치게 하는 말.
성교 : 성인의 가르침.
현장 : 현인의 글.

◈ 영　역

Although you readily listen to harmful
and evil speech,
you purposely ignore the teachings of
the Buddhas and Bodhisattvas.

◈ 한자풀이

邪(阝 7획) 간사할 사, 고을이름 야
魔(鬼 21획) 마귀 마, 마술 마, 인 마
肯(月 8획) 즐길 긍, 옳게여길 긍, 뼈사이살 개
聽(耳 22획) 들을 청, 기다릴 청, 염탐꾼 청
聖(耳 13획) 성인 성, 성스러울 성, 맑은술 성
敎(攵 11획) 가르칠 교, 교령 교, 가르침 교
賢(貝 15획) 어질 현, 어진이 현, 많을 현
章(立 11획) 글 장, 형체 장, 구별 장

샛된 말에는 관심두지 말고
언제나 좋은 말만 따르라.
점치지 말고 운명 감정하지 말라.
오직 인과응보의 부처님 법만 따르라.
세상은 반드시 바른대로 돌아간다.

善道無因誰汝度 / 長淪惡趣苦纏身
선 도 무 인 수 여 도　　장 륜 악 취 고 전 신

착할	길	없을	인할	누구	너	건널		길	빠질	나쁠	뜻	피로울	얽을	몸
1		3	2	4	5	6		1	3	2		4	6	5

◈ 직　역

선도의 인 없는데 누가 너를 건지리오 /
길이 악취에 빠져
고통이 몸에 얽힘이니라

◈ 낱말해설

선도 : 좋은 세상. 좋은 길.
인(因) : 원인. 씨앗.
악취 : 악도. 나쁜 세상. 고통이 많은 세상.

◈ 영　역

If you have no affinity with the good
path, who will be able to help you?
Following the six senses,
leads only to terrible suffering.

◈ 한자풀이

善(口 12획) 착할 선, 좋을 선, 길할 선
因(口 6획) 인할 인, 인연 인
誰(言 15획) 누구 수, 물을 수, 접때 수
汝(氵 6획) 너 여, 물이름 여
度(广 9획) 건널 도, 법도 도, 헤아릴 탁
長(長 8획) 길 장, 늘 장, 앞 장
淪(氵 11획) 빠질 륜, 물놀이 륜, 돌아흐를 론
趣(走 15획) 뜻 취, 달릴 취, 재촉할 촉
纏(糸 21획) 얽을 전, 얽힐 전, 줄 전, 끌 전

스스로 구제하는 법,
닦는만큼 밝아지리라.
자신만이 자신을 아는 것, 그 누가 자
신을 대신하리오. 배고프면 스스로 밥
먹듯 스스로 닦아야 자기 것이 된다.

其一 / 軟衣美食 / 切莫受用 / 自從耕種

기 일 연 의 미 식 절 막 수 용 자 종 경 종

그	한	부드러울	옷	아름다울	밥	간절	말	받을	쓸	스스로	좇을	밭갈	씨
1	2	1	2	3	4	1	4	2	3		2		1

◈ 직 역

그 첫째는/
부드러운 옷과 맛있는 음식을/
절대 받아쓰지 말지어다/
밭 갈고 씨 뿌림으로부터

◈ 낱말해설

연의 : 부드러운 옷. 고급 옷.
미식 : 좋은 음식. 맛있는 음식.
절막 : 간절한 금지의 의미.
자종~지우~ : ~로부터. ~에 이르름.

◈ 영 역

The first,
do not accept fine clothes or food.
Beginning with plowing the fields

◈ 한자풀이

其(八 8획) 그 기, 어조사 기
軟(車 11획) 부드러울 연, 연약할 연, 연할 연
美(羊 9획) 아름다울 미, 맛날 미, 기릴 미
食(食 9획) 밥 식, 밥 사
切(刀 4획) 간절 절, 끊을 절, 모두 체
莫(艹 11획) 말 막, 저물 모, 공허할 멱,
　　　　　　온화할 맥
受(又 8획) 받을 수, 어조사 수
用(用 5획) 쓸 용, 용도 용, 도구 용
從(彳 11획) 좇을 종, 시중들 종, 높고클 총
種(禾 14획) 씨 종, 심을 종, 만생종 종

제대로 수행하려면 외모에 신경쓰지 말
고 음식도 절제하라.
수행에는 그런 곳에 신경쓸 틈이 없다.

至于口身 / 非徒人牛 功力多重 / 亦乃傍生

지 우 구 신 비 도 인 우 공 력 다 중 역 내 방 생

이를	어조사	입	몸	아닐	다만	사람	소	공	힘	많을	무거울	또한	곧	곁	날
3	2	1		7	1	2	3	4		5	6	1	2		3

◈ 직 역

입과 몸에 이름이/비단 사람과 소의 공력
이 많고 중할 뿐 아니라/또한 이에 방생의

◈ 낱말해설

비도 : 다만 ~뿐만 아니라.
공력 : 공들인 힘.
방생 : 곁생물. 벌레. 옆으로 기어가는 생명체.

◈ 영 역

until food is ready to eat and clothes are
ready to wear,
these things require an immense amount
of effort from both people and cattle.
Furthermore, huge numbers of insects
are also

◈ 한자풀이

至(至 6획) 이를 지, 지극할 지
于(二 3획) 어조사 우, 할 우, 클 우
口(口 3획) 입 구, 아가리 구, 구멍 구
非(非 8획) 아닐 비, 비방할 비, 허물 비
徒(彳 10획) 다만 도, 무리 도, 종 도
功(力 5획) 공 공, 공교할 공, 명예 공
重(里 9획) 무거울 중, 거듭 중, 아이 동, 젖 중
亦(亠 6획) 또한 역, 모두 역, 다스릴 역
乃(丿 2획) 곧 내, 이에 내, 뱃노래 애
傍(亻 12획) 곁 방, 기댈 방, 마지못할 팽

내가 먹고 쓰는 일체가 다 이웃과 자연
의 은혜로 말미암은 것이라 알라.
덜 먹고 덜 쓰면 은혜가 가벼워서 내생
길의 빚이 가벼워진다.

<table>
<tr><td colspan="4">損害無窮</td><td colspan="5">勞彼功而利我</td><td colspan="4">尙不然也</td></tr>
<tr><td>손</td><td>해</td><td>무</td><td>궁</td><td>노</td><td>피</td><td>공</td><td>이</td><td>리</td><td>아</td><td>상</td><td>불</td><td>연</td><td>야</td></tr>
</table>

잃을	해칠	없을	다할	수고할	저	일할	말이을	이로울	나	오히려	아닐	그럴	어조사
1	3	2		3	1	2	4	6	5	1	3	2	4

◈ 직 역

손해가 끝이 없거늘 /
저들의 공을 수고롭게 해서
나를 이롭게 하더라도 /
아예 허락하지 못할 것인데

◈ 낱말해설

손해 : 다치고 죽음.
상(尙) : 오히려. 아예. 여기서는 앞뒤 문맥으로
　　　　보았을 때 '아예'의 뜻으로 보아야 함.
불연 : 허락하지 못함. 그렇지 못함.

◈ 영 역

hurt or killed during this process.
It's wrong to cause others to work for
the sake of your own comfort,

◈ 한자풀이

損(扌 13획) 잃을 손, 덜 손, 낮출 손
害(宀 10획) 해칠 해, 어찌 할
窮(穴 15획) 다할 궁, 끝 궁, 궁구할 궁
勞(力 12획) 수고할 로, 일할 로, 위로할 로
彼(彳 8획) 저 피, 그 피, 아닐 피
功(力 5획) 일할 공, 공로 공, 보람 공
而(而 6획) 말이을 이, 편안할 능
尙(小 8획) 오히려 상, 바랄 상, 받들 상
不(一 4획) 아닐 불, 없다 불, 꽃받침 부
然(火 12획) 그럴 연, 불탈 연, 명백할 연

남을 너무 힘들게 하여
내 이익을 취하려 하지 말라.
그 이익은 원망의 산물이기 때문에
얼마 가지 못한다.

<table>
<tr><td colspan="7">況殺他命而活己</td><td colspan="4">奚可忍乎</td><td colspan="2">農夫</td></tr>
<tr><td>황</td><td>살</td><td>타</td><td>명</td><td>이</td><td>활</td><td>기</td><td>해</td><td>가</td><td>인</td><td>호</td><td>농</td><td>부</td></tr>
</table>

하물며	죽일	남	목숨	말이을	살	자기	어찌	가히	차마	어조사	농사	사내
1	4	2	3	5	7	6	1	2	3	4	1	

◈ 직 역

하물며 다른 목숨을 죽여서
자기를 살리기를 /
어찌 가히 차마 하겠는가 /
농부도

◈ 낱말해설

타명 : 다른 이의 목숨.
인(忍) : 차마 인. 차마 못할 인.
농부 : 농사짓는 사람.

◈ 영 역

not to speak of killing other beings in
order to maintain your life.
Farmers

◈ 한자풀이

況(氵 8획) 하물며 황, 이에 황, 더할 황
殺(殳 11획) 죽일 살, 덜 쇄
命(口 8획) 목숨 명, 명령 명, 게으름피울 만
活(氵 9획) 살 활, 물흐를 괄
己(己 3획) 자기 기, 몸 기
奚(大 10획) 어찌 해, 무엇 해, 어디 해
可(口 5획) 가히 가, 옳을 가, 들어줄 가
忍(心 7획) 차마 인, 참을 인, 질길 인
農(辰 13획) 농사 농, 힘쓸 농, 두터울 농
夫(大 4획) 사내 부, 지아비 부, 대저 부

더욱이 내 목숨 위하자고
살생의 업을 지으면서 살지 말라.
공중에 쏜 과보의 화살은
거꾸로 떨어져 자기 몸을 찌를 것이다.

每有飢寒之苦 / 織女 / 連無遮身之衣
매 유 기 한 지 고 직 녀 연 무 차 신 지 의

매양	있을	주릴	찰	갈	피로울	짤	계집	이을	없을	가릴	몸	갈	옷
1	6	2	3	4	5	1		1	6	3	2	4	5

◈ 직 역

매양 주리고 추운 고통이 있고/
직녀도/
연방 몸을 가릴 옷이 없는데

◈ 낱말해설

매(每) : 매양. 늘.
기한 : 배고픔과 추위.
직녀 : 베 짜는 여자.
연(連) : 연방. 이어. 넉넉함.

◈ 영 역

suffer from hunger and cold,
while weaving women are barely able to
cover their bodies properly.

◈ 한자풀이

每(毋 7획) 매양 매, 성 매, 아름다울 매
飢(食 11획) 주릴 기, 굶주리게할 기, 기근 기
寒(宀 12획) 찰 한, 피로울 한, 멈출 한
苦(艹 9획) 괴로울 고, 쓸 고, 욕될 고
織(糸 18획) 짤 직, 무늬비단 치
連(辶 11획) 이을 련, 거만할 련, 산이름 란
遮(辶 15획) 가릴 차, 막을 차, 이차
身(身 7획) 몸 신, 자기 신, 나이 신

바른 사람들은 부족함 가운데서
열심히 노력하면서 살아간다.
남이 보기엔 풍족해 보이지 않지만
그들의 마음은 언제나 기대와 희망의
넉넉함으로 가득차 있다.

況我長遊手 / 飢寒 / 何厭心 / 軟衣美食
황 아 장 유 수 기 한 하 염 심 연 의 미 식

하물며	나	길	놀	손	주릴	찰	어찌	싫어할	마음	부드러울	옷	아름다울	밥
1	2	3	5	4	1	2	1	3	2	1	2	3	4

◈ 직 역

하물며 나는 길이 손을 놀리거니/
주리고 추움을/
어찌 마음에 싫어 하리요/
부드러운 옷과 맛있는 음식은

◈ 낱말해설

유수 : 일하지 않고 놀고 지냄.
염심 : 싫어하는 마음.
연의 : 좋은 옷. 부드러운 옷.
미식 : 맛난 음식. 때깔좋은 음식.

◈ 영 역

How can I then idle my time away
complaining about being hungry or cold?
Fine clothes and delicious food are

◈ 한자풀이

況(氵 8획) 하물며 황, 비교할 황, 더욱 황
我(戈 7획) 나 아, 우리 아, 외고집 아
遊(辶 13획) 놀 유, 사귈 유, 배울 유
手(手 4획) 손 수, 수단 수, 쥘 수
何(亻 7획) 어찌 하, 얼마 하, 메다 하
厭(厂 14획) 싫어할 염, 누를 엽, 젖을 읍
軟(車 11획) 부드러울 연, 여릴 연, 온화할 연
食(食 9획) 밥 식, 밥 사

수행자는 물질적으로 넉넉지 못함을
오히려 다행스럽게 생각해야 한다.
물질이 넉넉하면 정신이 위축되어 공부
가 되지 않는다.
내가 먹고 쓰는 모든 것들은 갚아야 할
빚임을 명심하라.

當恩重而損道／破衲蔬食／必施輕而積陰
당 은 중 이 손 도　파 납 소 사　필 시 경 이 적 음

마땅	은혜	무거울	말이을	잃을	길	깨트릴	승복	푸성귀	밥	반드시	베풀	가벼울	말이을	쌓을	몰래
1	2	3	4	6	5	1	2	3	4	1	2	3	4	6	5

◈ 직　역

마땅히 은혜가 중하여 도를 덜고／
떨어진 승복과 나물밥은／
반드시 시은이 가벼워 음덕을 쌓음이라

◈ 낱말해설

파납 : 떨어진 승복.
소사 : 나물 반찬뿐인 음식.
적음 : 남모르게 덕을 쌓음.

◈ 영　역

burdensome obligations that hinder
cultivation of the way. Wearing shabby
clothes and eating vegetables with rice
incurs only a light debt and leads to the
accumulation of hidden virtue.

◈ 한자풀이

當(田 13획) 마땅 당, 당할 당, 주관할 당
恩(心 10획) 은혜 은, 동정 은
損(扌 13획) 잃을 손, 겸양할 손, 해칠 손
破(石 10획) 깨트릴 파, 무너질 피
衲(衤 9획) 승복 납, 기울 납, 승려 납
蔬(艹 15획) 푸성귀 소, 버섯 소, 싸라기 소
施(方 9획) 베풀 시, 은혜 시, 버릴 시, 옮을 이
輕(車 14획) 가벼울 경, 너그러울 경, 빠를 경
積(禾 16획) 쌓을 적, 저축 자
陰(阝 11획) 몰래 음, 그늘 음, 말않을 암

잘 먹고 잘 입기 위해
출가해서는 안 된다.
가능하면 적게먹고
검소한 차림으로 수행하라.

今生／未明心／滴水／也難消／頌曰
금 생 미 명 심　적 수　야 난 소　송 왈

이제	날	아닐	밝을	마음	물방울	물	또한	어려울	삭일	기릴	가로되
1		3	2	1	1	2	1	3	2	1	2

◈ 직　역

금생에／ 마음을 밝히지 못하면／
방울물도／ 소화하기 어려우니라／
송하여 가로되

◈ 낱말해설

금생 : 이번 생. 현재 이생.
명심 : 마음을 밝힘. 깨달음.
적수 : 한 방울의 물.
소(消) : 소화하다. 녹이다의 뜻.

◈ 영　역

If you don't brighten your mind in this
life, then even a drop of water will be
hard to swallow in the next one.
The poem goes;

◈ 한자풀이

今(人 4획) 이제 금, 곧 금, 혹은 금
未(木 5획) 아닐 미, 미래 미
滴(氵 15획) 물방울 적, 듣다 적
也(乙 3획) 또한 야, 어조사 야, 잇달을 이
難(隹 19획) 어려울 난, 나무우거질 나, 근심 난
消(氵 10획) 삭일 소, 사라질 소, 쇠할 소
頌(頁 13획) 기릴 송, 문체이름 송, 용모 용
曰(曰 4획) 가로되 왈, 일컫다 왈, 이에 왈

수행하지 않고 사는 삶은 물 한방울도
아깝다.
물 한방울에도 온 세상의 은혜가 스며
있으니 무위도식하며 시주밥이나 축내
는 이들은 크게 각성해야 한다.

茱根木果慰飢腸 / 松落草衣遮色身

채 근 목 과 위 기 장　송 락 초 의 차 색 신

나물	뿌리	나무	열매	위로할	주릴	창자	소나무	떨어질	풀	옷	가릴	빛	몸
1		2		5	3	4	1		2		4		3

◈ 직　역

나물뿌리 나무열매로 주린
창자를 위로하고/
송락과 풀옷으로 색신을 가릴지어다

◈ 낱말해설

채근 : 나물과 뿌리.
송락 : 솔잎. 솔가지.
초의 : 풀로 엮어 만든 옷. 풀옷.
색신 : 몸. 육신.

◈ 영　역

Calm your stomach with roots and wild
fruits, cover your body with clothes
made from leaves and grasses.

◈ 한자풀이

茱(艹 12획) 나물 채, 캘 채
根(木 10획) 뿌리 근, 근본 근, 기원 근
果(木 8획)　열매 과, 가신제 관, 거북이름 라
慰(心 15획) 위로할 위, 묻다 위, 정착할 위
腸(月 13획) 창자 장, 마음 장, 감정 장
松(木 8획)　소나무 송, 따를 종
落(艹 13획) 떨어질 락, 버릴 락, 낙엽 락
草(艹 10획) 풀 초, 시초 초, 도토리 초

가능한 한 채식하면서 비싼 옷 입지 말
라. 수행자라 자처하는 사람은 적어도 비
싼 외제 승용차 타지 말라.
돈드는 고급 운동, 골프치지 말라.
맛나는 음식점 찾아다니지 말라.

野鶴靑雲爲伴侶 / 高岺幽谷度殘年

야 학 청 운 위 반 려　고 잠 유 곡 도 잔 년

들	두루미	푸를	구름	할	짝	짝	높을	봉우리	그윽할	골	건널	남을	해
1		2		4	3		1		2	3	4	7	5	6

◈ 직　역

들학과 푸른 구름으로 반려를 삼고/
높은 봉우리 깊은 골짜기에서
남은 해를 보낼지어다

◈ 낱말해설

반려 : 짝. 동료.
고잠 : 높은 봉우리.
유곡 : 깊은 골짜기.
잔년 : 남은 생. 여생.

◈ 영　역

Take the wild cranes and the white
clouds as your friends,
and spend what's left of your life among
the high mountains and deep valleys.

◈ 한자풀이

野(里 11획) 들 야, 변두리 여, 농막 서
雲(雨 12획) 구름 운, 습기 운
爲(爪 12획) 할 위, 위할 위, 다스릴 위
侶(亻 9획) 짝 려, 벗할 려
岺(山 7획) 봉우리 잠, 벼랑 음
幽(幺 9획) 그윽할 유, 조용할 유, 검을 유
度(广 9획) 건널 도, 법도 도, 헤아릴 탁
殘(歹 12획) 남을 잔, 헤칠 잔, 잔인할 잔

스님은 자기 욕심을 모두 버리고
온 중생, 온 자연과 더불어 산다.
온 중생에게 부끄럽지 않고
온 자연에게 당당할 수 있어야
바른 스님이라 할 수 있다.

其二／自財／不悋／他物／莫求／三途苦上
기 이　자 재　불 린　타 물　막 구　삼 도 고 상

그	두	스스로	재물	아닐	아낄	남	물건	말	구할	석	길	피로울	위
1	2	1	2	2	1	1	2	2	1	1	2	3

◈ 직　역

그 둘째는／자기 재물을／아끼지 말고／
남의 물건을／구하지 말지어다／
삼악도의 고통상에

◈ 낱말해설

자재 : 자신의 재물.
삼도 : 삼악도. 지옥,아귀,축생.
막구 : 구하지 말라.
고상 : 고통상에. 고통중에.

◈ 영　역

The second,
Don't be stingy with your possessions,
and don't covet what belongs to others.
Among three suffering-filled rebirth

◈ 한자풀이

其(八 8획)　그 기, 어조사 기
自(自 6획)　스스로 자, 처음 자, 저절로 자
財(貝 10획)　재물 재, 재능 재, 재료 재, 마를 재
悋(忄 10획)　아낄 린, 인색할 린
他(亻 5획)　남 타, 다를 타, 겹칠 타
物(牛 8획)　물건 물, 만물 물, 무리 물
莫(艹 11획)　말 막, 저물 모, 공허할 멱,
　　　　　　　온화할 맥
求(水 7획)　구할 구, 요구 구, 빌 구, 끝 구
途(辶 11획)　길 도
苦(艹 9획)　피로울 고, 씀바귀 고, 쓸 고,
　　　　　　　괴롭힐 고

자기 재물 아깝다 말고
남의 재물 쉽게 생각지 말라.

貪業／在初／六度門中／行檀／居首／慳貪
탐 업　재 초　육 도 문 중　행 단　거 수　간 탐

탐할	업	있을	처음	여섯	법도	문	가운데	갈	보시	살	머리	아낄	탐할
1	2	1		1	2	2	1	2	1	1			

◈ 직　역

탐업이／처음에 있음이요／
육바라밀문 가운데에／
보시를 행함이／
머리에 둠이니라／간탐은

◈ 낱말해설

탐업 : 탐착하는 행위.
육도 : 육바라밀.
단(檀) : 보시.
간탐 : 인색하고 욕심이 많음.

◈ 영　역

greed is the foremost cause.
Giving is foremost among the six good
practices. Stinginess and greed

◈ 한자풀이

貪(貝 11획)　탐할 탐, 탐 탐, 탐구할 탐
業(木 13획)　업 업, 생계 업
在(土 6획)　있을 재, 살필 재, 물을 재
初(刀 7획)　처음 초, 비로소 초, 이전 초
度(广 9획)　법도 도, 정도 도, 풍채 도, 잴 탁
檀(木 17획)　보시 단, 박달나무 단, 단향목 단
居(尸 8획)　살 거, 있을 거, 앉을 거, 쌓을 거
首(首 9획)　머리 수, 먼저 수, 으뜸 수
慳(忄 14획)　아낄 간, 망설일 간, 굳을 간

탐욕은 모든 악의 근본이니
오히려 베품으로 착함을 지어라.
자기 쓰는 물건은 절제하면서
그 돈으로 이웃위해 보시한다면
재물이 그에게는 공덕 덩어리.

能防善道 / 慈施 / 必禦惡徑 / 如有貧人來求乞
능 방 선 도   자 시   필 어 악 경   여 유 빈 인 래 구 걸

능할	막을	착할	길	사랑할	베풀	반드시	막을	나쁠	지름길	만약	있을	가난할	사람	올	구할	빌
1	3	2		1		1	3			1	5	2		3	4	

◈ 직 역

능히 선도를 막음이요 / 자시는 /
반드시 악한 길을 막느니라 /
만약 가난한 사람이 와서 구걸함이 있거든

◈ 낱말해설

자시 : 자비로 베풂. 자비와 보시.
악경 : 삼악도로 빠지는 길. 나쁜 길.
빈인 : 가난한 사람.

◈ 영 역

prevent you from attaining the true path,
while compassion and giving help
protect you from falling into evil ways.
If a poor person comes to you begging
for help,

◈ 한자풀이

能(月 10획) 능할 능, 별이름 태, 견딜 내
防(阝 7획) 막을 방, 둑 방, 방비할 방
慈(心 14획) 사랑할 자, 어머니 자, 자석 자
施(方 9획) 베풀 시, 전할 시, 곱사등이 시,
　　　　　 은혜 시
必(心 5획) 반드시 필, 오로지 필, 가벼이 필
禦(示 16획) 막을 어, 방어할 어, 방비 어
徑(彳 10획) 지름길 경, 빠를 경, 곧을 경
貧(貝 11획) 가난할 빈, 곤궁할 빈, 모자랄 빈
來(人 8획) 올 래, 돌아올 래, 미칠 래, 미래 래
乞(乙 3획) 빌 걸, 구할 걸, 줄 기

자비행은, 현생은 물론 내생의 행복길
도 닦는 최고의 미덕이다.
행복하려면 자비를 실천하라.

雖在窮乏 / 無悋惜 / 來無一物來 / 去亦空手去
수 재 궁 핍   무 린 석   래 무 일 물 래   거 역 공 수 거

비록	있을	다할	가난할	없을	아낄	아낄	올	없을	한	물건	올	갈	또한	빌	손	갈
1	3	2		3	1		1	4	2	3	5	1	2	3	4	5

◈ 직 역

비록 궁핍함에 있을지라도 /
아낌없이 하라 /
올 때 한 물건도 없이 왔고 /
갈 때 또한 빈손으로 가는 것이라.

◈ 낱말해설

궁핍 : 아주 가난함.
인석 : 아끼어 인색함.
일물 : 조그만 물건. 하나의 물건.
공수 : 빈 손. 아무것도 가지지 못함.

◈ 영 역

you should not be reluctant, even if you
are in hard circumstances yourself.
You came into this world with nothing
and you will leave it with nothing.

◈ 한자풀이

雖(隹 17획) 비록 수, 밀 수, 오직 수
在(土 6획) 있을 재, 살필 재, 물을 재
窮(穴 15획) 다할 궁, 끝 궁, 궁구할 궁
乏(丿 5획) 가난할 핍, 버릴 핍, 고달플 핍
惜(忄 11획) 아낄 석, 아까워할 석, 아까울 석
物(牛 8획) 물건 물, 만물 물, 무리 물
去(厶 5획) 갈 거, 잃을 거, 덜 거
空(穴 8획) 빌 공, 구멍 공, 막힐 공
手(手 4획) 손 수, 쥘 수, 칠 수

물건을 쌓아놓고 보시 할 수는 없다.
현재 상태에서 성의껏
주위 사람들에게 베풀라.
샘물은 퍼내야 새물이 솟아나듯
복이 나는 이치도 이와 같다.

自財／無戀志／他物／有何心／萬般將不去
자 재　무 연 지　타 물　유 하 심　만 반 장 불 거

스스로	재물	없을	그리워할	뜻	남	물건	있을	어찌	마음	일만	가지	가질	아닐	갈
1	2	3	1	2	1	2	3	1	2	1		2	4	3

◆ 직　역

자기의 재물도 생각하는 뜻이 없거든／
남의 물건에／어찌 마음이 있으리오／
만가지를 가지고 가지 못함이요

◆ 낱말해설

연지 : 생각하는 마음.
만반 : 만 가지. 많은 양과 수.
　　　　여기서는 '모든 것'의 의미.

◆ 영　역

You should not cling to even your own
possessions, so how can you think about
other's belongings?
When this body dies, what will you take
with you?

◆ 한자풀이

自(自 6획)　스스로 자, 저절로 자, 처음 자
財(貝 10획)　재물 재, 재단할 재, 녹봉 재,
　　　　　　　겨우 재
戀(心 23획)　그리워할 련, 그리움 련
志(心 7획)　뜻 지, 기억할 지, 뜻할 지
物(牛 8획)　물건 물, 만물 물, 무리 물
何(亻 7획)　어찌 하, 짐 하
萬(艹 13획)　일만 만, 클 만, 반드시 만
般(舟 10획)　가지 반, 일반 반, 돌 반, 반야 반
將(寸 11획)　가질 장, 장차 장, 장수 장
去(厶 5획)　갈 거, 잃을 거, 덜 거

어차피 빈 손으로 왔다가
빈 손으로 가는 법인데
탐욕을 부려서 무엇하리.

唯有業隨身／三日修心／千載寶／百年貪物
유 유 업 수 신　삼 일 수 심　천 재 보　백 년 탐 물

오직	있을	업	따를	몸	석	날	닦을	마음	일천	해	보배	일백	해	탐할	물건
1	3	2	5	4	1		2	3	1		2	1		1	2

◆ 직　역

오직 업만이 있어 몸을 따름이라／삼일 닦
은 마음은／천년의 보배요／백년의 탐물은

◆ 낱말해설

수심 : 닦은 마음.
천재 : 천년.
탐물 : 탐한 물건. 탐하여 가진 물건.

◆ 영　역

The only thing that will follow you is the
karma that you have made.
If you cultivate your mind for three days,
it can become a treasure that lasts for a
thousand years.
However, the accumulated possessions of
a hundred years of desire will all

◆ 한자풀이

唯(口 11획)　오직 유, 예 유, 누구 수
業(木 13획)　업 업, 생계 업, 기초 업
隨(阝 16획)　따를 수, 따라서 수, 발 수
身(身 7획)　몸 신, 나라이름 연
千(十 3획)　일천 천, 많을 천, 여러가지 천
載(車 13획)　해 재, 실을 재, 일 대
寶(宀 20획)　보배 보, 보배로여길 보, 옥새 보

착한 행위와 아름다운 마음씀은
영원한 재산이 된다.
애착하여 모은 재물은
결국 내 것 되지 못하는 임시적 재산이
니 사회에 두루 회향하고 공공의 복리에
쓰여 지도록 하라.

一朝塵 / 頌曰 / 三途苦本因何起
일 조 진 송 왈 삼 도 고 본 인 하 기

한 아침 티끌 기릴 가로되 석 길 피로울 근본 인할 무엇 일어날
1 2 1 2 1 2 3 5 4 6

◈ 직 역

하루아침 티끌이니라/
송하여 가로되/
삼도의 고통의 근본은 무엇으로
인하여 일어나는고

◈ 낱말해설

삼도 : 삼악도. 지옥, 아귀, 축생.
고본 : 고통의 근본. 고통의 종자.

◈ 영 역

be reduced to dust in the span of a few
hours.
The poem goes;
Where does the suffering of the three
evil rebirths come from?

◈ 한자풀이

朝(月 12획) 아침 조, 처음 조, 고을이름 주
塵(土 14획) 티끌 진, 속세 진
頌(頁 13획) 기릴 송, 송 송, 얼굴 용, 용서할 용
三(一 3획) 석 삼, 세번 삼, 자주 삼
途(辶 11획) 길 도
苦(艹 9획) 피로울 고, 맑을 고, 거칠 고
本(木 5획) 근본 본, 밑 본, 바탕 본
因(口 6획) 인할 인, 유래 인, 인연 인
何(亻 7획) 무엇 하, 어찌 하, 짐 하
起(走 10획) 일어날 기, 일으킬 기, 더욱 기

물질적인 모든 것은
하루아침 티끌에 지나지 않는다.
물질에 집착하여 고통받을 것이 아니라
물욕을 버려 마음의 평화얻으라.

只是多生貪愛情 / 我佛依盂生理足
지 시 다 생 탐 애 정 아 불 의 우 생 리 족

다만 이 많을 날 탐할 사랑할 뜻 나 부처님 옷 발우 날 이치 족할
1 4 2 3 1 2 3 4 6 5 7

◈ 직 역

단지 다생의 탐애정 이것이로다/
우리 부처님의 가사와 발우로 이치를
내는데 족하거늘

◈ 낱말해설

지시 : 단지 ~뿐이다.
탐애정 : 탐욕과 애정. 탐. 애. 정.
다생 : 윤회로 인한 여러 번의 생.
의우 : 가사와 발우.

◈ 영 역

From greed and desire accumulated over
many lifetimes.
Contenting myself with the Buddha's
robe and bowl,

◈ 한자풀이

只(口 5획) 다만 지, 어조사 지, 이것 지
是(日 9획) 이 시, 옳을 시, 대저 시
愛(心 13획) 사랑할 애, 사랑 애, 그리워할 애
情(忄 11획) 뜻 정, 정성 정, 인정 정
佛(亻 7획) 부처님 불, 도울 필, 일 발
盂(皿 8획) 발우 우, 진이름 우, 사발 우
理(玉 11획) 이치 리, 다스릴 리, 도리 리
足(足 7획) 족할 족, 갖출 족, 발 족, 지나칠 주

모든 고통은 욕심으로 비롯되니
스님들은 자기 전 재산을
가사, 발우 한 벌로 만족하라.
욕심으로 모으려면 힘이 드는 법,
차라리 포기하는 것이 훨씬 수월하다.

같을	어찌	쌓을	쌓을	길	없을	밝을	그	석	입	없을	많을	말씀	몸	아닐	가벼울	움직일
1	2	4		3	1	2	1		1	4	3	2	1	4	2	3

◈ 직 역

어찌 축적하여 무명을 기르는고 /
그 셋째는 /
입은 말을 많이 없이하고 /
몸은 가벼이 움직이지 말지어다

◈ 낱말해설

무명 : 그릇된 견해나 고집으로 인해
　　　법의 진리에 어두움. 어리석음.
경동 : 경거망동.

◈ 영 역

why should I accumulate ignorance?
The third,
refrain from unnecessary speech and
movement.

◈ 한자풀이

如(女 6획)　같을 여, 접속사 여, 만일 여
何(亻 7획)　어찌 하, 무엇 하, 어느 하
蓄(艹 14획)　쌓을 축, 겨울푸성귀 축
積(禾 16획)　쌓을 적, 저축 자
其(八 8획)　그 기, 어조사 기
輕(車 14획)　가벼울 경, 경솔할 경
動(力 11획)　움직일 동, 다툴 동

입을 조심하고 몸을 조심하라.
그 먼저 생각을 조심하라.
범부 중생의 입과 몸과 생각은 세상을
어지럽게 하지만
성인군자의 입과 몸과 생각은 세상을
반듯하게 한다.

身不輕動則息亂成定 / 口無多言則轉愚成慧
신 불 경 동 즉 식 란 성 정   구 무 다 언 즉 전 우 성 혜

몸	아닐	가벼울	움직일	곧	쉴	어지러울	이룰	정할	입	없을	많을	말씀	곧	옮길	어리석을	이룰	지혜
1	4	2	3	5	7	6	9	8	1	4	3	2	5	7	6	9	8

◈ 직 역

몸은 가벼이 움직이지 않은 즉
어지러움을 쉬고 정을 이룸이요 /
입은 말이 많이 없은 즉
어리석음을 돌려 지혜를 이루니라

◈ 낱말해설

식란 : 어지러움을 쉼.
성정 : 선정을 이룸. 삼매에 듦.
성혜 : 지혜를 이룸. 지혜를 얻음.

◈ 영 역

If your body is settled, then confusion
will cease and samadhi will be attained.
If you speak little, foolishness will be
transformed into wisdom.

◈ 한자풀이

輕(車 14획)　가벼울 경, 가벼이여길 경
動(力 11획)　움직일 동, 움직임 동, 동물 동
則(刂 9획)　곧 즉, 곧 측, 법 칙, 법 측
息(心 10획)　쉴 식, 숨쉴 식, 자식 식
亂(乙 13획)　어지러울 란, 다스릴 란, 함부로 란
成(戈 7획)　이룰 성, 갖출 성, 우거질 성
定(宀 8획)　정할 정, 반드시 정, 멈출 정
轉(車 18획)　옮길 전, 구를 전, 넘어질 전
慧(心 15획)　지혜 혜, 슬기로울 혜, 슬기 혜

몸은 선정을 이루는 그릇이요
입은 반야를 이루는 문이다.
그릇은 언제나 반듯하게 놓아라.
문은 잘 지켜 아무나 들락거리지 않도
록 하라.

實相/離言/眞理/非動/口是禍門/必加嚴守
실 상 리 언 진 리 비 동 구 시 화 문 필 가 엄 수

열매 바탕	여윌 말씀	참 이치	아닐 움직일	입 이 재앙 문	반드시 더할 엄할 지킬
1 2	1 1	1 1	2 1	1 4 2 3	1 2 3 4

◈ 직 역
실상은/ 말을 여윔이요/
진리는/ 움직임이 아님이라/
입은 화의 문이니/
반드시 더욱 엄히 지키고

◈ 낱말해설
실상 : 있는 그대로. 만유의 참된 모습. 공의 모습.
진리 : 참된 이치. 존재의 이치.
엄수 : 엄하게 지킴.

◈ 영 역
The true foundation is devoid of words
and the ultimate principle is unmoving.
The mouth is the door of calamity and
so must be guarded carefully.

◈ 한자풀이
實(宀 14획) 열매 실, 이르 지
離(隹 19획) 여윌 리, 떠날 리, 나란히할 려
非(非 8획) 아닐 비, 비방할 비, 허물 비
禍(示 14획) 재앙 화, 재화내릴 화, 죄 화
加(力 5획) 더할 가, 있을 가, 베풀 가
嚴(口 20획) 엄할 엄, 엄숙할 엄, 삼갈 엄
守(宀 6획) 지킬 수, 절개 수, 오랫동안 수

진리는 입에 있지 않아서
굳이 말을 빌리지 않는다.
진리는 입을 떠나지도 않아서
애써 말을 버리지도 않는다.
우리는 언제 어디서고
진리의 가피속에 있음을 느껴야 한다.

身乃災本/不應輕動/數飛之鳥
신 내 재 본 불 응 경 동 삭 비 지 조

몸 이에 재앙 근본	아닐 응할 가벼울 움직일	자주 날 갈 새
1 2 3 4	4 1 2 3	1 2 3 4

◈ 직 역
몸은 곧 재앙의 근본이니/
응당 가벼이 움직이지 말지니라/
자주 나는 새는

◈ 낱말해설
재(災) : 재앙. 화. 나쁜 일.
경동 : 함부로 높. 가벼이 움직임.
삭비 : 자주 날음.

◈ 영 역
The body is the root of disaster,
so do not travel around unnecessarily.
A bird that often flies back and forth is

◈ 한자풀이
乃(丿 2획) 이에 내, 뱃노래 애
災(火 7획) 재앙 재, 화재 재
應(心 17획) 응할 응, 당할 응, 대답할 응
動(力 11획) 움직일 동, 움직임동, 동물 동
數(攵 15획) 자주 삭, 셀 수, 빠를 속, 촘촘할 촉
飛(飛 9획) 날 비, 빠를 비, 새 비
鳥(鳥 11획) 새 조, 땅이름 작, 섬 도

몸은 늘 무게있게 행동하여야지
경거망동해서는 안 된다.
몸을 잘못 쓰면 업덩어리이지만
몸을 잘 쓰기만 한다면 복덩어리이다.
몸은, 아주 잘 쓴다면
반야광명 그 자체이다.

忽有羅網之殃 / 輕步之獸 / 非無傷箭之禍

홀 유 라 망 지 앙　경 보 지 수　비 무 상 전 지 화

문득	있을	그물	그물	갈	재앙	가벼울	걸을	어조사	짐승	아닐	없을	상할	화살	어조사	재앙
1	5	2	2	3	4	1	2	3	4	6	5	2	1	3	4

◈ 직 역

문득 그물의 재앙이 있음이요/
가벼이 걷는 짐승은/
화살에 상하는 화가 없지 않느니라

◈ 낱말해설

라망 : 그물.
경보 : 가벼이 걸음. 조심하지 않고 돌아다님.
상전 : 화살에 다침.

◈ 영 역

in danger of being caught in a net;
an animal that roams around will have
the misfortune of being struck by an
arrow.

◈ 한자풀이

忽(心 8획) 문득 홀, 소홀히할 홀
羅(罒 19획) 그물 라, 비단 라, 돌 라
網(糸 14획) 그물 망, 그물질할 망
殃(歹 9획) 재앙 앙, 패할 앙, 해칠 앙
步(止 7획) 걸을 보, 걸음 보, 보병 보
獸(犬 19획) 짐승 수, 포 수
傷(亻 13획) 상할 상, 다칠 상, 근심할 상
箭(竹 15획) 화살 전, 살 전, 이대 전
禍(示 14획) 재앙 화, 재화내릴 화, 죄 화

실속없이 돌아다니다 보면
큰 화를 만날 수 있으니 조심하라.
수행자는 나가서 밥먹음을 좋아하지 말
고 수행자는 절 밖에서 자는 것을 즐겨
하지 말아라.

故 / 世尊 / 住雪山 / 六年 / 坐不動 / 達磨居少林

고 세 존　주 설 산　육 년　좌 부 동　달 마 거 소 림

까닭	인간	높을	머무를	눈	메	여섯	해	앉을	아닐	움직일	통달할	갈	살	적을	수풀
1	1	1	2	1	1	1	1	1	3	2	1	1	3	2

◈ 직 역

고로/세존께서/
설산에 주하시되/육년을/
앉아 움직이지 않으시고/
달마가 소림에 거하사

◈ 낱말해설

설산 : 히말라야산을 일컬음.
달마 : 선종의 동토 초조.
소림 : 숭산 소림사의 소림굴.

◈ 영 역

Thus the Buddha sat without moving for
six years and
Bodhidharma in the Shaolin cave spent

◈ 한자풀이

故(攵 9획) 까닭 고, 짐짓 고
尊(寸 12획) 높을 존, 술통 준
住(亻 7획) 머무를 주, 그칠 주, 세울 주
雪(雨 11획) 눈 설, 눈올 설, 흴 설
坐(土 7획) 앉을 좌, 무릎꿇을 좌, 지킬 좌
達(辶 13획) 통달할 달, 달할 달, 이를 달
磨(石 16획) 갈 마, 연자방아 마, 닳을 마
林(木 8획) 수풀 림, 야외 림, 많을 림

부처님께서는 늘 위의를 적정하게 하셨
고 모든 조사들도 그리하셨다.
동사섭의 이름으로 함부로 술자리에 앉
아서는 안 되며 화투놀이하고 담배 피
워서도 안 된다.

九歲／默無言／後來參禪者／何不依古蹤
구 세　묵 무 언　후 래 참 선 자　하 불 의 고 종

아홉	해		잠잠할	없을	말씀		뒤	올	참선할	선	사람		어찌	아닐	의지할	옛	자취
1			1	3	2		1		참선할		2		1	5	4	2	3

◈ 직　역

구년을／
묵묵히 말이 없으시니／
후래 참선자는／
어찌 옛 자취를 의지하지 않으리요

◈ 낱말해설

무언 : 말이 없음.
후래 : 뒤에 옴.
참선 : 마음을 닦음. 마음닦는 수행.
고종 : 옛 자취.

◈ 영　역

nine years without saying a word.
How then can later practitioners not
follow these examples?

◈ 한자풀이

歲(止 13획) 해 세, 세월 세, 나이 세
默(黑 16획) 잠잠할 묵, 검을 묵, 어두울 묵
後(彳 9획) 뒤 후, 성 후, 뒤질 후
參(厶 11획) 참선할 참, 참여할 참, 별이름 삼
禪(示 17획) 선 선, 고요할 선
何(彳 7획) 어찌 하, 무엇 하, 어느 하
依(彳 8획) 의지할 의, 병풍 의
蹤(足 18획) 자취 종, 좇을 종

기도, 참선 수행자는 반드시 명심하여
제불조사의 행적을 따르라.
괴각을 부려 앞선 스승들을 무시하고
도인흉내를 내면 모든 이들의 손가락질
을 받는다.

頌曰／身心把定元無動／默坐茅庵絶往來
송 왈　신 심 파 정 원 무 동　묵 좌 모 암 절 왕 래

기릴	가로되	몸	마음	잡을	정할	기운	없을	움직일	잠잠할	앉을	띠	암자	끊을	갈	올
1	2	1	2	4	3	5	7	6	1	3	2		5		4

◈ 직　역

송하여 가로되／ 몸과 마음을
정에 잡아 기운을 움직임이 없이하고／
묵묵히 모암에 앉아 왕래를 끊을지어다

◈ 낱말해설

정(定) : 삼매. 화두.
원(元) : 기운을 말함.
모암 : 띠로 이은 초라한 집.
왕래 : 오고 감.

◈ 영　역

The poem goes;
Enter meditation while holding mind
and body still,
sit by yourself in a hermitage,
without leaving and returning.

◈ 한자풀이

頌(頁 13획) 기릴 송, 송 송, 얼굴 용
把(扌 7획) 잡을 파, 비파 파, 줌통 파
定(宀 8획) 정할 정, 정하여질 정, 잘 정
元(儿 4획) 기운 원, 으뜸 원, 근원 원, 클 원
默(黑 16획) 잠잠할 묵, 입다물 묵
茅(艹 9획) 띠 모, 꼭두서니 매
庵(广 11획) 암자 암, 풀이름 암, 우거진모양 암
絶(糸 12획) 끊을 절, 절대로 절, 다할 절
往(彳 8획) 갈 왕, 옛 왕, 향할 왕

자나깨나 삼매에 들어
그 몸과 마음을 반듯하게 하라.
삼매의 힘과 일의 능력은 비례한다.
안의 빛이 겉으로 나타나기 때문이다.
삼매에 드는 수련을 끊임없이 하라.

125

적 적 료 료 무 일 사　단 간 심 불 자 귀 의

고요할	고요할	없을	한	일	다만	볼	마음	부처님	스스로	돌아갈	의지할
1	2	5	3	4	1	3	2		4		5

◈ 직　역

고요하고 고요하여
한 가지 일도 없이하고／
다만 마음의 부처님을 보아
스스로 귀의할지어다

◈ 낱말해설

일사 : 한 가지 일. 하나의 번뇌. 조금의 망상.
귀의 : 불타와 불법과 승가에 돌아가 의지함.

◈ 영　역

Calm and still without anything.
Observing your own mind,
return to and rely on the Buddha that is
within.

◈ 한자풀이

寂(宀 11획) 고요할 적, 평온할 적
寥(宀 14획) 고요할 료, 공허할 료
事(亅 8획) 일 사, 다스릴 사, 섬길 사
但(亻 7획) 다만 단, 무릇 단
看(目 9획) 볼 간, 방문할 간, 행할 간
心(心 4획) 마음 심, 근본 심, 가운데 심
佛(亻 7획) 부처님 불, 불교 불, 어그러질 불
自(自 6획) 스스로 자, 몸 자, 좇을 자
歸(止 18획) 돌아갈 귀, 보낼 귀, 의탁할 귀
依(亻 8획) 의지할 의, 좇을 의, 사랑할 의

마음 가운데 둥근 달이 떠오르면
온 세상이 한순간에 밝아지리라.
수억겁 세월의 찌든 어둠은 자취없이
사라지고.

기 사　단 친 선 우　막 결 사 붕　조 지 장 식

그	넉	다만	친할	착할	벗	말	맺을	삿될	벗	새	갈	장차	쉴
1	2	1	3	2		3	2	1		1	2	3	4

◈ 직　역

그 넷째는／다만 착한 벗을 친하고／
삿된 벗을 맺지 말라／
새가 장차 쉬려함에

◈ 낱말해설

친(親) : 가까이 함. 친함.
선우 : 착한 벗.
결(結) : 깊게 사귐.
사붕 : 삿된 벗.

◈ 영　역

The fourth,
Associate with virtuous friends and
avoid evil people.
When a bird wants to rest,

◈ 한자풀이

其(八 8획) 그 기, 어조사 기
親(見 16획) 친할 친, 일가 친, 동료 친
友(又 4획) 벗 우, 벗할 우, 우애있을 우, 성 우
莫(艹 11획) 말 막, 없을 막, 정할 막, 꾀할 막
結(糸 12획) 맺을 결, 맬 계
邪(阝 7획) 삿될 사, 간사할 사, 나머지 여
朋(月 8획) 벗 붕, 무리 붕
鳥(鳥 11획) 새 조, 섬 도
將(寸 11획) 장차 장, 장수 장, 어찌 장, 다만 장
息(心 10획) 쉴 식, 자식 식

공부, 기도, 참선, 봉사하는 데는
도반의 힘이 아주 중요하다.
도반이 성공의 절반 이상을 거들어 주
나니 도반을 잘 사귀어라.

必擇其林／人之求學／乃選師友
필 택 기 림 　 인 지 구 학 　 내 선 사 우

반드시 가릴 그 수풀 　 사람 갈 구할 배울 　 이에 가릴 스승 벗
1 4 2 3 　 1 2 4 3 　 1 4 2 3

◈ 직　역

반드시 그 숲을 가림이요／
사람이 배움을 구함에／
이에 스승과 벗을 가리나니.

◈ 낱말해설

지(之) : 여기서는 주격으로 쓰임.
학(學) : 배움. 글 공부. 참선수행.
사우 : 스승과 벗.

◈ 영　역

it chooses a good grove of trees.
Like this, a person who wants to learn
the way has to choose his teachers and
friends.

◈ 한자풀이

必(心 5획)　반드시 필, 오로지 필, 기필할 필
擇(扌 16획)　가릴 택, 사람이름 역
其(八 8획)　그 기, 어조사 기
林(木 8획)　수풀 림, 많을 들, 모일 림
求(水 7획)　구할 구, 요구 구, 탐낼 구, 책할 구
學(子 16획)　배울 학, 학자 학, 학문 학, 학교 학
乃(丿 2획)　이에 내, 뱃노래 애
選(辶 16획)　가릴 선, 뽑을 선, 셀 산, 무게 솰
師(巾 10획)　스승 사, 벼슬 사, 군사 사, 신령 사
友(又 4획)　벗 우, 벗할 우, 우애 우

그것이 전생의 복이었든지
현생에 지은 복이든지
좋은 도반, 훌륭한 스승은
불교 배움의 가장 큰 복이다.

擇林木則其止也安／選師友則其學也高
택 림 목 즉 기 지 야 안 　 선 사 우 즉 기 학 야 고

가릴 수풀 나무 곧 그 그칠 어조사 편안할 　 가릴 스승 벗 곧 그 배울 어조사 높을
2 1 2 4 5 6 7 8 　 3 1 2 4 5 6 7 8

◈ 직　역

숲과 나무를 가린 즉
그 머무름이 편안하고／
스승과 벗을 가린 즉
그 배움이 높아지느니라

◈ 낱말해설

지(止) : 머무름. 잠시 쉼.
선(選) : 가림. 선택함.

◈ 영　역

If a bird chooses a good grove,
it rests peacefully.
If teachers and friends are well chosen,
great learning will be attained.

◈ 한자풀이

擇(扌 16획)　가릴 택, 사람이름 택
林(木 8획)　수풀 림, 많을 들, 모일 들
則(刂 9획)　곧 즉, 곧 측, 법 칙, 법 측
其(八 8획)　그 기, 어조사 기
止(止 4획)　그칠 지, 발 지, 어조사 지
也(乙 3획)　어조사 야, 또 야, 잇달을 이
安(宀 6획)　편안할 안, 어찌 안, 이에 안
選(辶 16획)　가릴 선, 선택 선, 잠깐 선
友(又 4획)　벗 우, 벗할 우, 우애있을 우
學(子 16획)　배울 학, 학자 학, 학문 학, 학교 학
高(高 10획)　높을 고, 높이 고

스승은 나의 부모요 도반은 나의 형제다.
부모형제 만나서 가족이루듯
스승도반 만나서 큰 가족, 총림 이룬다.

127

故／承事善友／如父母／遠離惡友／似寃家
고　승사선우　여부모　원리악우　사원가

까닭	받들	섬길	착할	벗	같을	아비	어미	멀	떠날	나쁠	벗	같을	원수	집
1	3	4	1	2	2	1		3	4	1	2	3	1	2

◈ 직　역

고로／착한 벗 받들어 섬기기를／
부모 같이 하고／ 나쁜 벗 멀리 여의기를／
원수의 집 같이 할지니라

◈ 낱말해설

고(故) : 그런 까닭. 이유. 말미암음.
승사 : 받들어 섬김.
원가 : 원수진 집.

◈ 영　역

Therefore,
show devotion to good friends
as you would to your mother and father,
and keep wicked acquaintances far away
from you.

◈ 한자풀이

故(攵 9획)　까닭 고, 일 고, 예 고, 본디 고
承(手 8획)　받들 승, 이을 승, 건질 승
事(亅 8획)　섬길 사, 일 사, 부릴 사, 찌를 사
善(口 12획)　착할 선, 친할 선, 길할 선
友(又 4획)　벗 우, 벗할 우, 우애있을 우, 성 우
如(女 6획)　같을 여, 접속사 여, 만일 여
父(父 4획)　아비 부, 남자미침 보
母(母 5획)　어미 모, 밑천 모, 엄지 모, 암컷 모
遠(辶 14획)　멀 원, 멀리할 원, 멀어질 원
離(隹 19획)　떠날 리, 떨어질 리, 흩어질 리
似(亻 7획)　같을 사, 이을 사, 닮을 사
寃(宀 11획)　원수 원, 원통할 원, 원한 원
家(宀 10획)　집 가, 마나님 고

착한 벗은 아주 중요하다.
나를 나 되도록 하기 때문이다.

鶴無烏朋之計／鵬豈鷦友之謀／松裏之葛
학무오붕지계　붕기초우지모　송리지갈

새	없을	까마귀	벗	갈	피할	붕새	어찌	뱁새	벗	갈	피	소나무	속	갈	칡
1	6	2	3	4	5	1	2	3	4	5	6	1	2	3	4

◈ 직　역

학은 까마귀와 벗할 생각이 없거니／
붕새가 어찌 뱁새와 벗할 생각이 있으리오／
소나무 속의 칡은

◈ 낱말해설

학(鶴) : 희고 깨끗함으로 생각하여 예를 듦.
오(烏) : 검고 깨끗지 못함으로 생각하여 예를 듦.
붕(朋) : 꿈이 원대한 새라고 생각하여 예를 듦.
초(鷦) : 꿈이 보잘것없는 새라고 생각하여 예를 듦.

◈ 영　역

Just as a crane does not associate with
crows, how could a majestic phoenix
associate with cowbirds?
Among a forest of pine trees, even an
arrowroot vine

◈ 한자풀이

鶴(鳥 21획)　새 학, 흴 학, 성 학, 두루미 학
烏(火 10획)　까마귀 오, 나라이름 아, 어찌 오
朋(月 8획)　벗 붕, 떼 붕, 쌍 붕, 쌍조개 붕
計(言 9획)　피할 계, 계산 계, 피 계, 헤아릴 계
鵬(鳥 19획)　붕새 붕
豈(豆 10획)　어찌 기, 그 기, 바랄 기
鷦(鳥 23획)　뱁새 초, 굴뚝새 초
謀(言 16획)　피 모, 피할 모
松(木 8획)　소나무 송, 성 송
裏(衣 13획)　속 리, 안 리, 다스려질 리
葛(艹 13획)　칡 갈, 덩굴 갈, 갈도 갈

큰 원력을 갖고
크게 수행하는 도반들 속에 들어가라.
그래야 큰 사람이 된다.

<table>
<tr><td colspan="4">直聳千尋</td><td colspan="4">茅中之木</td><td colspan="4">未免三尺</td><td colspan="4">無良小輩</td></tr>
<tr><td>직</td><td>용</td><td>천</td><td>심</td><td>모</td><td>중</td><td>지</td><td>목</td><td>미</td><td>면</td><td>삼</td><td>척</td><td>무</td><td>량</td><td>소</td><td>배</td></tr>
<tr><td>곧을
2</td><td>솟을
3</td><td>일천
1</td><td>한길</td><td>띠
1</td><td>가운데
2</td><td>어조사
3</td><td>나무
4</td><td>아닐
3</td><td>면할
2</td><td>석
1</td><td>자</td><td>없을
2</td><td>어질
1</td><td>작을</td><td>무리
3</td></tr>
</table>

◈ 직 역

천길을 곧 바로 솟음이요/
띠 가운데 나무는/
석자를 면하지 못함이니/
어질지 못한 소인배는

◈ 낱말해설

천심 : 천길. 아주 높음. 한길은 2m 40cm.
삼척 : 석자. 한자는 30.3cm.
소배 : 소인배. 소인의 무리.

◈ 영 역

can rise a hundred meters into the sky,
but in a field of weeds, even a pine tree
can't rise more than three feet.
Keep far away from low-minded and
malevolent people,

◈ 한자풀이

直(目 8획) 곧을 직, 값 치
聳(耳 17획) 솟을 용, 삼갈 용, 바랄 용
千(十 3획) 일천 천, 천번 천, 밭두둑 천
尋(寸 12획) 한길 심, 찾을 심, 이를 심
茅(艸 9획) 띠 모, 띠 벨
未(木 5획) 아닐 미, 미래 미, 계속될 미
免(儿 7획) 면할 면, 상복 문, 벗어날 면
尺(尸 4획) 자 척, 길이 척, 법도 척
無(火 12획) 없을 무, 아닐 무, 말 무
良(艮 7획) 어질 량, 무덤 랑, 도깨비 량
小(小 3획) 작을 소, 짧을 소, 낮을 소, 어릴 소
輩(車 15획) 무리 배, 번 배

도반을 잘 만나면 그로인해 성장하지만
도반을 잘못 만나면 그로인해 퇴보하리라.

<table>
<tr><td colspan="3">頻頻脫</td><td colspan="4">得意高流</td><td colspan="3">數數親</td><td colspan="2">頌曰</td></tr>
<tr><td>빈</td><td>빈</td><td>탈</td><td>득</td><td>의</td><td>고</td><td>류</td><td>삭</td><td>삭</td><td>친</td><td>송</td><td>왈</td></tr>
<tr><td>급할
1</td><td>급할</td><td>벗을
2</td><td>얻을
2</td><td>뜻
1</td><td>높을
3</td><td>흐를
4</td><td>자주
1</td><td>자주</td><td>친할
2</td><td>기릴
1</td><td>가로되
2</td></tr>
</table>

◈ 직 역

빨리 빨리 떼어내고/의식있는 높은 부류
는/자주자주 친할지어다/
송하여 가로되

◈ 낱말해설

빈빈 : 빨리빨리.
득의 : 의식이 있음. 생각이 깨어있음.
고류 : 뛰어나고 훌륭한 사람들.
삭삭 : 자주자주. 여러번.

◈ 영 역

and always stay close to those
outstanding beings who have attained
the great meaning.
The poem goes;

◈ 한자풀이

頻(頁 16획) 급할 빈, 자주 빈, 절박할 빈
脫(月 11획) 벗을 탈, 허물벗을 열, 느릴 태
得(彳 11획) 얻을 득, 이익 득, 만족할 득
意(心 13획) 뜻 의, 뜻할 의, 한숨쉬 희
高(高 10획) 높을 고, 뽐낼 고, 성 고, 높은곳 고
流(氵 10획) 흐를 류, 옮겨갈 류, 남길 류
數(攵 15획) 자주 삭, 빠릴할 삭, 자주할 삭
親(見 16획) 친할 친, 사랑할 친, 어버이 친
頌(頁 13획) 기릴 송, 송 송, 얼굴 용
曰(曰 4획) 가로되 왈, 이를 왈

소인배는 멀리하고
대인은 가까이 하라.
생각이 살아있고 의식이 깨어있는 사람
이 대인(大人)이다.

머무를	그칠	가벼울	갈	구할	착할	벗	몸	마음	결정할	가릴	갈	가시	티끌
1	2	3	5	4			1	2	3	5		4	

◈ 직 역

머무르고 쉬고 경행함에 선우를 구하여／
몸과 마음으로 결택하여 가시와 티끌을
없앨지어다

◈ 낱말해설

경행 : 경명행수(經明行修). 불도를 닦는 일.
　　　가볍게 거늾. 천천히 걸음.
선우 : 착한 벗. 좋은 벗.
결택 : 가리어 결단함. 의심을 끊고 이치를 분별함.
　　　결단코 잘 앎.
형진 : 가시덤불과 티끌.

◈ 영 역

Whether staying in one place or traveling
around, always associate with virtuous
people, while removing all weeds and
dust from body and mind.
When all weeds and dust are removed,

◈ 한자풀이

住(亻 7획) 머무를 주, 그칠 주, 세울 주
止(止 4획) 그칠 지, 머무를 지, 그만둘 지
經(糸 13획) 가벼울 경, 지날 경, 지낼 경
須(頁 12획) 구할 수, 모름지기 수, 바랄 수
友(又 4획) 벗 우, 벗할 우, 우애있을 우
決(氵 7획) 결정할 결, 터질 결, 결코 결
擇(扌 16획) 가릴 택
去(厶 5획) 갈 거, 예전 거, 덜 거
荊(艹 10획) 가시 형, 모형나무 형
塵(土 14획) 티끌 진, 속세 진

어떤 경우든지,
옳은 친구가 있으면 큰 힘이 된다.
옳은 친구는 나의 선지식이다.
옳은 친구는 나의 공부를 완성시켜 준다.

가시	티끌	쓸	다할	통할	앞	길	마디	걸음	아닐	떠날	뚫을	조사	문빗장
1		3	2	5	4		1		3	2	5	4	

◈ 직 역

가시와 티끌을 다 쓸어서 앞길이 열리면／
몇 걸음 옮기지 않고 조사관을 뚫으리라

◈ 낱말해설

형진 : 번뇌. 망상. 마장.
촌보 : 적은 수의 걸음. 조금 걷는 걸음.
조관 : 조사관. 조사의 관문. 깨달음에 들어가는데
　　　통과해야하는 관문.

◈ 영 역

The way forward will suddenly be bright
and clear,
Without taking even one step forward,
you penetrate the meaning of the
Patriarchs.

◈ 한자풀이

掃(扌 11획) 쓸 소, 버릴 소, 거절할 소
通(辶 11획) 통할 통, 사귈 통, 두루 통
前(刂 9획) 앞 전, 인도할 전, 자를 전
路(足 13획) 길 로, 울짱 락
寸(寸 3획) 마디 촌, 약간 촌, 마음 촌
步(止 7획) 걸음 보, 걸릴 보, 행위 보
離(隹 19획) 떠날 리, 흩어질 리, 가를 리
透(辶 11획) 뚫을 투, 통할 투, 놀랄 투, 던질 투
關(門 19획) 문빗장 관, 시위당길 완

공부가 익어가면 자연히 그 마음이
열려 우주와 하나가 된다.
공부가 익지않은 사람은 그 마음이 옹졸
하여 바늘 하나 꽂을 자리도 없다.
공부하라, 그러면 마음이 넓어질 것이다.

其五/除三更外/不許睡眠/曠劫障道
기 오 제 삼 경 외 불 허 수 면 광 겁 장 도

그 다섯 덜 석 고칠 바깥 아닐 허락할 졸 잘 멀 겁 막힐 길
1 2 2 1 3 3 2 1 1 3 2

◈ 직 역

그 다섯째는/삼경을 제한 외에/
수면을 허용치 말지어다/
오랜 세월 도를 장애함은

◈ 낱말해설

삼경 : 통상적으로 밤 11시에서 새벽 1시까지를 말
　　　하나 여기서는 1경을 두시간으로 잡았을 때
　　　3개의 경이므로 요즘의 6시간을 말하는 것이
　　　됨. 즉, 잠을 여섯시간만 자라고 함.

광겁 : 오랜 세월.

◈ 영 역

The fifth. Don't sleep outside of the
fixed hours for sleeping.
Ever since ancient times, sleep has been
considered to be

◈ 한자풀이

除(阝 10획) 덜 제, 섬돌 제, 사월 여, 갈 제
更(日 7획) 고칠 경, 다시 갱
外(夕 5획) 바깥 외, 타향 외, 외가 외
許(言 11획) 허락할 허, 이영차 호
睡(目 13획) 졸 수, 잘 수, 잠 수
眠(目 10획) 잘 면, 쉴 면, 시들 면
曠(日 19획) 멀 광, 빌 광, 밝을 광
劫(力 7획) 겁 겁, 위협할 겁, 빼앗을 겁
障(阝 14획) 막힐 장, 방죽 장

너무 많이 자지 말고
규칙적인 생활을 하라.
맘껏 퍼져 자면서 일을 성취하는 사람
은 없다. 깨어 부지런한 사람은 반드시
목표에 도달한다.

睡魔莫大/二六時中/惺惺起疑而不昧
수 마 막 대 이 륙 시 중 성 성 기 의 이 불 매

졸 마귀 없을 큰 두 여섯 때 가운데 깰 깰 일어날 의심할 말이을 아닐 어두울
1 3 2 1 2 3 1 3 2 4 6 5

◈ 직 역

수마보다 큰 것이 없으니/하루 가운데/
성성하게 의정을 일으켜 어둡지 않으며

◈ 낱말해설

수마 : 수면에 대한 욕망을 마구니와 같은 장애로 봄.
이륙시 : 2×6=12. 옛날 시간 계산으로 하루를 12지
　　　　에 바탕을 두어 12시로 보았음.
　　　　요즘의 하루 24시간을 말함. 하루.
성성 : 또렷또렷. 의식이 깨어있음.

◈ 영 역

the greatest hindrance to spiritual cultivation.
For the entire day, keep the hwadu with
a clear mind and don't allow yourself
to become dull.

◈ 한자풀이

魔(鬼 21획) 마귀 마, 마술 마, 인 마
莫(艹 11획) 없을 막, 말 막, 저물 모
大(大 3획) 큰 대, 클 태, 클 다
時(日 10획) 때 시, 철 시, 때때로 시
中(丨 4획) 가운데 중, 마음 중, 곧을 중
惺(忄 12획) 깰 성, 영리할 성, 깨달을 성
起(走 10획) 일어날 기, 일으킬 기, 병고칠 기
疑(疋 14획) 의심할 의, 의심 의, 두려워할 의
而(而 6획) 말이을 이, 편안할 능
昧(日 9획) 어두울 매, 새벽 매, 쪼갤 매

언제나 깨어 있으려고 노력하라.
그리고 또렷또렷한 의식을 챙겨라.
그리하면 하는 일마다 분명하리라.

131

四威儀內／密密廻光而自看／一生／空過
사 위 의 내　밀 밀 회 광 이 자 간　일 생　공 과

넉	위엄	거동	안	빽빽할	빽빽할	돌릴	빛	말이을	스스로	볼	한	날	빌	지날
1	2	3		1		3	2	4	5	6	1		1	2

◈ 직 역

네가지 위의 안에／밀밀이 빛을 돌이켜 스
스로를 보라／일생을／헛되이 보내면

◈ 낱말해설

사위의 : 행주좌와의 법다운 차림새.
밀밀 : 빈틈없고 끊임없이.
회광 : 광명을 돌이킴.
공과 : 헛되이 지냄.

◈ 영 역

Whether you are sitting, standing, lying,
or moving, always return to the bright
light within you and carefully examine
your mind.
If you pass your life idly,

◈ 한자풀이

威(女 9획) 위엄 위, 위세 위, 험할 위
儀(亻 15획) 거동 의, 관습 의, 바를 의
內(入 4획) 안 내, 몰래 내, 안으로할 내
密(宀 11획) 빽빽할 밀, 깊숙할 밀, 힘쓸 밀
廻(廴 9획) 돌 회, 피할 회, 통할 회
光(儿 6획) 빛 광, 빛낼 광, 클 광
看(目 9획) 볼 간, 뵐간, 지킬 간
空(穴 8획) 빌 공, 구멍 공, 막힐 공
過(辶 13획) 지날 과, 허물 과

어디서고 화두를 꼭 챙겨
끊임없이 자신을 들여다 보라.
바깥으로 치닫던 에너지를
안쪽으로 돌려서 '나는 누구인가'
'이 뭣꼬'를 궁구하라.

萬劫／追恨／無常／刹那／乃日日而驚怖
만 겁　추 한　무 상　찰 나　내 일 일 이 경 포

일만	겁	따를	한할	없을	항상	짧은시간	어찌	곧	날	날	말이을	놀랄	두려울
1	2	2	1	2	1	1		1	2		3	4	5

◈ 직 역

만겁에／ 한이 따름이니／ 덧 없음은／
찰나라／이에 나날이 놀랍고 두려움이요

◈ 낱말해설

만겁 : 영원한 시간.
찰나 : 아주 짧은 시간.
경포 : 놀랍고 두려움.

◈ 영 역

grief will follow you for a thousand
kalpas.
Time passes in an instant,
everyday you should be alarmed at where
the time went.

◈ 한자풀이

萬(艹 13획) 일만 만, 춤이름 만
劫(力 7획) 겁 겁, 겁탈할 겁
追(辶 10획) 따를 추, 갈 퇴, 따를 수
恨(忄 9획) 한할 한, 뉘우칠 한, 한 한
常(巾 11획) 항상 상, 범상 상, 일찍 상
刹(刂 8획) 짧은시간 찰, 절 찰, 탑 찰
那(阝 7획) 어찌 나, 무엇 나, 어조사 내
乃(丿 2획) 곧 내, 이에 내, 너 내
驚(馬 23획) 놀랄 경, 빠를 경
怖(忄 8획) 두려울 포, 떨 포, 으를 포

세월은 신속하고 신속하니
시간을 금쪽같이 쓸 줄 알아야 한다.
시간은 누구에게나 공통으로 다가오지
만 그 가치는 사람에 따라서 달라진다.

132

人命須臾 / 實時時而不保 / 若未透祖關
인 명 수 유 실 시 시 이 불 보 약 미 투 조 관

사람	목숨	잠깐	잠깐	열매	때	때	말이을	아닐	보존할	만약	아닐	뚫을	조사	문빗장
1	2	3	4	1	2		3	5	4	1	4	3		2

◆ 직 역

사람의 목숨은 잠깐이라/
실로 때때로 보존하지 못하니라/
만약 조사관을 뚫지 못함인댄

◆ 낱말해설

수유 : 잠깐.
미투 : 뚫지 못함.
조관 : 조사관. 조사의 문빗장. 화두. 숙제.

◆ 영 역

Even though it is said that life is short,
in fact nobody can guarantee whether
they will be alive even an instant from
now.
If you still haven't penetrated the great
meaning of the Patriarchs,

◆ 한자풀이

命(口 8획) 목숨 명, 운수 명, 명할 명
臾(臼 9획) 잠깐 유, 권할 용, 삼태기 궤
實(宀 14획) 열매 실, 이를 지
而(而 6획) 말이을 이, 편안할 능
保(亻 9획) 보존할 보, 지킬 보, 도울 보
若(艹 9획) 만약 약, 같을 약, 건초 야
未(未 5획) 아닐 미, 미래 미
透(辶 11획) 뚫을 투, 통할 투, 환할 투, 놀랄 투
祖(示 10획) 조사 조, 선조 조, 조상 조, 처음 조
關(門 19획) 문빗장 관, 관문 관, 참여할 관

죽는 날은 정해져 있지 않으니
언제라도 그 날을 대비해야 한다.
내일 죽는다면 무엇을 할 것인가.
지금 당장 죽는다면 무엇을 할 것인가.

如何安睡眠 / 頌曰 / 睡蛇雲籠心月暗
여 하 안 수 면 송 왈 수 사 운 롱 심 월 암

같을	어찌	편안할	졸	잘	기릴	가로되	졸	뱀	구름	재롱	마음	달	어두울
1		2	3		1	2	1		2	3	4		5

◆ 직 역

어떻게 편안히 잠을 자리요/
송하여 가로되/
수마의 구름끼어 마음 달 어두우니

◆ 낱말해설

수사 : 졸음의 뱀. 즉, 수마를 나타냄.
운롱 : 구름재롱. 즉, 구름이 끼다의 뜻.
심월 : 마음 달. 자기본성. 참자기.

◆ 영 역

how can you sleep peacefully?
The poem goes;
Worse than a poisonous snake, sleepiness
clouds the moon of mind

◆ 한자풀이

如(女 6획) 같을 여, 좋을 여, 만일 여
何(亻 7획) 어찌 하, 짐 하
安(宀 6획) 편안할 안, 안존할 안, 이에 안
睡(目 13획) 졸 수, 잠 수
蛇(虫 11획) 뱀 사, 구불구불갈 이
雲(雨 12획) 구름 운, 하늘 운
籠(竹 22획) 재롱 롱, 농 롱, 대이름 롱
心(心 4획) 마음 심, 가운데 심, 근본 심
暗(日 13획) 어두울 암, 그윽할 암, 깊숙할 암

눈꺼풀의 그림자가 정신을 혼미하게 하
여 마음달 가리는 순간에 '관세음보살'
을 부를 수 있다면 또는, '화두'를 놓지
않을 수 있다면 참으로 값진 인생을 살
았다!

行人到此盡迷程／箇中拈起吹毛利
행 인 도 차 진 미 정　개 중 염 기 취 모 리

갈	사람	이를	이	다할	헤맬	길	이 가운데	잡을	일어날	불	털	날카로울
1	3	2	4	6	5		1	3	4		2	

◈ 직　역

수행인이 여기에 이르러
다 길을 헤매임이로다／
이 가운데 취모리를 빼어 들면

◈ 낱말해설

행인 : 수행자.
취모리 : 아주 날이 잘 드는 칼. 칼날이 날카로와서
　　　　털을 대기만해도 잘라지는 정도의 보검.
　　　　여기서는 '화두'로 보면 됨.
　　　　또는 화두의 타파. 지혜의 완성

◈ 영　역

practitioners forget which way to go
when they reach this point.
If you hold up a sharp-edged sword,

◈ 한자풀이

到(刂 8획) 이를 도, 속일 도, 거꾸로 도
此(止 6획) 이 차, 이에 차
盡(皿 14획) 다할 진, 모두 진, 가령 진
迷(辶 10획) 헤맬 미, 미혹할 미
程(禾 12획) 길 정, 법식 정, 단위 정, 한도 정
箇(竹 14획) 이 개, 낱 개, 어조사 개
拈(扌 8획) 잡을 념, 집을 점
起(走 10획) 일어설 기, 일어날 기, 일으킬 기,
　　　　　　다시 기
吹(口 7획) 불 취, 바람 취
毛(毛 4획) 털 모, 짐승 모, 모피 모

정신차려 눈을 뜨면
세상은 본래로 밝아 있다.
눈을 뜨라. 지혜의 눈을.

雲自無形月自明／其六／切莫妄自尊大
운 자 무 형 월 자 명　기 육　절 막 망 자 존 대

구름	스스로	없을	모양	달	스스로	밝을	그	여섯	절대	말	허망할	스스로	높을	큰
1	2	4	3	5	6	7	1	2	1	5	2	3		4

◈ 직　역

구름은 저절로 형태 없어지고 달은 스스로
밝으리라／그 여섯째는／절대 망령되이
스스로를 존대하지 말고

◈ 낱말해설

운(雲) : 구름. 여기서는 번뇌. 망상을 뜻함.
월(月) : 부처. 자성. 자기자신. 마음.
존대 : 높이고 크게함. 크게 높임.

◈ 영　역

the clouds vanish, revealing the brightly
shining moon.
The sixth,
Don't feel that you are superior to others,

◈ 한자풀이

雲(雨 12획) 구름 운, 하늘 운, 성 운
自(自 6획) 스스로 자, 저절로 자, 처음 자
無(火 12획) 없을 무, 아닐 무, 말 무
形(彡 7획) 모양 형, 몸 형, 형세 형
明(日 8획) 밝을 명, 밝힐 명, 나타날 명
其(八 8획) 그 기, 어조사 기
切(刀 4획) 절대 절, 벨 절, 절박할 절,
　　　　　　중요로울 절
莫(艹 11획) 말 막, 없을 막, 피할 막
妄(女 6획) 허망할 망, 망령될 망, 잊을 망
尊(寸 12획) 높을 존, 술통 준

수행자여!
스스로 높이지 말아라.
그리고 남을 업신여기지도 말아라.

輕慢他人 / 修仁得仁 / 謙讓 / 爲本 / 親友和友
경 만 타 인　수 인 득 인　겸 양　위 본　친 우 화 우

가벼울 게으를	남 사람	닦을 어질	얻을 어질	겸손할 사양할	할 근본	친할 벗	화할 벗
2	1	2 1	4 3	1	2 1	2 1	4 3

◈ 직　역
타인을 절대 경만하지 말지어다 /
어짐을 닦고 어짐을 얻음은 /
겸양이 / 근본이 됨이요 /
벗과 친하고 벗과 화합함은

◈ 낱말해설
경만 : 가벼이 업신여김.
득인 : 어짐을 체득함.
겸양 : 겸손하여 사양함. 겸손과 사양.
　　　 겸손과 양보.

◈ 영　역
and don't look down upon others.
Humility and modesty are the source of
all good human qualities.
Friendship arises

◈ 한자풀이
輕(車 14획) 가벼울 경, 경솔할 경
慢(忄 14획) 게으를 만, 거만할 만
他(亻 5획) 남 타, 다를 타, 겹칠 타
修(亻 10획) 닦을 수, 다스릴 수, 갖출 수
謙(言 17획) 겸손할 겸, 공경할 겸, 덜 겸
讓(言 24획) 사양할 양, 겸손할 양, 넘겨줄 양
爲(爫 12획) 할 위, 위할 위, 다스릴 위
本(木 5획) 근본 본, 밑 본, 바탕 본
親(見 16획) 친할 친, 사랑할 친, 친애 친,
　　　　　　 어버이 친
和(口 8획) 화할 화, 답할 화, 모일 화

된 사람은 자기를 낮출 줄 안다.
자기 낮춤이
곧 인격의 잣대가 되기도 한다.

敬信 / 爲宗 / 四相山 / 漸高 / 三途海 / 益深
경 신　위 종　사 상 산　점 고　삼 도 해　익 심

공경할 믿을	할 마루	넉 모습 메	차차 높을	석 길 바다	더할 깊을
1 2	2 1	1	1 2	1 2	1 2

◈ 직　역
경신이 / 으뜸이니라 / 사상산이 / 점점　높아
지면 / 삼악도의 바다가 / 더욱 깊어지나니

◈ 낱말해설
경신 : 공경과 믿음. 믿음으로 공경함.
　　　 공경스런 믿음.
사상산 : 아상, 인상, 중생상, 수자상의 네 가지 관념.

◈ 영　역
from respect and trust.
Without humility, the false ideas of self
form a mountain that becomes higher
and higher.
And the ocean of the three evil rebirths,
becomes deeper and deeper.

◈ 한자풀이
敬(攵 13획) 공경할 경, 정중할 경, 삼갈 경
信(亻 9획) 믿을 신, 펼 신
宗(宀 8획) 마루 종, 사당 종, 우두머리 종
相(目 9획) 모습 상, 서로 상, 바탕 상, 도울 상
漸(氵 14획) 차차 점, 험할 참, 적실 점
高(高 10획) 높을 고, 높일 고, 뽐낼 고
途(辶 11획) 길 도, 도로 도
海(氵 10획) 바다 해, 바닷물 해, 성 해
益(皿 10획) 더할 익, 넘칠 일
深(氵 11획) 깊을 심, 너비 심, 성 심

잘났다는 상이 클수록,
세상살이가 더 힘들어진다.
잘났음은 상대가 인정할 영역이지
자기 소관이 아니다.

外現威儀 / 如尊貴 / 內無所得 / 似朽舟
외 현 위 의   여 존 귀   내 무 소 득   사 후 주

바깥	나타날	위엄	거동	같을	높을	귀할	안	없을	바	얻을	같을	썩을	배
1	2	3		2	1		1	3	2		3	1	2

◈ 직 역

밖으로 나타난 위의는 /
존귀한 것 같으나 /
안으로 얻은 바 없음은 /
썩은 배와 같으니라

◈ 낱말해설

위의 : 위엄있는 거동.
존귀 : 높고 귀함.
후주 : 썩은 배.

◈ 영 역

Outward solemnity seems noble,
but if there is no inner attainment,
then it is like a rotten ship.

◈ 한자풀이

現(玉 11획) 나타날 현, 이제 현
威(女 9획) 위엄 위, 거동 위, 힘 위,
　　　　　　두려워할 위
儀(亻 15획) 거동 의, 본보기 의, 예의 의
尊(寸 12획) 높을 존, 높일 존, 무거울 존
貴(貝 12획) 귀할 귀, 바랄 귀, 번영할 귀
內(入 4획) 안 내, 들일 납
所(戶 8획) 바 소, 지위 소, 있을 소
似(亻 7획) 같을 사, 이을 사, 닮을 사
朽(木 6획) 썩을 후, 쇠할 후, 구릴 후
舟(舟 6획) 배 주, 고을 주, 나라이름 주

겉모양은 그럴 듯하나 속 모습이 비어
있다면 참으로 가관이다.
속이 찬 공부인이 되라.

官益大者 / 心益小 / 道益高者 / 意益卑
관 익 대 자   심 익 소   도 익 고 자   의 익 비

벼슬	더할	큰	사람	마음	더할	작을	길	더할	높을	사람	뜻	더할	낮을
1	2	3	4	1	2	3	1	2	3	4	1	2	3

◈ 직 역

벼슬이 더욱 크려는 사람은 /
마음을 더욱 작게 하고 /
도가 더욱 높아 지려는 사람은 /
뜻을 더욱 낮출지니라

◈ 낱말해설

대자 : 큰 사람. 크고자 하는 사람.
　　　 미래형으로 해석.
고자 : 높은 사람. 높아지고자 하는 사람.
　　　 미래형으로 해석.

◈ 영 역

As officials increase in position,
their minds become smaller.
As the spiritual cultivation of a practitioner
deepens, they become more humble.

◈ 한자풀이

官(宀 8획) 벼슬 관, 일 관, 섬길 관
益(皿 10획) 더할 익, 더해질 익, 이로울 익,
　　　　　　많을 익
者(耂 9획) 사람 자, 것 자, 곳 자, 어조사 자
小(小 3획) 작을 소, 적을 소, 조금 소
道(辶 13획) 길 도, 순할 도, 말할 도, 인도할 도
高(高 10획) 높을 고, 높일 고, 뽐낼 고
意(心 13획) 뜻 의, 아 희
卑(十 8획) 낮을 비, 하여금 비, 현이름 반

높아지려면 낮추어라.
낮춤없이 높아지지 않는다.

人我山崩處 / 無爲道自成 / 凡有下心者

인 아 산 붕 처　무 위 도 자 성　범 유 하 심 자

사람 나 메 무너질 곳　없을 할 길 스스로 이룰　무릇 있을 아래 마음 사람
1　　2　3　　1　　2　3　　1　3　2　4

◈ 직　　역

인아의 산이 무너지는 곳에 /
무위도가 저절로 이루어지나니 /
무릇 하심함이 있는 사람은

◈ 낱말해설

인아 : 인상과 아상.
무위도 : 함이 없는 도. 조작이 없는 본래의 세계.
　　　　　깨달음의 경지. 열반. 무루도.
하심 : 마음을 겸허하게 낮춤.

◈ 영　　역

When the distinction between you and I
disappears,
the supreme path is naturally achieved.
To those who are humble

◈ 한자풀이

我(戈 7획) 나 아, 나의 아, 아집부릴 아
崩(山 11획) 무너질 붕, 흩어질 붕, 앓을 붕
處(虍 11획) 곳 처, 살 처, 사람이름 거
無(火 12획) 없을 무, 아닐 무, 말 무
道(辶 13획) 길 도, 순할 도, 말할 도, 인도할 도
成(戈 7획) 이룰 성, 갖출 성, 우거질 성
凡(几 3획) 무릇 범, 보통 범, 모두 범
有(月 6획) 있을 유, 가질 유, 소유 유
下(一 3획) 아래 하, 내릴 하, 낮출 하
者(耂 9획) 사람 자, 곳 자, 어조사 자

참된 보살은 지극히 그 마음을 낮춘다.
그래서 보살이라 하는 것이다.
그런데 사람들은
그를 높다고 칭찬한다.

萬福 / 自歸依 / 頌曰 / 憍慢塵中藏般若

만 복　자 귀 의　송 왈　교 만 진 중 장 반 야

일만 복　스스로 돌아갈 의지할　기릴 가로되　교만할 거만할 티끌 가운데 감출 반야 반야
1　　1　2　3　　1　2　　1　2　3　5　4

◈ 직　　역

만복이 / 스스로 돌아와 의지하느니라 /
송하여 가로되 /
교만의 티끌 가운데 반야가 묻힘이요

◈ 낱말해설

만복 : 온갖 복.
귀의 : 돌아와 의지함. 돌아와 붙음.
교만 : 잘난체 함. 거만함.
반야 : 사물의 바른 통찰력. 지혜

◈ 영　　역

endless blessings flow naturally
The poem goes;
Wisdom is buried under arrogance,

◈ 한자풀이

萬(艹 13획) 일만 만, 클 만, 반드시 만
福(示 14획) 복 복, 간직할 부
歸(止 18획) 돌아갈 귀, 보낼 귀, 의탁할 귀
依(亻 8획) 의지할 의, 병풍 의
頌(頁 13획) 기릴 송, 송 송
憍(忄 15획) 교만할 교, 방자할 교
慢(忄 14획) 거만할 만, 게으를 만
藏(艹 18획) 감출 장, 숨을 장, 곳집 장
般(舟 10획) 반야 반, 일반 반, 돌 반
若(艹 9획) 반야 약, 만약 약, 건초 약, 같을 약

교만심은 복을 쫓아낼 뿐 아니라
반야지혜를 묻어 버린다.

<table>
<tr><td colspan="7">我 人 山 上 長 無 明</td><td colspan="7">輕 他 不 學 躘 踵 老</td></tr>
<tr><td>아</td><td>인</td><td>산</td><td>상</td><td>장</td><td>무</td><td>명</td><td>경</td><td>타</td><td>불</td><td>학</td><td>용</td><td>종</td><td>로</td></tr>
</table>

나	사람	메	위	길	없을	밝을	가벼울	남	아닐	배울	뒤뚱걸을	발꿈치	늙을
1		2	4	3			2	1	4		3	5	6

◈ 직 역

아인산 위에 무명을 기름이로다/
남을 가벼이 하여 배우지 않고 뒤뚱뒤뚱
늙어 노인되면

◈ 낱말해설

무명 : 어리석음. 밝지못함. 지혜없음.
용종 : 비틀거리며 잘 걷지 못하는 모양.
　　　 어린 아이처럼 아장아장 걷는 모양.

◈ 영 역

ignorance feeds upon distinctions of you
and I.
While looking down on others and not
practicing, you grow old and sick.

◈ 한자풀이

我(戈 7획)　나 아, 나의 아, 아집부릴 아
山(山 3획)　메 산, 산신 산, 절 산
長(長 8획)　길 장, 클 장, 늘 장
無(火 12획)　없을 무, 아닐 무, 말 무
明(日 8획)　밝을 명, 깨끗할 명, 빛 명
輕(車 14획)　가벼울 경, 가벼이여길 경
他(亻 5획)　남 타, 다를 타, 딴일 타
躘(足 23획)　뒤뚱걸을 용, 아기걸음 용, 불구 용
踵(足 16획)　발꿈치 종, 쫓을 종, 찾을 종
老(老 6획)　늙을 로, 늙은이 로, 익숙할 로

몰라서 배움은 잠시의 수치지만
모르고도 배우지 않음은
영원의 수치이다.

<table>
<tr><td colspan="7">病 臥 辛 吟 限 不 窮</td><td colspan="2">其 七</td><td colspan="3">見 財 色</td></tr>
<tr><td>병</td><td>와</td><td>신</td><td>음</td><td>한</td><td>불</td><td>궁</td><td>기</td><td>칠</td><td>견</td><td>재</td><td>색</td></tr>
</table>

병	누울	매울	읊을	한정	아닐	다할	그	일곱	볼	재물	빛
1	2	3	4	6	5		1	2	3	1	2

◈ 직 역

병들어 누워 신음함에
한이 끝이 없음이라/
그 일곱째는/재물과 이성을 보거든

◈ 낱말해설

신음 : 몸이 아파서 끙끙거림.
불궁 : 다함이 없음. 끝이 없음.
재색 : 재물과 이성.

◈ 영 역

Moaning and sighing,
what can you do now?
The seventh.
Always have proper thoughts towards
women and wealth.

◈ 한자풀이

病(广 10획)　병 병, 괴로울 병, 시들 병
臥(臣 8획)　누울 와, 잠자리 와, 엎드릴 와
辛(辛 7획)　매울 신, 고생할 신, 허물 신
吟(口 7획)　읊을 음, 입다물 금
限(阝 9획)　한정 한, 지경 한, 기한 한
不(一 4획)　아닐 불, 아닌가 부, 클 비
窮(穴 15획)　다할 궁, 궁구할 궁, 궁할 궁
見(見 7획)　볼 견, 보일 견, 견해 견
財(貝 10획)　재물 재, 재주 재, 여색 색
色(色 6획)　빛 색, 종류 색, 여색 색

누구를 만나든 선지식으로 여기고
하나라도 배우려 애써라.

必須正念對之 / 害身之機 / 無過女色
필 수 정 념 대 지　해 신 지 기　무 과 여 색

반드시	모름지기	바를	생각	대할	어조사	해칠	몸	갈	기틀	없을	지날	계집	빛
1	2	3	4	6	5	2	1	3	4	3	2	1

◈ 직　역

반드시 모름지기 바른 생각으로
그를 대할지어다 /
몸을 해치는 기틀은 /
여색보다 지남이 없음이요

◈ 낱말해설

정념 : 바른 생각.
해신 : 몸을 해함.
기(機) : 기틀, 실마리.
여색 : 여자를 일컬음.

◈ 영　역

There is nothing more disruptive to the
body than women (sexual behavior),

◈ 한자풀이

必(心 5획)　반드시 필, 오로지 필, 가벼이 필
正(止 5획)　바를 정, 정월 정, 다스릴 정
對(寸 14획)　대할 대, 마주볼 대, 대답할 대,
　　　　　　　보답할 대, 짝 대
之(丿 4획)　어조사 지, 갈 지, 이를 지, 이것 지
害(宀 10획)　해칠 해, 어찌 할
身(身 7획)　몸 신, 나라이름 연
機(木 16획)　기틀 기, 실마리 기, 형세 기
無(火 12획)　없을 무, 아닐 무, 대저 무
過(辶 13획)　지날 과, 허물 과, 기름치는기구 과
色(色 6획)　빛 색, 낯 색, 색 색, 갈래 색

이성을 대해서는 마음을 단정히 하라.
몸가짐을 단정히 하라.
말을 단정히 하라.

喪道之本 / 莫及貨財 / 是故 / 佛垂戒律
상 도 지 본　막 급 화 재　시 고　불 수 계 율

잃을	길	갈	근본	말	미칠	재화	재물	이	까닭	부처님	드리울	계	법
2	1	3	4	3	2	1		1	2	1	3	2

◈ 직　역

도를 상하는 근본은 /
재화에 미침이 없느니라 /
이런 까닭으로 /
부처님께서는 계율을 세우시어

◈ 낱말해설

화재 : 재화. 돈과 재물.
계율 : 계와 율. 지켜야할 규칙. 출가자와 재가자
　　　각각의 다양한 계율이 있음.
　　　가장 중요한 계는 오계임.

◈ 영　역

and nothing more detrimental to spiritua
l practice than wealth.
Thus Buddha set forth the precepts,

◈ 한자풀이

喪(口 12획)　잃을 상, 죽을 상
莫(卄 11획)　말 막, 저물 모, 공허할 멱,
　　　　　　　온화할 맥
及(又 4획)　미칠 급, 함께 급
貨(貝 11획)　재화 화, 뇌물줄 화, 팔 화
是(日 9획)　이 시, 옳을 시, 대저 시
故(攵 9획)　까닭 고, 짐짓 고
佛(亻 7획)　부처님 불, 도울 필, 일 발
垂(土 8획)　드리울 수, 베풀 수, 가장자리 수
戒(戈 7획)　계 계, 교훈 계, 경계 계
律(彳 9획)　법 률, 비율 률, 가락 률

돈은 삶의 도구일 뿐이니 돈의 노예 노
릇을 하지말라. 돈을 잘 쓸 줄 아는 멋
있는 사람이 되라.

엄할	금할	재물	빛	눈	볼	계집	빛	같을	볼	범	뱀	몸	임할	쇠	구슬
2	3	1		1	3	2		4	3	1	2	1	3		2

◈ 직 역

재색을 엄히 금하시되／눈으로 여색을 보거든／범과 독사를 보는 것 같이 하고／몸에 금과 옥이 닿거든

◈ 낱말해설

엄금 : 엄격히 금함.
안도 : 눈으로 봄.
금옥 : 귀중한 것. 금과 옥.

◈ 영 역

and admonished practitioners to avoid wealth and sexual behavior, saying, "If you see beautiful women, treat them as you would poisonous snakes or tigers. If you come near gold or jade,

◈ 한자풀이

嚴(口 20획) 엄할 엄, 엄숙할 엄, 삼갈 엄
禁(示 13획) 금할 금, 비밀 금, 견딜 금
眼(目 11획) 눈 안, 눈불거질 은
觀(見 16획) 볼 도, 알 도, 나타낼 도
色(色 6획) 빛 색, 여색 색, 성욕 색
如(女 6획) 같을 여, 비슷할 여, 가령 여
見(見 7획) 볼 견, 견해 견, 뵈올 견
臨(臣 17획) 임할 림, 곡할 림, 성 림
金(金 8획) 쇠 금, 입다물 금, 성 김
玉(玉 5획) 구슬 옥, 옥 옥, 가꿀 옥

재물이든 이성이든
그 자체가 문제가 아니라
상대를 대하는
바로 내 자신이 문제이다.

같을	볼	나무	돌	비록	살	어두울	집	같을	대할	큰	손	숨길	나타날	같을	때
3	2	1		1	3	2		4	3	1	2	1	3		2

◈ 직 역

나무와 돌을 보는 것 같이 하라／비록 어두운 방에 있음이나／큰 손님 대한 것 같이 하고／은현에 때를 같이 하며

◈ 낱말해설

목석 : 나무토막과 돌멩이. 즉. 아무가치 없는 물건.
암실 : 어두운 방.
은현 : 은밀히 있거나 노출되어 있음.

◈ 영 역

look upon it as you would a rock or piece of wood. "Even if you are completely alone in a dark room, behave as if you were in front of an important guest.

◈ 한자풀이

等(竹 12획) 같을 등, 등급 등, 비교할 등, 들 등
視(見 12획) 볼 시, 돌볼 시, 본받을 시
居(尸 8획) 살 거, 있을 거, 어조사 기
室(宀 9획) 집 실, 방 실, 가족 실
對(寸 14획) 대할 대, 대답할 대, 만날 대
賓(貝 14획) 손 빈, 물리칠 빈
隱(阝 17획) 숨길 은, 기댈 은
現(玉 11획) 나타날 현, 지금 현, 이승 현
同(口 6획) 같을 동, 모일 동, 화할 동

바르게 처신한다면
재물이든 이성이든
아무 문제 될 것이 없다.
오히려 있음으로 다 좋다.

內外莫異／心淨則善神／必護／戀色則諸天

내 외 막 이 심 정 즉 선 신 필 호 연 색 즉 제 천

안	바깥	말	다를	마음	깨끗할	곧	착할	신	반드시	도울	그리워할	빛	곧	모든	하늘
1	2	4	3	1	2	3	4		1	2	2	1	3	4	

◈ 직 역

내외를 다르게 하지 말지어다／마음이 깨
끗한 즉 선신이／반드시 보호하고／
색을 그리워 한 즉 모든 하늘이

◈ 낱말해설

내외 : 안과 밖. 안모양의 자신이나 겉모양의 자신.
제천 : 욕계 6천, 색계 18천, 무색계 4천 총 28천이 있음.
선신 : 착한 신.

◈ 영 역

Behave the same whether you are seen
or not, and let your speech and thought
be in accord.
If your mind is pure, all good spirits will
protect you.
However, if you yearn for women,
Heaven will not

◈ 한자풀이

內(入 4획) 안 내, 몰래 내, 안으로할 내
外(夕 5획) 밖 외, 외댈 외
莫(艹 11획) 말 막, 저물 모, 공허할 멱,
　　　　　　온화할 맥
異(田 11획) 다를 이, 의심할 이, 모반 이
則(刂 9획) 곧 즉, 곧 측, 법 칙, 법 측
必(心 5획) 반드시 필, 오로지 필, 기필할 필
護(言 21획) 도울 호, 보호할 호
色(色 6획) 빛 색, 갈래 색, 낯 색
諸(言 16획) 모든 제, 성 차, 두꺼비 저
天(大 4획) 하늘 천, 운명 천, 세상 천

무슨 일이든 그 마음 깨끗이 하면
대중이 지키고 도와준다.
대중 눈이 신장 눈이다.

不容／神必護則雖難處而無難

불 용 신 필 호 즉 수 난 처 이 무 난

아닐	용납할	신	반드시	도울	곧	비록	어려울	곳	말이을	없을	어려울
2	1	1	2	3	4	5	6	7	8	10	9

◈ 직 역

용납하지 않나니／
신이 반드시 보호한 즉 비록 어려운 곳에
있더라도 어렵지 않음이요

◈ 낱말해설

불용 : 용납지 않음.
신(神) : 불교적으로 보아서는 신장임.
호(護) : 수호 또는 보호.

◈ 영 역

tolerate you.
If good spirits protect you, then you will
no experience any difficulties, no matter
how harsh the environment.

◈ 한자풀이

容(宀 10획) 용납할 용, 얼굴 용, 동의할 용
神(示 10획) 신 신, 신선 신, 조상 신, 혼 신
護(言 21획) 도울 호, 지킬 호, 통솔할 호
雖(隹 17획) 비록 수, 모름지기 수
難(隹 19획) 어려울 난, 괴로워할 난, 근심 난
處(虍 11획) 곳 처, 머무를 처, 처할 처
而(而 6획) 말이을 이, 편안할 능
無(火 12획) 없을 무, 아닐 무, 말 무

신장이 지키고 도와주면 도를 이루는
일도 수월하다.
신장이 화가 나서 방해하면 작은 일도
곤란을 겪는다.

天不容則乃安方而不安／頌曰
천 불 용 즉 내 안 방 이 불 안　송 왈

하늘	아닐	용납할	곧	이에	편안할 모	말이을	아닐	편안할	기릴	가로되
1	3	2	4	5	6	7	9	8	1	2

◈ 직　역

하늘이 용납하지 않은 즉 이에
편안한 처소에 있더라도
편안하지 않느니라／
송하여 가로되

◈ 낱말해설

천(天) : 신장을 말함.
안방 : 편안한 곳.
불안 : 편안하지 않음.

◈ 영　역

If Heaven does not tolerate you,
then you will not be at ease even in an
outwardly peaceful place.
The poem goes;

◈ 한자풀이

天(大 4획) 하늘 천, 천체 천, 태양 천
不(一 4획) 아닐 불, 말 불, 아닌가 부
容(宀 10획) 용납할 용, 얼굴 용, 모양 용
則(刂 9획) 곧 즉, 법칙 칙, 어조사 즉
乃(丿 2획) 이에 내, 너 내, 접때 내
安(宀 6획) 편안할 안, 이에 안, 어찌 안
方(方 4획) 모 방, 나눌 방, 방법 방
而(而 6획) 말이을 이, 너 이, 어조사 이
頌(頁 13획) 기릴 송, 모양 용, 얼굴 용
曰(曰 4획) 가로되 왈, 가로 왈, 이를 왈

신장이 두려운 것은 그 마음 떳떳치 못
하기 때문이다. 그렇다고 기고만장하여
신장을 무시해서는 안 된다.
신장이 어디든 있음을 알라.

利慾閻王引獄鎖／淨行陀佛接蓮臺
리 욕 염 왕 인 옥 쇄　정 행 타 불 접 연 대

이로울	욕심	마을	임금	이끌	옥	가둘	깨끗할	갈	부처님	부처님	맞을	연꽃	대
1	2	3	5	4	6		1	2		3	5	4	

◈ 직　역

이기적 욕심은 염라대왕이 지옥으로 이끌
어 가둠이요／깨끗한 행은 아미타불이 연
화대로 맞아 주시니라

◈ 낱말해설

염왕 : 염라대왕. 유명(幽冥)계의 왕으로 사람의
　　　 생전의 죄를 판정하여 상벌을 줌.
타불 : 아미타불의 줄인 말. 극락세계를 주재하는
　　　 부처님.
연대 : 연화대. 불보살이 앉는 자리.

◈ 영　역

Greed and lust are the gates of Yama's
hell, purity of mind and action lead to
the paradise of Amitabha Buddha

◈ 한자풀이

利(刂 7획) 이로울 리, 날카로울 리, 기술 리
閻(門 16획) 마을 염, 이문 염, 예쁠 염
王(王 4획) 임금 왕, 왕될 왕, 갈 왕
引(弓 4획) 이끌 인, 기슴길이 인
獄(犬 14획) 옥 옥, 우리 옥, 송사 옥, 소송 옥
鎖(金 18획) 가둘 쇄, 쇠사슬 쇄, 잠글 쇄
陀(阝 8획) 부처님 타, 비탈질 타, 벼랑 타
接(扌 11획) 맞을 접, 접할 접, 사귈 접
蓮(艹 15획) 연꽃 연, 범부채뿌리 섭
臺(至 14획) 대 대, 관청 대, 땅이름 호

극단적 이기심은 지옥행이요
청정한 보살심은 극락행이다.
모두가 한바탕에서 나왔나니
그 마음을 잘 써야한다.

<table>
<tr><td colspan="6" align="center">鎖拘入獄苦千種 / 船上生蓮樂萬般</td></tr>
<tr><td colspan="6" align="center">쇄 구 입 옥 고 천 종　선 상 생 연 락 만 반</td></tr>
</table>

쇠사슬	거리낄	들	옥	피로울	일천	종류	배	오를	날	연꽃	즐거울	일만	가지
1	2	4	3	5		6	1	2	4	3	5	6	7

◆ 직 역

쇠사슬 얽혀 지옥에 들면 고통이 천가지요 /
반야용선을 타고 연화대에 나면
즐거움이 만가지 이니라

◆ 낱말해설

쇄구 : 쇠수갑에 채워짐. 쇠사슬에 얽힘.
선(船) : 반야용선을 말함. 극락으로 가는 배.
만반 : 갖출 수 있는 모든 것.

◆ 영 역

Enter hell and you'll experience
a thousand kinds of suffering.
Enter liberation and you'll experience
a thousand kinds of happiness.

◆ 한자풀이

鎖(金 18획) 쇠사슬 쇄, 자물쇠 쇄, 맬 쇄,
봉할 쇄
拘(扌 8획) 거리낄 구, 잡을 구, 구속할 구
獄(犭 14획) 옥 옥, 송사 옥, 죄 옥, 판결 옥
種(禾 14획) 종류 종, 씨 종, 작물 종, 뿌릴 종
船(舟 11획) 배 선
蓮(艹 15획) 연꽃 련, 연 연, 연밥 연
般(舟 10획) 가지 반, 일반 반, 돌 반, 옮길 반,
나눌 반

지옥은 고통천지,
극락은 즐거움 뿐.
한마음 불안하면 지옥이요
한마음 행복하면 극락이다.

<table>
<tr><td colspan="6" align="center">其八 / 莫交世俗令他憎嫉 / 離心中愛曰</td></tr>
<tr><td colspan="6" align="center">기 팔　막 교 세 속 영 타 증 질　이 심 중 애 왈</td></tr>
</table>

그	여덟	말	사귈	인간	세속	하여금	남	미워할	투기할	여읠	마음	가운데	애착	가로되
1	2	6	2	1	4	3		5		4	1	2	3	5

◆ 직 역

그 여덟째는 /
세속과 사귀어 남으로 하여금 증질케 하지
말지어다 / 마음가운데 애착 여윔을 일러

◆ 낱말해설

세속 : 일반세간, 또는 세간 사람들.
증질 : 미워하고 질투함.
애(愛) : 여기서는 애착을 일컬음.

◆ 영 역

The eighth.
Do not associate with worldly people,
and so become an object of scorn.
The person who renounces the desires of
their heart is called

◆ 한자풀이

莫(艹 11획) 말 막, 없을 막, 빌 막, 속될 막
交(亠 6획) 사귈 교, 벗할 교
世(一 5획) 인간 세, 세상 세, 대 세
俗(亻 9획) 세속 속, 풍속 속, 범속할 속,
속될 속
令(人 5획) 하여금 령, 영 령, 법령 령
憎(忄 15획) 미워할 증, 미움받을 증
嫉(女 13획) 투기할 질, 시새움 질, 시새움질 질
離(隹 19획) 여읠 리, 떠날 리, 교룡 치
愛(心 13획) 애착 애, 사랑 애, 아낄 애
曰(曰 4획) 가로되 왈, 가로 왈, 이에 왈

속된 사람들과 너무 깊게 사귀면
나중에 후회하고
마음의 큰 상처만 남는다.

沙門 / 不戀世俗曰出家 / 旣能割愛揮人世
사 문　불 연 세 속 왈 출 가　기 능 할 애 휘 인 세

모래	문	아닐	그리워할	인간	세속	가로되	날	집	이미	능할	끊을	사랑	휘두를	사람	인간
1		3	2	1	4		5		1	2	4	3	6	5	

◈ 직　역
사문이라 함이요/세속을 그리워하지 않음
을 일러 출가라 함이니라/
이미 능히 애착을 끊어 인세를 떨쳤거니

◈ 낱말해설
사문 : 출가자의 총칭.
할애 : 애착을 끊음.
인세 : 인간 세상.

◈ 영　역
a practitioner.
Not longing for the worldly life is called
leaving home.
Having ended desire and
left the mundane world behind,

◈ 한자풀이
沙(氵 7획) 모래 사, 봉황 사, 목쉴 사
門(門 8획) 문 문, 출입문 문, 집안 문
戀(心 23획) 그리워할 연, 사모할 연,
　　　　　　사랑하는이 연
俗(亻 9획) 세속 속, 풍속 속, 바랄 속
家(宀 10획) 집 가, 건물 가, 지아비 가
旣(无 11획) 이미 기, 다할 기, 녹미 희
能(月 10획) 능할 능, 별이름 태, 견딜 내
割(刂 12획) 끊을 할, 나눌 할, 해칠 할
愛(心 13획) 사랑 애, 사랑할 애,
　　　　　　친밀하게대할 애
揮(扌 12획) 휘두를 휘, 떨칠 휘, 지휘할 휘

스님은 애착을 끊고 세속을 그리워하지
않는 수행자이다.

復何白衣 / 結黨遊 / 愛戀世俗 / 爲饕餮
부 하 백 의　결 당 유　애 연 세 속　위 도 철

다시	어찌	흰	옷	맺을	무리	놀	사랑	그리워할	인간	세속	할	탐할	탐할
1	2	3		2	1	3	2	3	1		2	1	

◈ 직　역
다시 어찌 백의로/무리를 지어 놀리요/
세속을 애착하고 그리워함을/
도철이라 함이니

◈ 낱말해설
부하 : 어찌 또 다시.
백의 : 흰 옷. 세속 사람. 일반 사람.
도철 : 악을 짓는 짐승 이름. 탐욕이 많아 사람까지
　　　 도 막 잡아먹는 상상의 동물. 탐욕덩어리.

◈ 영　역
how could you possibly associate and
amuse yourself with lay people?
To miss and yearn for the mundane
world is called "intense craving,"

◈ 한자풀이
復(彳 12획) 다시 부, 돌아올 복, 갚을 복
何(亻 7획) 어찌 하, 무엇 하, 얼마 하
白(白 5획) 흰 백, 한빛 백, 날이샐 백
衣(衣 6획) 옷 의, 예복 의, 싸는것 의
結(糸 12획) 맺을 결, 맬 계
黨(黑 20획) 무리 당, 친척 당, 마을 당
遊(辶 13획) 놀 유, 즐겁게지낼 유, 여행할 유
世(一 5획) 인간 세, 세상 세, 대 세, 세간 세
饕(食 22획) 탐할 도, 욕심부릴 도, ·
　　　　　　악한짐승의이름 도
餮(食 18획) 탐할 철, 탐식할 철, 탐재할 철

스님들이 세속 사람들과
무리지어 술마시고 놀아서는
온당치 못하다.

饕餮/由來/非道心/人情/濃厚/道心疎
도 철 유 래 비 도 심 인 정 농 후 도 심 소

탐할 탐할	말미암을 올	아닐	길	마음	사람	뜻	짙을	두터울	길	마음	성길
1	1	2	1		1		1	2		1	2

◈ 직 역

도철의 마음은/ 본래로/
도심이 아님이니라/
인정이/ 짙고 두터우면/
도심이 성기나니

◈ 낱말해설

유래 : 사물의 내력. 본디. 원래부터.
도심 : 참마음. 보리심. 구도심.

◈ 영 역

which has always been incompatible with
the path.
When longing and attachment arises, the
determination to achieve the way begins
to fade.

◈ 한자풀이

饕(食 22획) 탐할 도, 욕심부릴 도,
　　　　　　악한짐승의이름 도
餮(食 18획) 탐할 철, 탐식할 철, 탐재할 철
由(田 5획) 말미암을 유, 여자웃는모양 요
來(人 8획) 올 래, 돌아올 래, 미칠 래,
　　　　　　부를 래, 미래 래
非(非 8획) 아닐 비, 어긋날 비, 헐뜯을 비
道(辶 13획) 길 도, 도 도, 순할 도, 말할 도
心(心 4획) 마음 심, 염통 심, 가운데 심
濃(氵 16획) 짙을 농, 우거질 농
厚(厂 9획) 두터울 후, 두께 후, 두터이할 후
疏(疋 12획) 성길 소, 트일 소, 거칠 소

잔 정에 이끌리지 말라.
그리하면 큰 일을 그르친다.

冷却人情永不顧/若欲不負出家志
냉 각 인 정 영 불 고 약 욕 불 부 출 가 지

찰	물리칠	사람	뜻	길	아닐	돌아볼	만약	바랄	아닐	질	날	집	뜻
2	3	1		4	6	5	1	6	5	4		2	3

◈ 직 역

인정을 차갑게 물리쳐 길이
돌아보지 말지니라/
만약 출가의 뜻을 저버리지
않고저함인댄

◈ 낱말해설

냉각 : 냉정히 물리침.
인정 : 사람에 대한 애정.

◈ 영 역

Therefore, cut off all longing and
attachment and never look back.
If you do not want to betray the reason
you left home,

◈ 한자풀이

冷(氵 7획) 찰 냉, 맑을 냉
却(卩 7획) 물리칠 각, 그칠 각, 발어사 각
永(水 5획) 길 영, 읊을 영, 깊을 영
顧(頁 21획) 돌아볼 고, 생각할 고, 그러므로 고
若(艹 9획) 만약 약, 좋을 약, 너 약, 같을 약
欲(欠 11획) 바랄 욕, 하고자할 욕, 욕 욕
負(貝 9획) 질 부, 기댈 부, 짐 부
家(宀 10획) 집 가, 남편 가, 아내 가
志(心 7획) 뜻 지, 기억할 지, 기록할 지

잔정에 매여서는 출가의 결심까지도
흩어져 끝내 퇴속하고 만다.
작은 것에 집착말고 큰 것을 얼으라.
작은 울타리를 넘어
큰 우주를 사랑하라.

須向名山窮妙旨／一衣一鉢／絶人情
수 향 명 산 궁 묘 지 　 일 의 일 발 　 절 인 정

모름지기	향할	이름	메	다할	묘할	뜻	한	옷	한	바리때	끊을	사람	뜻
1	3	2	5	4			2	1	4	3	2		1

◈ 직　역

모름지기 명산을 향하여
묘한 뜻을 궁구하되／
가사 한 벌 발우 하나로／
인정을 끊고

◈ 낱말해설

명산 : 유명한 산. 훌륭한 수행처.
묘지 : 묘한 뜻. 궁극의 뜻. 진리. 참자기.
　　　영원의 세계.

◈ 영　역

then you should go to an outstanding temple
and uncover the profound meaning.
If you go forward with your robe and bowl,
and dissolve all worldly desires,

◈ 한자풀이

須(頁 12획) 모름지기 수, 수염 수, 바랄 수
向(口 6획) 향할 향, 성 상
窮(穴 15획) 다할 궁, 궁구할 궁, 마칠 궁,
　　　　　　막힐 궁
旨(日 6획) 뜻 지, 맛있을 지, 어조사 지
鉢(金 13획) 바리때 발
絶(糸 12획) 끊을 절, 절대로 절
情(忄 11획) 뜻 정, 정성 정, 욕 정, 연정 정

훌륭한 정법도량을 찾아
부지런히 정진하라.
오직 정진할 뿐 결과에 대해
미련두지 않아야 불자다.
정진한 만큼 얻으리라.

飢飽／無心道自高／頌曰
기 포 　 무 심 도 자 고 　 송 왈

주릴	배부를	없을	마음	길	스스로	높을	기릴	가로되
1	2	1		2	3	4	1	2

◈ 직　역

주리고 배부름에／
무심하면 도가 저절로 높아지니라／
송하여 가로되

◈ 낱말해설

기포 : 주림과 배부름.
무심 : 마음에 두지 않음. 집착하지 않음.

◈ 영　역

without any concern for hunger or safety,
then your practice will automatically deepen.
The poem goes;

◈ 한자풀이

飢(食 11획) 주릴 기, 굶길 기, 흉년들 기,
　　　　　　굶주림 기
飽(食 14획) 배부를 포, 물릴 포
自(自 6획) 스스로 자, 저절로 자, 어조사 자
高(高 10획) 높을 고, 높이 고

먹고 자는데 욕심부리지 않으면
도가 높아질 것이다.
하근기 사람들은 욕구때문에 생활을 망
치지만 상근기 사람들은 욕구를 생활에
응용한다.

爲他爲己雖微善 / 皆是輪廻生死因

위 타 위 기 수 미 선　개 시 윤 회 생 사 인

할	남	할	자기	비록	깊을	착할	다	이	바퀴	돌	날	죽을	원인
2	1	4	3	5		6	1	2		4	돌	날	3	5

◈ 직　역

남을 위하고 자기를 위함은
비록 미선이나 /
다 이것이 생사를 윤회하는 원인이니라

◈ 낱말해설

미선 : 깊은 선. 내세울만한 선.
　　　속이 깊은 착한 행동.
윤회 : 돌고 도는 생명의 순환.
생사 : 나고 죽음.

◈ 영　역

Even good actions done for yourself or
others are the cause of the cycle of birth
and death.

◈ 한자풀이

爲(爪 12획) 할 위, 위할 위, 다스릴 위
他(亻 5획) 남 타, 다를 타, 겹칠 타
己(己 3획) 자기 기, 몸 기, 다스릴 기
雖(隹 17획) 비록 수, 오직 수, 밀 수
微(彳 13획) 깊을 미, 작을 미, 자세할 미
皆(白 9획) 다 개, 함께 개
輪(車 15획) 바퀴 륜, 탈것 륜, 둥글 륜
廻(辶 9획) 돌 회, 피할 회, 통할 회
因(囗 6획) 원인 인, 인할 인, 유래 인, 인연 인

좋은 일을 많이 하면
반드시 천상락을 받는다.
그런데 그 천상락마저
초월할 수 있는 길이 있다.
바로 마음공부다.

願入松風蘿月下 / 長觀無漏祖師禪

원 입 송 풍 나 월 하　장 관 무 루 조 사 선

바랄	들	소나무	바람	칡넝쿨	달	아래	길	볼	없을	샐	조사	스승	선
1	7	2	3	4	5	6	1	4	2		3		

◈ 직　역

바라건대 소나무바람
칡넝쿨 달빛아래 들어 /
길이 무루의 조사선을 관 할지어다

◈ 낱말해설

무루 : 샘이 없는. 번뇌가 없는. 완전한.
조사선 : 본성을 바로 깨달아 이심전심하는
　　　　선법(禪法).

◈ 영　역

Among the pine trees and arrowroot
vines, the light of the moon illuminates
all.
Diligently enter the true meditation of
the Patriarchs.

◈ 한자풀이

願(頁 19획) 바랄 원, 원할 원, 소망 원, 매양 원
松(木 8획) 소나무 송
風(風 9획) 바람 풍, 말할 풍
蘿(艹 23획) 칡넝쿨 라, 담쟁이넝쿨 라, 쑥 라
長(長 8획) 길 장, 길이 장, 어른 장
觀(見 25획) 볼 관, 모양 관, 경치 관
漏(氵 14획) 샐 루, 넘칠 루, 냄새날 루
祖(示 10획) 조사 조, 조상 조, 처음 조, 선조 조
師(巾 10획) 스승 사, 벼슬아치 사, 벼슬 사,
　　　　　신령 사, 사자 사
禪(示 17획) 선 선, 고요할 선, 물려줄 선,
　　　　　바뀔 선

마음공부 즉, 기도 참선을 많이 하면
반드시 깨달음을 얻는다.

其九／勿說他人過失／雖聞善惡／心無動念

기 구　물 설 타 인 과 실　수 문 선 악　심 무 동 념

그　아홉　말　말씀　남　사람　허물　잃을　비록　들을　착할　나쁠　마음　없을　움직일　생각
1　2　4　3　1　2　1　3　2　1　4　2　3

◈ 직　역

그 아홉째는/
타인의 과실을 말하지 말라/
비록 선악을 들음이나/
마음에 움직이는 생각이 없음이니

◈ 낱말해설

과실 : 잘못이나 허물. 실수.
선악 : 잘잘못.
동념 : 움직이는 생각. 분별심.

◈ 영　역

The ninth. Do not criticize others.
No matter whether you hear good things
or bad things,
do not let yourself be affected by them.

◈ 한자풀이

勿(勹 4획)　말 물, 털 몰
說(言 14획)　말씀 설, 기쁠 열, 달랠 세, 벗을 탈
過(辶 13획)　허물 과, 지날 과, 지나칠 과
失(大 5획)　잃을 실, 허물 실
聞(耳 14획)　들을 문, 들릴 문, 소문 문
惡(心 12획)　나쁠 악, 모질 악, 어찌 오,
　　　　　　부끄러워할 오
動(力 11획)　움직일 동, 다툴 동, 곧잘 통

함부로 다른 이의 옳고 그름을
말해서는 안 된다.
자신의 잣대가 잘못되었을 수도 있다.
그리고 자신의 욕심에
기인되었을 수도 있다.

無德而被讚／實吾慚愧／有咎而蒙毀

무 덕 이 피 찬　실 오 참 괴　유 구 이 몽 훼

없을　큰　말이을　입을　기릴　열매　나　부끄러울　부끄러울　있을　허물　말이을　입을　헐
2　1　3　5　4　1　2　3　2　1　3　5　4

◈ 직　역

덕이 없으나 칭찬을 입음은/
실로 나의 참괴요/
허물이 있어 헐뜯음을 입음은

◈ 낱말해설

피찬 : 칭찬을 받음. 칭찬을 입음.
참괴 : 부끄러움. 수치스러움.
몽훼 : 헐뜯음을 입음. 비방당함.

◈ 영　역

Being praised when you lack virtue is
truly shameful, while having your faults
shown to you is

◈ 한자풀이

德(彳 15획)　큰 덕, 덕 덕, 어진이 덕
被(衤 10획)　입을 피, 이불 피, 두를 피
讚(言 26획)　기릴 찬, 도울 찬, 적을 찬
實(宀 14획)　열매 실, 재물 실, 기물 실
吾(口 7획)　나 오, 우리 오, 글읽는소리 오
慚(忄 15획)　부끄러울 참
愧(忄 13획)　부끄러울 괴
咎(口 8획)　허물 구, 성 고
蒙(艹 14획)　입을 몽, 날릴 몽, 두꺼울 방
毀(殳 13획)　헐 훼, 망칠 훼

남으로부터 칭찬을 받는다면
좋은 일이다.
그러나 그것을 탐닉해서는 안 된다.

誠我欣然/欣然則知過必改/慚愧則進道無怠

성 아 흔 연　흔 연 즉 지 과 필 개　참 괴 즉 진 도 무 태

진실로 나 기쁠 그럴　기쁠 그럴 곧 알 허물 반드시 고칠　부끄러울 부끄러울 곧 나아갈 길 없을 게으를
1　2　3　　1　2　4　3　5　6　　1　2　4　3　6　5

◆ 직 역

진실로 나의 흔연이니라/ 흔연 즉 허물을
알아 반드시 고침이요/ 참괴 즉 도에 나아
감에 게으름이 없느니라

◆ 낱말해설

흔연 : 은근한 기쁨. 은근히 기뻐하다.
참괴 : 부끄러워함.
도(道) : 수행. 보리.

◆ 영 역

a wonderful thing.
If you are happy to see your faults, then
you will surely correct them, while if you
are ashamed of your lack of virtue, then
this will spur you on to practice more
diligently.

◆ 한자풀이

誠(言 14획) 진실로 성, 정성 성, 삼갈 성
我(戈 7획) 나 아, 우리 아, 이쪽 아
欣(欠 8획) 기쁠 흔, 기쁜마음으로받을 흔
然(火 12획) 그럴 연, 이에 연
過(辶 13획) 허물 과, 지날 과, 초월할 과
改(攵 7획) 고칠 개, 따로 개
慚(忄 14획) 부끄러울 참, 부끄럽게여길 참
愧(忄 13획) 부끄러울 괴, 모욕할 괴, 탓할 괴
進(辶 12획) 나아갈 진, 추천할 진, 다할 진
怠(心 9획) 게으를 태, 새이름 태

남으로부터 지적을 받는다면
역정을 낼 것이 아니라
냉정히 자신을 돌아보라.
그리고 자기 단점을 고치려고 애써라.

勿說他人過/終歸必損身/若聞害人言

물 설 타 인 과　종 귀 필 손 신　약 문 해 인 언

말 말씀 남 사람 지날　마칠 돌아올 반드시 손해 몸　만약 들을 해칠 사람 말씀
4　3　1　2　　1　5　2　4　3　　1　5　3　2　4

◆ 직 역

타인의 허물을 말하지 말라/끝내는 반드
시 몸에 손해로 돌아올 것이니라/
만약 사람을 해하는 말을 듣거든

◆ 낱말해설

과(過) : 허물. 잘못.
손신 : 몸에 손해.
해인 : 남을 해함. 남을 나쁘게 말함.

◆ 영 역

Don't speak of other people's faults,
because eventually it will return and
harm you. If you hear harsh speech or
rumors directed towards someone else,

◆ 한자풀이

勿(勹 4획) 말 물, 말아라 물, 없을 물, 깃발 물
說(言 14획) 말씀 설, 도리 설, 논할 설
他(亻 5획) 남 타, 다른 타, 그 타, 누구 타
終(糸 11획) 마칠 종, 끝 종
歸(止 18획) 돌아올 귀, 반환할 귀, 시집갈 귀
損(扌 13획) 손해 손, 덜 손, 잃을 손, 낮출 손
若(艹 9획) 만약 약, 같을 약, 너 약
聞(耳 14획) 들을 문, 가르침 문, 받을 문
害(宀 10획) 해칠 해, 어찌 할
言(言 7획) 말씀 언, 삼갈 은, 소송할 언

남의 허물을 함부로 말하지 말라.
허물을 말하는 자신이
허물덩어리인 줄 알라.

如毁父母聲 / 今朝 / 雖說他人過 / 異日
여 훼 부 모 성　금 조　수 설 타 인 과　이 일

같을	헐	아비	어미	소리	이제	아침	비록	말씀	남	사람	지날	다를	날
4	2	1	3	1	2	1	4	2	3	1	2

◆ 직　역

부모를 헐뜯는 소리와 같이 하라/
오늘 아침에/
비록 남의 허물을 말하나/
다른 날에

◆ 낱말해설

금조 : 오늘 아침. 지금.
이일 : 다른 날. 훗날.

◆ 영　역

look upon that as if someone was
slandering your parents.
Your criticism of someone else today
will become

◆ 한자풀이

如(女 6획)　같을 여, 이를 여, 그럴 여
毁(殳 13획)　헐 훼, 무찌를 훼, 패하게할 훼
父(父 4획)　아비 부, 아버지 부, 할아범 부
母(母 5획)　어미 모, 할미 모, 암컷 모
聲(耳 17획)　소리 성, 음향 성, 음성 성
今(人 4획)　이제 금, 현재 금, 만일 금
朝(月 12획)　아침 조, 고을이름 주
雖(佳 17획)　비록 수, 그러나 수, 벌레이름 수
異(田 11획)　다를 이, 의심할 이, 모반이
日(日 4획)　날 일, 해 일, 햇살 일, 햇 빛

혹시 남의 흉보는 소리를 듣거든
그것이 나의 얘기가 아닌가 돌아보라.
남의 단점을 보고 타산지석으로 삼는다
면 대단한 불자다.

回頭論我咎 / 雖然 / 凡所有相 / 皆是虛妄
회 두 론 아 구　수 연　범 소 유 상　개 시 허 망

돌아올	머리	논할	나	허물	비록	그럴	무릇	바	있을	모양	다	이	빌	망령될
2	1	5	3	4	1	2	1	3	2	4	1	2	3

◆ 직　역

머리를 돌려 나의 허물을 논하니라/
비록 그러하나/
무릇 있는 바 상이/다 허망한 것이니

◆ 낱말해설

수연 : 비록…그러하나. 비록…하더라도.
상(相) : 생각. 사물. 모든 것.
허망 : 실체가 없음. 하잘 것 없음.

◆ 영　역

criticism of you tomorrow.
All things are impermanent,

◆ 한자풀이

回(口 6획)　돌아올 회, 돌릴 회, 번 회
頭(頁 16획)　머리 두, 지혜 두, 어조사 두
論(言 15획)　논할 론, 진술할 론, 사리밝을 론
咎(口 8획)　허물 구, 재앙 구, 근심거리 구
凡(几 3획)　무릇 범, 보통 범, 모두 범
所(戶 8획)　바 소, 자리 소, 위치 소, 경우 소
相(目 9획)　모양 상, 서로 상, 볼 상, 빌 양
皆(白 9획)　다 개, 모두 개, 두루미칠 개
虛(虍 12획)　빌 허, 틈 허, 하늘 허
妄(女 6획)　망령될 망, 허망할 망, 무릇 망

좋은 이야기라도 듣지 않음만
못할 때가 있다.
과분한 칭찬을 듣거든 더욱
그 마음을 낮추어라.

譏毁讚譽 / 何憂何喜 / 頌曰
기 훼 찬 예　하 우 하 희　송 왈

나무랄	헐	칭찬할	기릴	어찌	근심	어찌	기쁠	기릴	가로되
1	2	3	4	1	2	3	4	1	2

◈ 직　역

나무라고 헐뜯고 칭찬하고 부추김에 /
어찌 근심하고 어찌 기뻐하리요 /
송하여 가로되

◈ 낱말해설

기훼 : 나무라고 헐뜯음.
찬예 : 칭찬하고 부추김.

◈ 영　역

so whether you are criticized or praised,
there is nothing to be happy or upset
about.
The poem goes;

◈ 한자풀이

譏(言 19획) 나무랄 기, 간할 기, 꾸지람 기
毁(殳 13획) 헐 훼, 무찌를 훼, 패하게할 훼
讚(言 26획) 칭찬할 찬, 기릴 찬, 밝힐 찬
譽(言 21획) 기릴 예, 명성 예
何(亻 7획) 어찌 하, 무엇 하, 얼마 하
憂(心 15획) 근심 우, 근심할 우, 막힐 우
喜(口 12획) 기쁠 희, 좋을 희
頌(頁 13획) 기릴 송, 칭송할 송, 모양 용
曰(曰 4획) 가로되 왈, 말하기를 왈, 이르다 왈

외부의 소리에 마음이 동요되어서는
수행자라 할 수 없다.
수행자는 꿋꿋하게
오직 그 길을 향해 갈 뿐이다.

終朝亂說人長短 / 竟夜昏沈樂睡眠
종 조 난 설 인 장 단　경 야 혼 침 락 수 면

마칠	아침	어지러울	말씀	사람	길	짧을	끝날	밤	어두울	빠질	즐거울	졸	잘
2	1	3	6	4		5	2	1	3		5		4

◈ 직　역

아침내내 어지러히 남의 장단점을 말하다가 /
밤이 다하도록 혼침하여 수면을 즐김이로다

◈ 낱말해설

종조 : 아침내내.
경야 : 밤이 다하도록. 밤새도록.
혼침 : 잠에 빠짐. 정신이 흐릿해짐.

◈ 영　역

Talking about the things that others have
done,
"This was right", "That was wrong"
from morning until night.
At last spending the entire night deep in
the haze of slumber.

◈ 한자풀이

終(糸 11획) 마칠 종, 그칠 종, 이루어질 종
朝(月 12획) 아침 조, 처음 조, 뵙다 조
亂(乙 13획) 어지러울 란, 함부로 란, 난리 란
短(矢 12획) 짧을 단, 결점 단
竟(立 11획) 끝날 경, 다할 경, 지경 경
夜(夕 8획) 밤 야, 성 야, 고을이름 야
昏(日 8획) 어두울 혼, 현혹될 혼
沈(氵 7획) 빠질 침, 가라앉을 침, 성 심
睡(目 13획) 졸 수, 잘 수, 잠 수
　　　　　　꽃이오므라지는모양 수
眠(目 10획) 잘 면, 시들 면, 모를 면

남 이야기로 시간 허비말고
잠자는 일로 게으름 피우지 말라.
깨달음은 일상생활을 떠날 수 없다.

151

같을	이	날	집	한갓	받을	베풀	반드시	어조사	석	지경	날	머리	어려울
2	1	3		4	6	5	1		3	2		4	5	6

◈ 직 역

이와 같은 출가는 한갓 시주를 받을 뿐이라/
정말 삼계를 벗어나기 가장 어렵다 하리라

◈ 낱말해설

수시 : 시주를 받음.
삼계 : 아직 윤회상에 있는 존재의 세계.
　　　 욕계, 색계, 무색계.
　　　 사바세계를 세등분으로 나누어서 이야기함.

◈ 영 역

If a monk lives like this,
how will he repay all of the donations he
has received?
Escaping from the three worlds will be
truly difficult.

◈ 한자풀이

如(女 6획) 같을 여, 같이할 여, 어조사 여
此(止 6획) 이 차, 이에 차
徒(彳 10획) 한갓 도, 무리 도, 좀 도
受(又 8획) 받을 수, 얻을 수, 어조사 수
施(方 9획) 베풀 시, 전할 시, 은혜 시
必(心 5획) 반드시 필, 오로지 필, 기필할 필
於(方 8획) 어조사 어, 탄식할 오
界(田 9획) 지경 계, 경계 계
頭(頁 16획) 머리 두, 가장 두, 우두머리 두
難(隹 19획) 어려울 난, 잎무성모양 나,
　　　　　　 우거질 나

시주밥만 축내는 출가자는
참으로 한심하고 한심하다.
출가자는 의식이 깨어 있어야 한다.

그	열	살	무리	가운데	마음	항상	평평할	같을	나눌	애착	떠날	어버이	법	지경	평평할	같을
1	2	3	2	1	1	2		3	2	1	4	3	1			2

◈ 직 역

그 열째는/ 대중 가운데 거하야/마음이
항상 평등할지어다/애착을 끊고 어버이를
하직함은/법계가 평등하기 때문이니

◈ 낱말해설

평등 : 기울어지지 않음.
법계 : 온 세상. 낱낱의 존재.

◈ 영 역

The tenth.
Always maintain anundiscriminating mind,
even among others.
Cutting off attachments and leaving your
parents is done in order to realize the
equanimity of the Dharma-realm.

◈ 한자풀이

其(八 8획) 그 기, 어조사 기
十(十 2획) 열 십, 열번 십, 열곱할 십
居(尸 8획) 살 거, 있을 거, 어조사 기
衆(血 12획) 무리 중, 백성 중, 군신 중
常(巾 11획) 항상 상, 보통 상, 관례 상
平(干 5획) 평평할 평, 나눌 편
等(竹 12획) 같을 등, 등급 등, 무리 등
割(刂 12획) 나눌 할, 가를 할, 빼앗을 할,
　　　　　　 재앙 할
辭(辛 19획) 떠날 사, 말 사, 거절할 사

늘 평상심으로 살면서
모든 존재를 평등하게 대하라.
모든 이웃은 불성존재이기 때문에
차별이 있을 수 없다.

若有親疎 / 心不平等 / 雖復出家 / 何德之有
약 유 친 소　심 불 평 등　수 부 출 가　하 덕 지 유

만약	있을	친할	성길	마음	아닐	평평할	같을	비록	다시	날	집	어찌	큰	갈	있을
1	4	2	3	1	3	2		1	2	3		1	2	3	4

◈ 직　역

만약 친하고 성김이 있으면/
마음이 평등치 않는 것이라/
비록 다시 출가한다하나/
무슨 덕이 있으리요

◈ 낱말해설

친소 : 친하고 성김. 가까이하고 멀리함.
하덕 : 무슨 이익. 무슨 좋은 결과.

◈ 영　역

However, if you engage in clinging or
rejecting things,
then your mind cannot see all things equally.
If you behave like this,
what merit is there in becoming a monk?

◈ 한자풀이

若(艹 9획)　만약 약, 같을 약, 견초 야, 반야 야
親(見 16획)　친할 친, 사랑할 친, 어버이 친
疎(疋 12획)　성길 소, 멀리할 소, 거칠 소,
　　　　　　　트일 소
雖(隹 17획)　비록 수, 짐승이름 유
復(彳 12획)　다시 부, 덮을 부
何(亻 7획)　어찌 하, 무엇 하, 어느 하
德(彳 15획)　큰 덕, 덕 덕, 복 덕, 덕베풀 덕
有(月 6획)　있을 유, 어조사 유, 또 유

출가자는 신도를 차별해서는 안 된다.
똑같이 평등하게 대해야 하며
그 사람이 속가의 친척일 경우라도
별스럽게 대우하지 않아야 한다.
사랑은 하되 애착은 말라.

心中 / 若無憎愛之取捨 / 身上
심 중　약 무 증 애 지 취 사　신 상

마음	가운데	만약	없을	미워할	애착	갈	가질	버릴	몸	위
1	2	1	5	2		3	4		1	

◈ 직　역

마음 가운데에/
만약 증애의 취사가 없으면/
신상에

◈ 낱말해설

증애 : 미움과 애착.
취사 : 가지고 버림.
신상 : 몸에. 몸 가운데. 몸 위에.

◈ 영　역

If your mind is free of grasping and
aversion, your body will not

◈ 한자풀이

若(艹 9획)　만약 약, 좇을 약, 같을 약
無(火 12획)　없을 무, 아닐 무, 말 무
憎(忄 15획)　미워할 증, 미움받을 증, 미움 증
愛(心 13획)　애착 애, 사랑할 애, 그리워할 애
取(又 8획)　가질 취, 취할 취, 다스릴 취,
　　　　　　　어조사 취
捨(扌 11획)　버릴 사, 물리칠 사
身(身 7획)　몸 신, 나라이름 연

미워하거나 애착하는 치우친 마음 있다
면 얼마가지 않아 고통이 따른다.
그것은 세상진리에
맞지 않기 때문이다.
세상 진리는 친하고 성김이 없다.

<table>
<tr><td colspan="7">那有苦樂之盛衰 / 平等性中 / 無彼此</td></tr>
<tr><td colspan="7">나 유 고 락 지 성 쇠　평 등 성 중　무 피 차</td></tr>
</table>

어찌	있을	피로울	즐거울	갈	성할	쇠할	평평할	같을	성품	가운데	없을	저	이
1	5	2	3	4					1	2	3	2	1

◆ 직 역

어찌 고락의 성쇠가 있으리요 /
평등한 성품 가운데 /
피차가 없고

◆ 낱말해설

고락 : 고통과 즐거움.
성쇠 : 성하고 쇠함.
피차 : 저것과 이것. 저와 나. 주관과 객관.

◆ 영 역

have to endure cycles of pain and
pleasure.
In equanimity there is no distinction
between this and that,

◆ 한자풀이

那(阝 7획)　어찌 나, 무엇 나, 어조사 내
苦(艹 9획)　피로울 고, 쓸 고, 멀미 고
樂(木 15획)　즐거울 락, 즐길 락, 즐거움 락
之(丿 4획)　갈 지, 이를 지, 어조사 지
盛(皿 12획)　성할 성, 그릇 성, 담을 성
衰(衣 10획)　쇠할 쇠
性(忄 8획)　성품 성, 성질 성, 모습 성
彼(彳 8획)　저 피, 그이 피, 아닐 피
此(止 6획)　이 차, 이에 차

모든 존재는 본래 한 뿌리이므로
그 성품이 다르지 않다.
한 뿌리에서 나서 잎이 되고 가지가 되
고 꽃이 되었다.

<table>
<tr><td colspan="8">大圓鏡上 / 絶親疎 / 三途出沒 / 憎愛所纏</td></tr>
<tr><td colspan="8">대 원 경 상　절 친 소　삼 도 출 몰　증 애 소 전</td></tr>
</table>

큰	둥글	거울	위	끊을	친할	성길	석	길	날	빠질	미워할	사랑	바	얽힐
1	2	3	4	2	1		1			2	1		3	2

◆ 직 역

크고 둥근 거울 위에 /
친소가 끊어지니라 /
삼악도의 출몰은 /
증애의 얽힌 바이요

◆ 낱말해설

친소 : 가까이하고 멀리함.
삼악도 : 지옥. 아귀. 축생.
출몰 : 나타나고 사라짐.

◆ 영 역

and in the great, round mirror, intimacy
and estrangement have been cut off.
Desire and hatred are the cause of
entering the three evil paths,

◆ 한자풀이

圓(囗 13획)　둥글 원, 둘레 원, 하늘 원
鏡(金 19획)　거울 경, 비출 경, 밝힐 경
上(一 3획)　위 상, 바랄 상, 가할 상
絶(糸 12획)　끊을 절, 건널 전, 지날 전
疎(疋 12획)　성길 소, 멀리할 소, 거칠 소
沒(氵 7획)　빠질 몰, 빠질 매, 어조사 마
所(戶 8획)　바 소, 자리 소, 있을 소
纏(糸 21획)　얽힐 전, 끌 전, 새끼줄 전

큰 거울이 모든 것을 수용하듯
부처님 제자는
모든 이웃을 편견없이 대해야 한다.
편견은 곧 상이니
상을 없애는 수행을 하라.

<table>
<tr><td colspan="4">六道昇降</td><td colspan="3">親疎業縛</td><td colspan="4">契心平等</td><td colspan="4">本無取捨</td></tr>
<tr><td>육</td><td>도</td><td>승</td><td>강</td><td>친</td><td>소</td><td>업</td><td>박</td><td>계</td><td>심</td><td>평</td><td>등</td><td>본</td><td>무</td><td>취</td><td>사</td></tr>
</table>

여섯	길	오를	내릴	친할	성길	업	얽을	맺을	마음	평평할	같을	근본	없을	가질	버릴
1	2	3		1	2	3		3	1	2		1	4	2	3

◈ 직 역

육도의 오르내림은/친소의 업 얽힘이니라/마음이 평등에 계합하면/본래 취하고 버릴것이 없음이니

◈ 낱말해설

육도 : 천상, 인간, 아수라, 축생, 아귀, 지옥.
승강 : 오르고 내림.

◈ 영 역

while the karma that is created by keeping yourself close or far away from something is the cause of circling through the six realms of existence.
If your mind is calm and undisturbed, there is nothing to cling to and nothing to reject,

◈ 한자풀이

昇(日 8획) 오를 승, 올릴 승, 죽을 승
降(阝 9획) 내릴 강, 항복할 항
親(見 16획) 친할 친, 어버이 친, 겨레 친
疎(疋 12획) 성길 소, 멀리할 소, 거칠 소
縛(糸 16획) 얽을 박, 묶을 박, 줄 부
契(大 9획) 맺을 계, 애쓸 결, 종족이름 글
取(又 8획) 가질 취, 취할 취, 어조사 취
捨(扌 11획) 버릴 사, 베풀 사

모든 문제는
애착하고 미워함 때문에 생긴다.
그로인해 세상이 복잡한 듯 보인다.
만일 애착하고 미워함만 없다면
세상은 너무나 단순하다.

<table>
<tr><td colspan="4">若無取捨</td><td colspan="4">生死何有</td><td colspan="2">頌曰</td><td colspan="6">欲成無上菩提道</td></tr>
<tr><td>약</td><td>무</td><td>취</td><td>사</td><td>생</td><td>사</td><td>하</td><td>유</td><td>송</td><td>왈</td><td>욕</td><td>성</td><td>무</td><td>상</td><td>보리</td><td>도</td></tr>
</table>

만약	없을	가질	버릴	날	죽을	어찌	있을	기릴	가로되	하고져	이룰	없을	위	보리 보리	길
1	4	2	3	1		2	3	1	2	5	4	2	1		3

◈ 직 역

만약 취하고 버릴 것이 없다면/
생사가 어찌 있으리오/
송하여 가로되/
위없는 보리도를 이루고자 함인댄

◈ 낱말해설

무상보리도 : 위없는 깨달음의 길. 최고의 세상.
아뇩다라삼먁삼보리의 세상.

◈ 영 역

then because inherently,
how could there be birth and death?
The poem goes;
If you want to attain supreme enlightenment,

◈ 한자풀이

若(艹 9획) 만약 약, 좋을 약, 너 약, 같을 약
無(火 12획) 없을 무, 아닐 무, 말 무
生(生 5획) 날 생, 낳을 생, 살 생
死(歹 6획) 죽을 사, 죽음 사, 망할 사
何(亻 7획) 어찌 하, 무엇 하, 어느 하
頌(頁 13획) 기릴 송, 송 송, 얼굴 용, 용서할 용
成(戈 7획) 이룰 성, 끝날 성, 갖출 성
菩(艹 12획) 보리 보, 풀이름 발, 모사풀 배
提(扌 12획) 보리 리, 끌 제, 날 시, 끊을 제
道(辶 13획) 길 도, 도 도, 순할 도, 말할 도

공부가 된 사람들은
취하고 버림의 분별심이 없다.
취하고 버릴 것이 있다면
공부가 덜 된 사람이다.

<table><tr><td colspan="7">也要常懷平等心</td><td colspan="6">若有親疎憎愛計</td></tr><tr><td colspan="7">야 요 상 회 평 등 심</td><td colspan="6">약 유 친 소 증 애 계</td></tr></table>

어조사	요할	항상	품을	평평할	같은	마음	만약	있을	친할	성길	미워할	애착	피할
1	2	5	3	4			1	5	3		2		4

◈ 직 역

요컨대 항상 평등한 마음을 품을 지어다/
만약 증애로 친소의 분별이 있으면

◈ 낱말해설

야요 : ~이 요망됨.
친소증애 : 미워하고 애착함으로 친하고 가까움이
　　　　　생김.

◈ 영 역

you should always keep your mind calm
and undisturbed.
If you keep some things close while
rejecting others, indulging in love and
hate,

◈ 한자풀이

也(乙 3획) 어조사 야, 또 야, 잇달을 이
要(襾 9획) 요할 요, 구할 요, 조사할 요
常(巾 11획) 항상 상, 떳떳 상, 범상 상, 일찍 상
懷(忄 19획) 품을 회, 따를 회, 올 회, 편안할 회
心(心 4획) 마음 심, 가운데 심, 근본 심
親(見 16획) 친할 친, 어버이 친, 겨레 친
疎(疋 12획) 성길 소, 틀 소, 나눌 소
憎(忄 15획) 미워할 증, 미움받을 증, 미움 증
愛(心 13획) 애착 애, 사랑할 애, 그리워할 애
計(言 9획) 피할 계, 계산 계, 생각할 계

바다는 너무나 평등하여 그 모든 강물을
받아들인다.
이와같이, 깨달은 사람은 그 마음바다가
넉넉하여 모든 존재를 받아들인다.

<table><tr><td colspan="7">道加遠兮業加深</td><td colspan="3">主人公</td><td colspan="3">汝値人道</td></tr><tr><td colspan="7">도 가 원 혜 업 가 심</td><td colspan="3">주 인 공</td><td colspan="3">여 치 인 도</td></tr></table>

길	더할	멀	어조사	업	더할	깊을	주인	사람	주인	너	만날	사람	길
1	2	3	4	5	6	7	1			1	3		2

◈ 직 역

도는 더욱 멀어지고 업은
더욱 깊어지리라/
주인공아/ 너가 인도를 만난 것이

◈ 낱말해설

가(加) : 더욱.
업 : 보리의 길로 나아감이 '도'라면
　　 윤회의 굴레로 이끌려감이 '업'이다.
인도(人道) : 사람의 길. 인간으로 태어남.

◈ 영 역

the path becomes far away.
Your karma along will deepen.
My own true self!
Being born as a human being is

◈ 한자풀이

加(力 5획) 더할 가, 입을 가, 베풀 가
遠(辶 14획) 멀 원, 멀리할 원, 멀어질 원
兮(八 4획) 어조사 혜
業(木 13획) 업 업, 공 업, 업으로삼을 업
深(氵 11획) 깊을 심, 너비 심
主(丶 5획) 주인 주, 임금 주, 우두머리 수
人(人 2획) 사람 인, 사람마다 인, 남 인
公(八 4획) 주인 공, 공변될 공, 임금 공
汝(氵 6획) 너 여, 물이름 여
値(亻 10획) 만날 치, 값 치, 가질 치

깨달음의 길은 외롭다.
그러나 결과는 찬란하다.
윤회의 길은 달다.
그러나 결과는 고달프다.

當如盲龜遇木／一生／幾何／不修懈怠
당 여 맹 구 우 목　일 생　기 하　불 수 해 태

마땅	같을	먼눈	거북	만날	나무	한	날	몇	어찌	아닐	닦을	게으를 게으를
1	6	2	3	5	4	1		1		2	1	3

◈ **직　역**

꼭 눈먼 거북이가 나무토막 만남과 같거늘／
일생이／ 얼마관대／닦지 않고 게으른고

◈ **낱말해설**

맹구우목 : 숱한 생명체 가운데 사람 몸 받기가
　　　　　무지 힘듦을 비유하여 말함.
해태 : 게으르고 태만함.

◈ **영　역**

rare as a blind tortoise rising from the depths
of the ocean and putting it's head through
the hole in a wooden yoke that's floating on
the waves.
Will you spend your entire life indulging in
laziness?
Will you ignore spiritual cultivation?

◈ **한자풀이**

當(田 13획) 마땅 당, 당할 당, 주관할 당
如(女 6획) 같을 여, 접속사 여, 만일 여
盲(目 8획) 먼눈 맹, 소경 맹, 바라볼 망
龜(龜 16획) 거북 구, 거북 귀, 틀균
遇(辶 13획) 만날 우, 맞을 우, 지명 옹
木(木 4획) 나무 목, 관 목, 목재악기 목
幾(幺 12획) 몇 기, 기미 기, 어찌 기
修(亻 10획) 닦을 수, 다스릴 수, 길 수
懈(忄 16획) 게으를 해, 느슨해질 해
怠(心 9획) 게으를 태, 새이름 이

사람의 몸으로
부처님 정법을 만난 것은
인생의 일대 혁명이요,
행운 중의 행운임을 알라.

人生難得／佛法難逢／此生／失却
인 생 난 득　불 법 난 봉　차 생　실 각

사람	날	어려울	얻을	부처님	법	어려울	만날	이	날	잃을	물리칠
1	3	2		1	3	2		1	2	1	2

◈ **직　역**

인생은 얻기가 어려움이요／
불법은 만나기가 어려움이라／
이번 생에／ 잃고 물러나면

◈ **낱말해설**

인생 : 인간으로 남. 사람.
불법 : 부처님 법. 진리의 법. 정법.
실각 : 일에 실패하여 물러남.

◈ **영　역**

It's difficult to be born as a human being
and so much harder to meet the Buddha-
dharma.
If you lose this opportunity,

◈ **한자풀이**

人(人 2획) 사람 인, 사람마다 인, 남 인
生(生 5획) 날 생, 나을 생, 살 생, 살릴 생
難(隹 19획) 어려울 난, 괴로워할 난, 근심 난,
　　　　　재앙 난
得(彳 11획) 얻을 득, 탐할 득, 만족할 득,
　　　　　이득 득
佛(亻 7획) 부처님 불, 도울 필, 일 발
法(氵 8획) 법 법, 골 법, 본받을 법
逢(辶 11획) 만날 봉, 맞을 봉, 성 봉
此(止 6획) 이 차, 이에 차
失(大 5획) 잃을 실, 놓을 일
却(卩 7획) 물리칠 각, 그칠 각, 발어사 각

만일 이생에 공부하지 못하면
다시 기회가 오지 않을 지도 모른다.

萬劫/難遇/須持十門之戒法
만 겁 난 우 수 지 십 문 지 계 법

일만	겁	어려울	만날	모름지기	가질	열	문	갈	계	법
1		2	1	5		2		3		4

◈ 직　역

만겁에 /
만나기 어려우니 /
모름지기 십문의 계법을 지니어

◈ 낱말해설

만겁 : 아주 긴 시간. 한량없는 세월.
십문 : 열가지 문.
계법 : 지켜야 할 법.

◈ 영　역

then even though a thousand kalpas pass,
it will be difficult to have a human body
and meet the Buddha-dharma.
Therefore, you should take these ten
admonitions seriously

◈ 한자풀이

萬(卄 13획) 일만 만, 춤이름 만, 성 만
劫(力 7획) 겁 겁, 위협할 겁, 빼앗을 겁
難(隹 19획) 어려울 난, 어려워할 난,
　　　　　　 괴로워할 난
遇(辶 13획) 만날 우, 대접할 우, 때 우
須(頁 12획) 모름지기 수, 수염 수, 기다릴 수
持(扌 9획) 가질 지, 지킬 지, 도울 지
門(門 8획) 문 문, 집 문, 지체 문
戒(戈 7획) 계 계, 경계할 계, 경계 계
法(氵 8획) 법 법, 본받을 법

'고귀'함이란 이 순간 살아있음이다.
이 순간을 떠나서는
과거도 미래도 없다.
그리고 동서남북도 없다.

日新勤修而不退/速成正覺/還度衆生
일 신 근 수 이 불 퇴 속 성 정 각 환 도 중 생

날	새	부지런할	닦을	말이을	아닐	물러날	빠를	이룰	바를	깨달을	돌이킬	건널	무리	날
1	2	3	4	5	7	6	1	3	2		1	3	2	

◈ 직　역

날로 새로이 부지런히 닦아서
물러나지 말고 /
속히 정각을 이루어 /
돌이켜 중생을 제도하라

◈ 낱말해설

정각 : 바른 깨달음.
환도 : 돌이켜 제도하다. 널리 제도하다.
중생 : 일체 모든 생명.

◈ 영　역

and practice diligently,
without stepping back.
Realize true enlightenment without delay
and save all beings.

◈ 한자풀이

新(斤 13획) 새 신, 친할 친, 처음 신
勤(力 13획) 부지런할 근, 위로할 근, 수고할 근
修(亻 10획) 닦을 수, 다스릴 수, 다스려질 수
退(辶 10획) 물러날 퇴, 바랠 퇴
速(辶 11획) 빠를 속, 자주 속
覺(見 20획) 깨달을 각, 깰 교
還(辶 17획) 돌이킬 환, 돌 선, 영위할 영
度(广 9획) 건널 도, 법도 도, 정도 도
衆(血 12획) 무리 중, 많을 중, 군신 중

이 순간의 가장 가치있는 일은 면전의
상대를 사랑하는 일이다.
사랑은 모든 공부의 결론이다.
이웃을 위해 봉사하고 부처님 법을 전하
는 포교는 사랑의 적극적 실천행위이다.

我之本願／非謂汝獨出生死大海／亦乃普爲衆生也

아 지 본 원 　비 위 여 독 출 생 사 대 해 　역 내 보 위 중 생 야

나	갈	근본	바랄	아닐	이를	너	홀로	날	날	죽을	큰	바다	또	이에	넓을	할	무리	날	어조사
1	2	3	4	7	6	1	2	5	1	3	4		1	2	3	5	4		6

◈ 직 역

나의 본래 바램은／
너 홀로 생사의 대해를 벗어남을
이름이 아니라／
또한 이에 널리 중생을 위함이니

◈ 낱말해설

본원(本源) : 본래 바램. 원래의 원.
비위 : ∼을 일컫는 것이 아니다.
보위 : 널리 위함.

◈ 영 역

My hope is that you will overcome the
sea of birth and death so that you will be
able to save all beings,
not for the sake of your own benefit.

◈ 한자풀이

我(戈 7획) 나 아, 나의 아, 아집부릴 아
本(木 5획) 근본 본, 밑 본, 바탕 본
願(頁 19획) 바랄 원, 빌 원, 소망 원
非(非 8획) 아닐 비, 비방할 비, 허물 비
謂(言 16획) 이를 위, 생각할 위, 까닭 위
汝(氵 6획) 너 여, 물이름 여, 성 여
獨(犭 16획) 홀로 독, 성 독
海(氵 10획) 바다 해, 바닷물 해, 성 해
乃(乃 2획) 이에 내, 곧 내, 뱃노래 애
普(日 12획) 넓을 보, 보통 보

중생과 이웃을 위하는
불교야 말로 가장 불교적인 모습이다.
모두가 행복하였을 때
자신도 행복하다.

何以故／汝自無始以來／至于今生／恒値四生

하 이 고 　여 자 무 시 이 래 　지 우 금 생 　항 치 사 생

어찌	써	까닭	너	스스로	없을	비로소	써	올	이를	어조사	이제	날	항상	만날	넉	날
1	2		1	4	2		3		2			1	1	3		2

◈ 직 역

무슨 까닭인고／
너가 비롯함이 없는 이래로부터／
금생에 이르름이／항상 사생을 만나

◈ 낱말해설

사생 : 태, 난, 습, 화, 생.
　　　태어서 태어난 생명체,
　　　알에서 태어난 생명체,
　　　습지에서 태어난 생명체,
　　　갑자기 변화하여 태여난 생명체를 말함.

◈ 영 역

From the beginningless past up until
your present life, while being reborn and
dying as one of the four types of lives,

◈ 한자풀이

以(人 5획) 써 이, 써할 이, 쓸 이
故(女 9획) 까닭 고, 짐짓 고
無(火 12획) 없을 무, 아닐 무, 말 무
始(女 8획) 비로소 시, 처음 시, 근본 시
來(人 8획) 올 래, 돌아올 래, 부를 래
至(至 6획) 이를 지, 지극할 지, 지극히 지
于(二 3획) 어조사 우, 감탄할 우
恒(忄 9획) 항상 상, 뻗칠 긍
値(亻 10획) 만날 치, 당할 치, 가질 치

이웃은 은혜의 밭이니
사랑하지 않을 수 없다.
중생을 떠난 불교는
이미 불교가 아니다.
아무런 존재가치가 없다.

數數往還／皆依父母而出沒也／故／曠劫父母

삭 삭 왕 환　개 의 부 모 이 출 몰 야　고　광 겁 부 모

자주	자주	갈	돌아올	다	의지할	아비	어미	말이을	날	빠질	어조사	까닭	멀	겁	아비	어미
1	1	2	3	1	3	2	4	4	5	6	1	1	1	2

◈ 직 역

자주자주 가고 옴은／
다 부모에 의지하야 나고 죽음일새／
그런 까닭으로／
오랜 세월의 부모가

◈ 낱말해설

삭삭 : 자주자주.
광겁 : 끝없고 아득한 세월.

◈ 영 역

you have always depended upon your parents for those frequent coming and going.
Over that immense time, the number of beings that were your parents is

◈ 한자풀이

數(攵 15획) 자주 삭, 셀 수, 빠를 속, 촘촘할 촉
往(彳 8획) 갈 왕, 향할 왕, 보낼 왕
還(辶 17획) 돌아올 환, 돌아볼 환, 물러날 환
皆(白 9획) 다 개, 두루미칠 개
依(亻 8획) 의지할 의, 좇을 의, 우거질 의
父(父 4획) 아비 부, 자 보
沒(氵 7획) 빠질 몰, 다할 몰, 마칠 몰
故(攵 9획) 까닭 고, 일 고, 예고
曠(日 19획) 멀 광, 빌 광, 밝을 광, 넓을 광
劫(力 7획) 겁 겁, 겁탈할 겁, 으를 겁

모든 이웃이 나의 부모요
형제임을 관 하라.
생명있는 모든 존재, 산천초목에 이르
기까지.

無量無邊／由是觀之／六道衆生

무 량 무 변　유 시 관 지　육 도 중 생

없을	양	없을	가	말미암을	이	볼	어조사	여섯	길	무리	날
2	1	4	3	2	1	3	4	1	2

◈ 직 역

한량없고 가이 없으니／
이로 말미암아 관 하건대／
육도 중생이

◈ 낱말해설

무량무변 : 한량없고 끝이 없음.
관(觀) : 살핌. 응시함. 뚫어보아 앎.
육도중생 : 사바세계 모든 생명체.

◈ 영 역

beyond imagining.
If you reflect upon this, you will realize that among the beings of the six realms,

◈ 한자풀이

量(里 12획) 양 량, 헤아릴 량, 되 량
邊(辶 19획) 가 변, 끝 변
由(田 5획) 말미암을 유, 여자가웃는모양 요
是(日 9획) 이 시, 옳을 시, 대저 시
觀(見 25획) 볼 관, 점칠 관, 나타낼 관
道(辶 13획) 길 도, 도 도, 순할 도
衆(血 12획) 무리 중, 많을 중, 군신 중
生(生 5획) 날 생, 낳을 생, 살 생

육도의 모든 중생이 또한
나의 부모, 나의 형제임을 느껴라.
모든 중생이 나의 살과 피로 느껴질 때
비로소 '완성된 사람'이라 할 수 있다.

無非是汝多生父母／如是等類咸沒惡趣
무 비 시 여 다 생 부 모　여 시 등 류 함 몰 악 취

없을	아닐	이	너	많을	날	아비	어미	같을	이	무리	무리	빠질	빠질	나쁠	뜻
5	4	1	1	2		3		2	1	3	4	6		5	

◈ 직　역

너의 다생의 부모이지 아님이 없음이라／
이와 같은 숱한 무리가 다 악취에 빠져

◈ 낱말해설

악취 : 악도. 악의 세계.
다생 : 여러 생. 많은 생.
등류 : 숱한 무리.

◈ 영　역

there is no one who was no once your
mother or father, your brother or sister,
your son or daughter.
These beings have fallen into evil states,

◈ 한자풀이

是(日 9획)　이 시, 옳을 시, 대저 시
汝(氵 6획)　너 여, 물이름 여, 성 여
多(夕 6획)　많을 다, 클 다, 다만 다
生(生 5획)　날 생, 낳을 생, 살 생, 살릴 생
如(女 6획)　같을 여, 같이할 여, 좇을 여, 갈 여
等(竹 12획)　무리 등, 같을 등, 등급 등, 들 등
類(頁 19획)　무리 류, 치우칠 뢰
咸(口 9획)　빠질 함, 다 함, 덜 감, 찰 함
沒(氵 7획)　빠질 몰, 빠질 매, 어조사 매
惡(心 12획)　나쁠 악, 모질 악, 흉년들 악
趣(走 15획)　뜻 취, 달릴 취, 재촉할 촉

사바세계는 고통의 무대!
숱한 출연자들이 그 가시밭길을 자청해
서 걷고 있으니 이 일을 어떻게 하랴.

日夜／受大苦惱／若不拯濟／何時出離
일 야　수 대 고 뇌　약 불 증 제　하 시 출 리

날	밤	받을	큰	피로울	번뇌	만약	아닐	건질	건널	어찌	때	날	떠날
1	2	3	1	2		1	4	2	3	1		2	

◈ 직　역

낮, 밤에／
큰 고뇌를 받나니／
만약 건져 제도하지 않으면／
어느 때에 출리하리요

◈ 낱말해설

일야 : 낮과 밤.
증제 : 건지어 구제함. 건져 제도함. 나와서 떠남.
출리 : 뛰어나와 여읨.

◈ 영　역

and day and night experience
unimaginable suffering.
If you don't save them,
how much longer will they have to suffer?

◈ 한자풀이

夜(夕 8획)　밤 야, 고을이름 액
受(又 8획)　받을 수, 어조사 수, 성 수
苦(艹 9획)　피로울 고, 씀바귀 고, 거칠 고
惱(忄 12획)　번뇌 뇌, 괴로움 뇌
若(艹 9획)　만약 약, 좋을 약, 너 약, 같을 약
拯(扌 9획)　건질 증, 들어올릴 증, 받을 증
濟(氵 17획)　건널 제, 많고성할 제, 건질 제
時(日 10획)　때 시, 좋을 시, 이것 시
離(隹 19획)　떠날 리, 떨어질 리, 가를 리

부모형제였던 그 많은 중생들이 고통받고
있는데 어떻게 무심할 수 있는가.
우리는 반야의 배를 띄워 그들을 태우러
가야하지 않겠는가.
고통의 이 언덕에서 열반의 저 언덕으로.

嗚呼哀哉 / 痛纏心腑 / 千萬望汝

오 호 애 재 통 전 심 부 천 만 망 여

탄식할	숨내쉴	슬플	어조사	아플	얽을	심장	창자	일천	일만	바랄	너
1	2			1	3	2		1	3		2

◆ 직 역

오호 애재라/
아픔이 심부를 얽음이로다/
천만번 너에게 바라노니

◆ 낱말해설

오호 : 탄식소리.
애(哀) : 슬픔. 딱함을 말함.
오호애재 : 아 딱하도다. 오호 슬프도다.
심부 : 심장과 창자.
천만 : 수도없이.

◆ 영 역

Thinking about this,
I'm filled with sorrow.
It's as if my heart is being ripped out.

◆ 한자풀이

嗚(口 13획) 탄식할 오
呼(口 8획) 숨내쉴 호, 부를 호
哀(口 9획) 슬플 애, 사랑할 애
哉(口 9획) 어조사 재, 처음 재, 재난 재
痛(疒 12획) 아플 통, 괴로울 통, 몹시 통
纏(糸 21획) 얽을 전, 감을 전, 묶을 전
心(心 4획) 심장 심, 마음 심, 가슴 심, 근본 심
腑(月 12획) 창자 부, 장부 부, 마음 부, 친족 부
萬(艹 13획) 일만 만, 춤이름 만, 성 만
望(月 11획) 바랄 망, 기다릴 망, 소망 망
汝(氵 6획) 너 여, 물이름 여, 성 여

그들을 제도해야 한다.
그들을 건져내야 한다.
그들을 구해내야 한다.

早早發明大智 / 具足神通之力 / 自在方便之權

조 조 발 명 대 지 구 족 신 통 지 력 자 재 방 편 지 권

일찍	일찍	필	밝을	큰	지혜	갖출	만족	신통	통할	갈	힘	스스로	있을	모	편할	갈	꾀
1		4		2	3	4		1		2	3		4		1	2	3

◆ 직 역

빨리빨리 큰 지혜를 발명하여/
신통의 힘을 구족하며/
방편의 꾀를 자재하여

◆ 낱말해설

발명 : 밝게 드러냄.
신통 : 신기함. 불가사의함.
방편 : 상황따라 대처하는 수단과 방법.

◆ 영 역

My most ardent hope is that you soon
develop all-penetrating wisdom and
attain great,
unlimited spiritual power and
every kind of skillful means.

◆ 한자풀이

早(日 6획) 일찍 조, 새벽 조, 서두를 조
發(癶 12획) 필 발, 일어날 발, 쏠 발
明(日 8획) 밝을 명, 밝게 명, 시력 명
智(日 12획) 지혜 지, 슬기로울 지, 성 지
具(八 8획) 갖출 구, 설비 구, 공물 구
足(足 7획) 만족 족, 발 족, 밟을 족
神(示 10획) 신통 신, 정기 신, 귀신 신, 신선 신
通(辶 11획) 통할 통, 말할 통, 온통 통
便(亻 9획) 편할 편, 아첨할 편
權(木 22획) 꾀 권, 권세 권, 저울추 권, 꾀할 권

힘을 갖추지 않으면
그 어떤 일도 할 수 없다.
빨리 안팎으로 힘을 얻어서
그들을 남김없이 제도하여라.

速	爲	洪	濤	之	智	楫	廣	度	欲	岸	之	迷	倫	君	不	見
속	위	홍	도	지	지	즙	광	도	욕	안	지	미	륜	군	불	견
빠를	할	클	물결	갈	지혜	돛대	넓을	건널	바랄	언덕	갈	헤맬	무리	임금	아닐	볼
1	7	2	3	4	5	6	1	6	2	3	4	5	1	3	2

◈ 직 역

속히 큰 물결의 지혜 노가 되어/널리 욕안의 미혹한 무리를 제도할지어다/
그대는 보지 못했는가

◈ 낱말해설

욕안 : 욕망의 언덕.
미륜 : 미혹한 무리들.
군(君) : 그대.

◈ 영 역

I pray that with this you will become a pillar of wisdom that saves all beings lost on the rough seas, that you save all of the confused beings who are lost in the mountains of greed. Don't you know

◈ 한자풀이

速(辶 11획) 빠를 속, 부를 속, 빨리 속
爲(爫 12획) 할 위, 만들 위, 다스릴 위
洪(氵 9획) 클 홍, 큰물 홍, 발어사 홍
濤(氵 17획) 물결 도, 비출 도
楫(木 13획) 돛대 즙, 노 즙
廣(广 15획) 넓을 광, 넓이 광, 빌 광
度(广 9획) 건널 도, 법도 도
岸(山 8획) 언덕 안, 기슭 안, 높을 안
迷(辶 10획) 헤맬 미, 미혹할 미
倫(亻 10획) 무리 륜, 인륜 륜, 순서 륜

반야선에 모두 태워
지혜의 노를 저어라.
욕망의 언덕을 떠나 저 평온의 언덕으
로 힘차게 노를 저어라.

從	上	諸	佛	諸	祖	盡	是	昔	日	同	我	凡	夫	彼	旣	丈	夫
종	상	제	불	제	조	진	시	석	일	동	아	범	부	피	기	장	부
부터	위	모든	부처님	모든	조사	다할	이	옛	날	같을	나	무릇	사내	저	이미	어른	사내
2	1	3	4	5	6	7	13	8	9	11	10	12		1	2	3	

◈ 직 역

위로부터 모든 부처님과 모든 조사님이 다 옛날에 나와 같은 범부이었을 것이니라/
저가 이미 장부라

◈ 낱말해설

불조(佛祖) : 부처님과 조사.
석일 : 옛날.
범부 : 보통 사람.

◈ 영 역

that all of the Buddhas and Patriarchs of the past were once ordinary people like us?
They were worthy people

◈ 한자풀이

從(彳 11획) 부터 종, 시중들 종, 높고클 총
諸(言 16획) 모든 제, 어조사 제
祖(示 10획) 조사 조, 조상 조, 본받을 조
盡(皿 14획) 다할 진, 다 진, 가령 진, 성 진
昔(日 8획) 옛 석, 섞일 착
同(口 6획) 같을 동, 한가지 동, 모일 동
凡(几 3획) 무릇 범, 대강 범, 범인 범
彼(彳 8획) 저 피, 그 피, 저쪽 피
旣(无 11획) 이미 기, 녹미 희
丈(一 3획) 어른 장, 길이 장, 지팡이 장

위대한 성인들도 다 범부에서 출발하여
큰일을 이루었으니 나도 또한 할 수 있
다는 자신감을 가져라.

너	또	그러할	다만	아닐	할	어조사	아닐	아닐	능할	어조사	옛	가로되
1	2	3	4	3	2	4	3	2	1	4	1	2

◈ 직 역

너 역시 그러하니 / 다만 하지 않을지언정 /
할 수 없는 것이 아니니라 / 옛 말씀에

◈ 낱말해설

역이 : 역시 그러하다.
불위 : 하지 않음.
불능 : 할 수 없음.
고왈 : 옛 말씀에 이르길.
단불위야 비불능야 : 맹자의 양혜왕자구상에 나옴.

◈ 영 역

and so are you.
You just don't practice,
it's not that you don't have the ability.
There is a saying,

◈ 한자풀이

汝(氵 6획)　너 여, 물이름 여
亦(亠 6획)　또 역, 모두 역, 다스릴 역
爾(爻 14획)　그러할 이, 너 이, 어조사 이
但(亻 7획)　다만 단, 거짓 탄
爲(爫 12획)　할 위, 위할 위, 다스릴 위
也(乙 3획)　어조사 야, 이를 야, 또 야
非(非 8획)　아닐 비, 어긋날 비, 그를 비
能(月 10획)　능할 능, 재능 능, 능히 능
古(口 5획)　옛 고, 옛사람 고

하라.
하면 반드시 마음 먹은대로
성취할 수 있다.
세상일은 마음만큼 자기 것이 된다.
그러니 가능하면 마음을 크게 가져라.

길	아닐	멀	사람	사람	스스로	멀	어조사	또	이를	나	바랄	어질	이	어질	이를	어조사
1	4	3	2	1	2	3	4	1	2	3	5	4	1	2	1	

◈ 직 역

도가 사람을 멀리함이 아니라 /
사람이 스스로 멀리한다라 하며 /
또 이르시되 내가 어질고저 함이면 /
이 어짐이 / 이른다라 하시니

◈ 낱말해설

도불원인 인자원의 : 명심보감에 나오는 말.
아욕인 사인 지의 : 논어 술이편에 나오는 말.

◈ 영 역

"The Way doesn't turn it's back on people,
people themselves turn their back on the
Way." Also,
"If I determine to achieve the Way, then
the Way comes automatically."

◈ 한자풀이

道(辶 13획)　길 도, 순할 도, 인도할 도
遠(辶 14획)　멀 원, 멀리할 원, 깊을 원
自(自 6획)　스스로 자, 저절로 자, 처음 자
矣(失 7획)　어조사 의
又(又 2획)　또 우, 오른쪽 우
我(戈 7획)　나 아, 나의 아, 아집부릴 아
欲(欠 11획)　바랄 욕, 하고자할 욕, 욕 욕
仁(亻 4획)　어질 인, 사랑 인, 어진이 인
斯(斤 12획)　이 사, 어조사 사
至(至 6획)　이를 지, 가벼이발할 질, 지극할 지

진리는 늘 우리와 함께 한다.
그렇지만 범부 중생들은 그 고마움을
모르며 살고 보살 성인들은 그 사실에
언제나 감사하며 산다.

誠哉/是言也/若能信心不退則誰不見性成佛

성 재 시 언 야 약 능 신 심 불 퇴 즉 수 불 견 성 성 불

정성	어조사		이	말씀	어조사		만약	능할	믿을	마음		아닐	물러날	곧	누구	아닐	볼	성품	이룰	부처님
1			1	2	3		1	2	3			5	4	6	7	9		8		

◈ 직 역

진실함이라/
이 말이여/
만약 능히 신심이 물러나지 않은 즉
누군들 견성성불하지 못하리요

◈ 낱말해설

신심(信心) : 믿는 마음.
견성성불 : 자신의 성품을 보아 부처를 이룸.

◈ 영 역

This is so true, so true.
As long as you maintain firm belief,
how could you not awaken to your
inherent nature and become a Buddha.

◈ 한자풀이

誠(言 14획) 정성 성, 참 성, 참으로 성
哉(口 9획) 어조사 재, 비롯할 재
言(言 7획) 말씀 언, 삼갈 은, 소송할 언
能(月 10획) 능할 능, 별이름 태, 견딜 내
信(亻 9획) 믿을 신, 신표 신, 밝힐 신
退(辶 10획) 물러날 퇴, 물리칠 퇴, 바랠 퇴
則(刂 9획) 곧 즉, 곧 측, 법칙 측, 법 측
誰(言 15획) 누구 수, 물을 수, 접때 수
見(見 7획) 볼 견, 나타날 현, 관덮는보 간
性(忄 8획) 성품 성, 마음 성, 목숨 성

물러나지만 않는다면 언젠가는
부처님 동산을 거닐게 될 것이다.
세상이 온통 '나'를 장엄하고
있음을 느낄 날이 있을 것이다.

我今/證明三寶/一一戒汝

아 금 증 명 삼 보 일 일 계 여

나	이제		증거	밝을	석	보배		한	한	경계할	너
1	2		2		1			1	2	4	3

◈ 직 역

내가 지금에/
삼보께 증명하옵고/
하나 하나 너에게 경계하노니

◈ 낱말해설

증명 : 확신하여 밝힘.
삼보 : 불보, 법보, 승보.

◈ 영 역

I swear now before the Three Treasures
that I have cautioned you on every single
point.

◈ 한자풀이

我(戈 7획) 나 아, 나의 아, 아집부릴 아
今(人 4획) 이제 금, 이에 금, 만일 금
證(言 19획) 증거 증, 법칙 증, 깨달을 증
明(日 8획) 밝을 명, 나타날 명, 새벽 명
三(一 3획) 석 삼, 세번 삼, 자주 삼
寶(宀 20획) 보배 보, 도리 보, 소중히여길 보
戒(戈 7획) 경계할 계, 훈계 계
汝(氵 6획) 너 여, 물이름 여

바른 말은 새겨듣고 실천하여야 성숙한
인생이 될 수 있다.
인생은 스스로 가꾸는 자의 것이다.
세상의 객체가 아닌, 주체가 되는 삶을
살자. 내가 세상의 주인공이다!!

知非故犯則生陷地獄 / 可不愼歟 / 可不愼歟

지	비	고	범	즉	생	함	지	옥	가	불	신	여	가	불	신	여
알	아닐	짐짓	범할	곧	날	빠질	땅	옥	가히	아닐	삼갈	어조사	가히	아닐	삼갈	어조사
2	1	3	4	5	6	8	7		1	3	2	4	1	3	2	4

◈ 직 역

그른 줄 알면서 짐짓 범한 즉
살아서 지옥에 빠지리니 /
가히 삼가지 않으며 /
가히 삼가지 않겠는가

◈ 낱말해설

고(故) : 짐짓. 일부러. 고의로.
생함지옥 : 산 채로 지옥으로 떨어짐.

◈ 영 역

If you deliberately violate these, while knowing that your actions are wrong, you will fall into hell while still alive.
How can you not be careful about these points?

◈ 한자풀이

知(矢 8획) 알 지, 알릴 지, 능히 지
非(非 8획) 아닐 비, 그를 비, 헐뜯을 비
故(攵 9획) 짐짓 고, 일 고, 본디 고
犯(犭 5획) 범할 범, 죄인 범, 속일 범
生(生 5획) 날 생, 저절로 생, 목숨 생
陷(阝 11획) 빠질 함, 빠트릴 함, 함정 함
地(土 6획) 땅 지, 자리 지
獄(犭 14획) 옥 옥, 송사 옥, 판결 옥
可(口 5획) 가히 가, 옳을 가, 들을 가
愼(忄 13획) 삼갈 신, 진실로 신, 훈계할 신

좋은 일은 어서 하고
나쁜 일은 지금 그만두라.
좋은 원인에는 좋은 과보,
악의 원인에는 악의 과보.

頌曰 / 玉兎昇沈催老像 / 金烏出沒促年光

송	왈	옥	토	승	침	최	로	상	금	오	출	몰	촉	년	광
기릴	가로되	구슬	토끼	오를	빠질	재촉할	늙을	형상	쇠	까마귀	날	빠질	재촉할	해	빛
1	2	1	2	3	6	4	5		1	2	3	5	4		

◈ 직 역

송하여 가로되 /
옥토 뜨고 짐에 늙는 모습 재촉함이요 /
금오 뜨고 짐에 세월을 재촉함이로다

◈ 낱말해설

옥토 : 옥토끼, 달을 말함.
　　　 본생경에 그 연기가 있음.
금오 : 금까마귀, 해를 말함.
　　　 본생경에 그 연기가 있음.
년광 : 세월.

◈ 영 역

The poem goes;
The moon rises and sets, urging old age to come.
The sun comes and goes, hurrying time along.

◈ 한자풀이

玉(玉 5획) 구슬 옥, 사랑할 옥, 이룰 옥
兎(儿 8획) 토끼 토, 달 토
昇(日 8획) 오를 승, 올릴 승
沈(氵 7획) 빠질 침 , 가라앉을 침, 막힐 침
催(亻 13획) 재촉할 최, 막을 최
老(老 6획) 늙을 로, 어른 로, 익숙할 로
像(亻 14획) 형상 상, 본뜰 상
沒(氵 7획) 빠질 몰, 다할 몰, 지나칠 몰
促(亻 9획) 재촉할 촉, 악착할 착
光(儿 6획) 빛 광, 윤기 광

해와 달이 뜨고 짐에
인생은 흘러가는 것.
세월에 묻히지 말고
세월을 창조하는 삶을 살라.

求名求利如朝露 / 或苦或榮似夕烟
구 명 구 리 여 조 로　　혹 고 혹 영 사 석 연

구할	이름	구할	이로울	같을	아침	이슬	혹	피로울	혹	영화	같을	저녁	연기
2	1	4	3	7	5	6	1	2	3	4	7	5	6

◈ 직　　역

이름을 구하고 이로움을 구함은
아침이슬 같음이요/
혹 괴롭고 혹 영화로움은
저녁연기 같음이로다

◈ 낱말해설

명리 : 명예와 이로움.
조로 : 아침 이슬.
석연 : 저녁 연기.

◈ 영　　역

Fame and possessions are like the
morning dew, hardship and prosperity
are like wisps of smoke in the evening.

◈ 한자풀이

求(水 7획)　구할 구, 물을 구, 힘쓸 구
名(口 6획)　이름 명, 문자 명, 사람 명
利(刂 7획)　이로울 리, 날카로울 리, 날랠 리
朝(月 12획)　아침 조, 나라이름 조, 뵐 조
露(雨 20획)　이슬 로, 적실 로, 드러날 로
或(戈 8획)　혹 혹, 괴이쩍어할 혹, 있을 혹
苦(艹 9획)　괴로울 고, 맑을 고, 간절할 고
榮(木 14획)　영화 영, 꽃 영, 즐길 영
夕(夕 3획)　저녁 석, 한움큼 사
烟(火 10획)　연기 연, 제사지낼 인

명예와 권세만을 좇지 말라.
부질없는 짓이 된다.
무엇이 영원한지, 무엇이 영원치 않은
지를 똑똑히 보아야 한다.

勸汝慇懃修善道 / 速成佛果濟迷倫
권 여 은 근 수 선 도　　속 성 불 과 제 미 륜

권할	너	은근할	은근할	닦을	착할	길	빠를	이룰	부처님	실과	건널	헤맬	무리
5	1	2	4	3			1	3	2	6	4	5	

◈ 직　　역

너가 은근히 선도 닦기를 권하노니/
속히 불과를 이루어
미혹의 무리를 제도 할 지로다

◈ 낱말해설

은근 : 지그시. 알게 모르게. 시나브로.
　　　 정취가 그윽함.
불과 : 수행으로 증득되는 부처님 자리.
미륜 : 헤매이는 중생.

◈ 영　　역

I most sincerely hope that you will
practice self-cultivation,
become a Buddha without delay,
and save all beings.

◈ 한자풀이

勸(力 20획)　권할 권, 힘쓸 권, 즐길 권
慇(心 14획)　은근할 은, 괴로워할 은
懃(心 17획)　은근할 근, 힘쓸 근
修(亻 10획)　닦을 수, 다스릴 수, 갖출 수
善(口 12획)　착할 선, 친할 선, 잘할 선
成(戈 7획)　이룰 성, 우거질 성, 다스릴 성
果(木 8획)　실과 과, 강신제 관, 거북이름 라
濟(氵 17획)　건널 제, 많고성할 제
迷(辶 10획)　헤맬 미, 헤매게할 미, 미칠 미
倫(亻 10획)　무리 륜, 인륜 륜, 차례 륜

어서 빨리 큰 공부하여 이웃, 중생을 건
져야 큰스님, 대보살, 부처님이라 할 수
있다. 본인들은 그런 이름에 집착하는
바가 없지만 사람들은 그렇게 부른다.

今生若不從斯語 / 後世當然恨萬端

이제	날	만약	아닐	좇을	이	말씀	뒤	세월	마땅	그럴	한탄할	일만	끝
1		2	6	5	3	4	1		2		4		3

◈ 직　역

금생에 만약 이 말을 따르지 아니하면 /
후세에 당연히 만 갈래로
한탄하리라

◈ 낱말해설

금생 : 이번 생. 지금.
만단 : 수없이 많은 갈래. 수도없이. 한없이.
후세 : 다음 생. 이 이후의 시간.

◈ 영　역

In this life if you ignore these words,
without a doubt, regrets will fill your
next life.

◈ 한자풀이

從(彳 11획) 좇을 종, 부터 종, 세로 종
斯(斤 12획) 이 사, 찍을 사, 떠날 사, 천할 사
當(田 13획) 마땅 당, 당할 당, 덮을 당, 성 당
然(火 12획) 그럴 연, 사를 연, 허락할 연
恨(忄 9획)　한탄할 한, 한 한
萬(艹 13획) 일만 만, 춤이름 만, 성 만
端(立 14획) 끝 단, 바를 단, 실마리 단

순간순간을 열심히 살아야 한다.
현재, 이순간은 다시 오질 않는다.
후회가 미래의 주인공이 되지 않도록
이 순간 재미있고 보람되게 살라.

無一 우학 스님

대한불교 조계종 영축총림 통도사에 출가하여 성파 대화상을 은사로 득도하였다. 대학에서 선학(禪學)을 전공하였으며 선방, 토굴, 강원, 무문관에서 참선 등 정통 수행을 체계적으로 닦아왔다. 성우 대율사로부터 비니(毘尼) 정맥을 이었다.
현재 대한불교조계종 한국불교대학 大관음사에서 회주, 학교법인 무일학원의 이사장 소임을 맡고 있으며 오래전부터 간화선을 한 단계 발전시킨 선관쌍수로써 후학들을 지도하고 있다.

대표저서

저거는 맨날 고기묵고1~2, 금강경 핵심강의, 새로운 불교공부, 길손여행, 완벽한 참선법, 최상의 기도법, 학습 초발심자경문, 티베트 체험과 달라이라마 친견, 우학스님의 빛깔있는 법문, 불교혁신론 & 포교론, 부처되는 공부, 우학스님의 명상 북다이어리 참 좋은 인연, Soundless Whisper ; Now or Never Forever, 우학스님의 행복메시지 ; 참 좋은 생각, 좋은 세상 나소서, 하루 한가지 마음공부법, 감사하고 사랑하며, 불교명언명구 외 다수

학습 **初發心自警文**
초 발 심 자 경 문

초판발행	2004. 7. 17
재판 8쇄	2012. 1. 20

편저	無一 우학 스님
교정	상좌 스님들

펴낸곳	도서출판 좋은인연 book.tvbuddha.org
	편집/ 김현미 김소애 손영희
	등록/ 제4-88호
	주소/ 대구 남구 봉덕3동 1301-20
	전화/ 053.475.3706 ~ 7

ISBN	978-89-86829-66-2(03220) 12,000원

잘못된 도서는 **구입처에서 교환**해드립니다.
이 책의 저작권은 저자에게 있으며
서면에 의한 저자, 출판사의 허락없이
내용의 일부를 인용, 발췌 및 복제를 금합니다.

우리절 한국불교대학 대관음사

다음카페 불교인드라망/ 홈페이지 한국불교대학
참좋은 병원/ 노인전문요양원 무량수전
참좋은 이서중고등학교/ 참좋은 어린이집,유치원

정가 12,000원

ISBN 978-89-86829-66-2